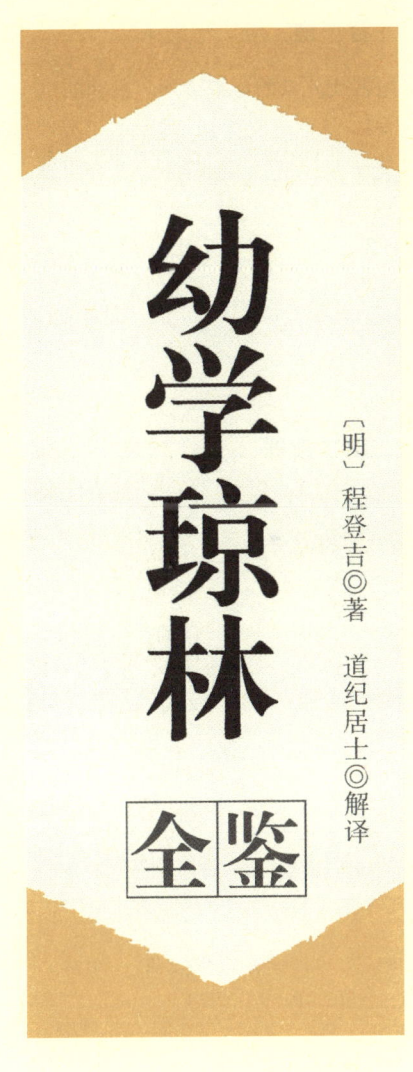

幼学琼林全鉴

〔明〕程登吉 ◎ 著
道纪居士 ◎ 解译

中国纺织出版社

内 容 提 要

《幼学琼林》是中国古代儿童的启蒙读物。最初叫《幼学须知》，又称《成语考》、《故事寻源》。全书采用对偶句写成，容易诵读、便于记忆、内容广博、包罗万象，被称为中国古代的百科全书。

图书在版编目（CIP）数据

幼学琼林全鉴 /（明）程登吉著；道纪居士解译.
—北京：中国纺织出版社，2016.10
ISBN 978-7-5180-2987-7

Ⅰ.①幼… Ⅱ.①程… ②道… Ⅲ.①古汉语—启蒙读物 ②《幼学琼林》—注释 ③《幼学琼林》—译文 Ⅳ.①H194.1

中国版本图书馆 CIP 数据核字（2016）第 227312 号

策划编辑：曹炳镝　　　责任印制：储志伟

中国纺织出版社出版发行
地址：北京市朝阳区百子湾东里 A407 号楼　邮政编码：100124
销售电话：010—67004422　传真：010—87155801
http://www.c-textilep.com
E-mail：faxing@c-textilep.com
中国纺织出版社天猫旗舰店
官方微博 http://weibo.com/2119887771
北京佳信达欣艺术印刷有限公司印刷　各地新华书店经销
2016 年 10 月第 1 版第 1 次印刷
开本：710×1000　1/16　印张：20
字数：240 千字　定价：38.00 元

凡购本书，如有缺页、倒页、脱页，由本社图书营销中心调换

前言

《幼学琼林》初名为《幼学须知》，其编撰者大多认为是明末清初的程登吉（生平事迹不详），也有人认为是明景泰年间进士邱濬编撰的。《幼学琼林》成书后，增补者络绎不绝。清朝嘉靖年间，邹圣脉将此书增补了343联，改名为《幼学故事琼林》；民国时期，费有容、叶浦荪等又进行了增补。因版本较多，所以另外还有《成语考》《故事寻源》《幼学求源》等书名。

《幼学琼林》属于正宗的古代启蒙类书，全书用对偶句写成，琅琅上口，反映了作者深厚的文字功底；全书按内容分类编排，方便识记，至今仍是最受欢迎的蒙学读物之一。

该书内容广博、包罗万象，被称为"中国古代的百科全书"。《幼学琼林》涉及天文地理、历史人物、朝廷文武、典章制度、诉讼刑狱、人伦日用、饮食起居、生老病死、释道鬼神、婚丧嫁娶、动物植物等内容，成语、典故层出不穷，格言警句比比皆是，在具体叙述中又往往会把为人处世的道理贯穿其中，所以世人有"读过《幼学琼林》会看书，读了《幼学琼林》走天下"的赞语。

在中国古代的众多蒙学读物中，《幼学琼林》是编得最好、影响最大的著作之一。《幼学琼林》不仅对于儿童，即使是青少年甚至是成年人，都是系统了解中国古代文化的极佳读物，堪称"国学琼林"，因此受到许多国学爱好者的欢迎。

《幼学琼林》虽说本是古代儿童的启蒙读物，但对我们今天的年轻读者来说，依然很值得一读。

《幼学琼林》不仅内容广博，同时它还既是字典又是词典，可以看作是成语词典和典故词典。作者对字、词、成语的释文简练而恰当，用语不多却解释得十分清楚。如果我们借助这样一本实用的工具书来学习古汉语中的词语和典故，效果可以事半功倍。

另外，《幼学琼林》还堪称一本礼仪实用大全。书中不仅对一般传统生活常识多有介绍，还讲解了不少日常生活中的传统礼仪，特别是关于家庭成员关系、婚丧嫁娶、寿诞祝语以及社交中的敬语尊称等非常有用的知识。今天的年轻人传统文化素养往往不够，在比较严肃的社交场合常会感到说话、做事不太得体，可又不知如何改进。相信看了本书，我们在举止言谈方面的传统修养会得到很大的提高。

《幼学琼林全鉴》一书在总结前人研究成果的基础上，不仅收录了《孝经》原文，并辅有题解、注释、译文等板块，以便读者更好地理解书中之义。此次整理，我们参照原本，去除了后人增补的内容和旧注，用现代人容易理解的语言重新注释、翻译，并指出了其中不合时宜或封建迷信之处。由于参校之文较多，不敢掠大家之美，在此一并致谢，并恳请不吝指正。

目录

卷一

- 天文 / 2
- 地舆 / 11
- 岁时 / 22
- 朝廷 / 34
- 文臣 / 39
- 武职 / 49

卷二

- 祖孙父子 / 58
- 兄弟 / 66
- 夫妇 / 71
- 叔侄 / 78
- 师生 / 80
- 朋友宾主 / 84
- 婚姻 / 93
- 女子 / 100
- 外戚 / 109
- 老幼寿诞 / 112
- 身体 / 119
- 衣服 / 135

卷三

- 人事／144
- 饮食／175
- 宫室／184
- 器用／191
- 珍宝／201
- 贫富／210
- 疾病死丧／217

卷四

- 文事／230
- 科第／244
- 制作／250
- 技艺／255
- 讼狱／261
- 释道鬼神／268
- 鸟兽／278
- 花木／303

参考文献／314

卷一

天　文

【题解】

中国古代的"天文"概念与现代有所不同，它既包括日月星辰等天体在宇宙间分布运行等现象，也包括风云雷电、雨露霜雪等"地文"现象。《易·贲》云："观乎天文，以察时变。"本篇从天地生成说起，列举了日月星辰、风雨雷电等自然现象，介绍了古代神话传说的称谓名号，并选取了一系列具有代表性的典故成语，它们有的以天文现象来联系人事，有的以人事来联系天文现象，深刻地体现了古代"天人合一""天人感应"的思想。

【原文】

混沌①初开，乾坤始奠②。

气③之轻清上浮者为天，气之重浊下凝者为地。

日月五星，谓之七政④；天地与人，谓之三才⑤。

日为众阳之宗⑥，月乃太阴之象⑦。

虹名螮蝀，乃天地之淫气⑧；月里蟾蜍，是月魄之精光⑨。

【注释】

①混沌（dùn）：天地未形成之前的模糊状态。

②乾坤：指天地。奠：定。

③气：指元气。

④五星：指金、木、水、火、土五大行星。七政：也称"七曜""七

纬"，太阳、月亮和金、木、水、火、土五星的合称。

⑤三才：天、地和人的合称。才，指有能力的事物。古人认为，天地能生养万物，而人则是万物之灵，可与天地并立，因此合称三才。⑥众阳之宗：主宰着所有阳性事物。宗：主宰。

⑦太阴之象：极盛阴气的象征。太：极大、极盛。象：象征。

⑧蝃蝀（dì dōng）：虹的别名。借指桥。比喻才气横溢。淫气：不正之气，阴气，邪气。

⑨月里蟾蜍：传说后羿从西王母那里求得不死之药，其妻嫦娥偷吃后成仙，飞向月宫，化为蟾蜍。月魄：指月亮、月光。

【译文】

混沌的宇宙，元气一经开辟，天地便开始形成。

轻盈、清净的元气向上浮升而形成了天，厚重、混浊的部分向下凝结便形成了地。

太阳、月亮及金、木、水、火、土五星并称为"七政"；天、地和人合称为"三才"。

太阳是一切阳气的主宰，月亮是至阴之物的象征。

长虹又称为"蝃蝀"，是天地之气交汇浸淫而形成的；月宫里的蟾蜍，是月亮的精华所凝聚而成的。

【原文】

风欲起而石燕①飞，天将雨而商羊②舞。

旋风名为羊角③，闪电号曰雷鞭④。

青女⑤乃霜之神，素娥⑥即月之号。

雷部至捷之鬼曰律令⑦，雷部推车之女曰阿香。

云师系是丰隆，雪神乃是滕六。

欻火⑧、谢仙，俱掌雷火；飞廉、箕伯，悉是风神。

列缺乃电之神，望舒是月之御。

甘霖、甘澍，俱指时雨⁹；玄穹、彼苍⑩，悉称上天。

【注释】

①石燕：形如燕子的石块，传说遇雨即飞，雨止复化为石。

②商羊：古代传说中的一种神鸟，只有一足，一起舞便有大雨。

③羊角：形容旋风旋转时像羊角的形态。

④雷鞭：古人认为雷神以电为鞭，发出响声。

⑤青女：神话传说中主管霜雪的女神，是天神青霄王的女儿。

⑥素娥：即嫦娥。

⑦雷部：神话传说中天神的一个部门，主管布雨兴云。至捷：跑得飞快。律令：周穆王时人，善走，死后为雷部之鬼。

⑧欻（xū）：快速。

⑨澍（shù）：及时的雨。时雨：应时之雨。

⑩玄：黑色。苍：深青色。

【译文】

风将要刮起的时候，石燕就成群地飞起；天将要下雨的时候，商羊就会出来起舞。

旋风的名字叫"羊角"，闪电称作"雷鞭"。

"青女"是主管降霜的神灵，"素娥"是月亮的别名。

雷部里行动敏捷且能迅走如飞的鬼叫作"律令"，专管雷雨推车的女孩叫作"阿香"。

云神为"丰隆"，雪神为"滕六"。

"欻火"和"谢仙"都是掌管雷火的神祇，"飞廉"和"箕伯"都是风神。

"列缺"是主管闪电的神灵，"望舒"为月宫里的御车之神。

"甘霖"和"甘澍"都是指应时之雨，"玄穹"和"彼苍"都是上天的称呼。

【原文】

雪花飞六出①，先兆丰年；日上已三竿，乃云时晏②。

蜀犬吠日③，比人所见甚稀；吴牛喘月④，笑人畏惧过甚。

望切者若云霓之望⑤，恩深者如雨露之恩⑥。

参商二星⑦，其出没不相见；牛女两宿⑧，惟七夕一相逢。

后羿⑨妻，奔月宫而为嫦娥；傅说死，其精神托于箕尾⑩。

【注释】

①六出：雪花呈六角形，故名。

②晏：时间很晚。

③蜀犬吠日：四川盆地群山环绕，多云多雨，那里的狗因不常见到太阳，一见到太阳就狂叫不止。常用来比喻少见多怪。

④吴牛喘月：吴地（江苏）天气炎热，水牛怕热，见到月亮便以为是太阳，因惧怕酷热而不断喘气。比喻人因疑心而过分惧怕。吴牛：指江淮一带的水牛。

⑤云霓之望：云出现在雨前，虹出现在雨后，都是下雨的征兆，即非常盼望下雨。比喻迫切地盼望。霓（ní）：即彩虹，出现在雨后。

⑥雨露之恩：古人认为夜气之露是上天降下的祥瑞，故言天恩。比喻恩泽。

⑦参（shēn）商二星：指参星与商星。参星在西，商星在东，此出彼没，互不相见。常用来比喻兄弟不和，彼此对立，或形容亲友隔绝，不能相见。

⑧牛女两宿：指牛郎星和织女星。

⑨后羿：帝尧时期人物，嫦娥的丈夫，被帝尧封于商丘（今河南省商丘市）。他善于射箭，曾经帮助尧帝射下九日。只留一日，给大地带来复苏的生机。

⑩傅说（yuè）：傅氏始祖，古虞国（今山西平陆）人，生卒不详，殷商时期著名贤臣，先秦史传为商王武丁（约公元前1250—前1192年在

位）的丞相。箕尾：指箕星和尾星。传说傅说死后精神寄托在箕星和尾星两个星宿之间，叫作"傅说星"。

【译文】

飘飞下来的雪花都是六角形的，预示来年将会丰收；太阳升起已有三竿的高度，表示时候已经不早了。

"蜀犬吠日"，是比喻人见识太少，少见多怪；"吴牛喘月"，是用来嘲笑世人恐惧得太过分了。

期盼之心殷切，就好像"云霓之望"；恩泽深厚，如同"雨露之恩"。

参星与商星此出彼没，永远没有机会相见；牛郎和织女隔着银河相望，每年七月初七的夜晚才能相会一次。

后羿的妻子，飞升到月宫里成了嫦娥；傅说死后，其精神化作星辰依托在箕、尾二星之间。

【原文】

披星戴月①，谓早夜之奔驰；沐雨栉风②，谓风尘之劳苦。

事非有意，譬如云出无心③；恩可遍施，乃曰阳春有脚④。

馈物致敬，曰敢效献曝之忱⑤；托人转移，曰全赖回天之力⑥。

感救死之恩曰再造，诵再生之德曰二天⑦。

势易尽者若冰山，事相悬者如天壤。

晨星谓贤人廖落，雷同谓言语相符。

【注释】

①披星戴月：指身披星星，头顶月亮。形容连夜奔波或早出晚归，十分辛苦。

②沐雨栉（zhì）风：让雨来洗头，让风来梳头。形容经常在外面不避风雨地辛苦奔波。沐：洗头发。栉：梳头发。

③云出无心：白云在山间飘荡，完全是无心无意。

④阳春有脚：唐代宰相宋璟爱民恤物，时人称之为"有脚阳春"，意

思是他所至之处，如春天的阳光一样普照万物。

⑤献曝：古代有个农民冬天晒着太阳觉得十分舒服，就去将这个方法献给国君请赏。形容所献菲薄、浅陋，但出于至诚。

⑥转移：扭转不利的局面，有周旋、斡旋的意思。

⑦二天：第二个上天。对相助者的感恩之词。

【译文】

"披星戴月"，是说早晚不停地奔波；"栉风沐雨"，是说奔波在外，不避风雨，非常艰辛。

事情在无意中完成，好像"云出无心"；形容恩泽广泛地施行，可以说"阳春有脚"。

送礼物给人家，要自谦说聊表"献曝"的诚意；托人出面调解，要说全靠您的"回天之力"。

感谢他人援救的恩情叫作"再造"，称颂再生的德泽叫作"二天"。

看似坚固、实则容易消亡的权势，可比作"冰山"；事物相差悬殊、相去甚远，可称为"天壤"之别。

"晨星"形容贤德之人稀少罕见；"雷同"是指人云亦云，大家所说的话都相似。

【原文】

心多过虑，何异杞人忧天①；事不量力，不殊夸父追日②。

如夏日之可畏，是谓赵盾；如冬日之可爱，是谓赵衰③。

齐妇含冤，三年不雨④；邹衍下狱，六月飞霜⑤。

父仇不共戴天⑥，子道须当爱日⑦。

【注释】

①杞人忧天：本意指杞国有个人怕天塌下来，常比喻不必要的或缺乏根据的忧虑和担心。

②夸父追日：相传在黄帝时期，夸父族首领夸父想要把太阳摘下，于是开始逐日，和太阳赛跑，在口渴时喝干了黄河、渭水之后，在奔于大泽路途中渴死，手杖化作桃林，身躯化作夸父山。原意是表现夸父无比的英雄气概和为后人造福的精神，反映古代人民探索、征服大自然的强烈愿望和顽强意志。此处比喻做事自不量力。

③赵盾：赵衰的儿子，春秋时晋国大夫。赵衰：晋文公重耳逃亡时的忠实追随者之一，后为晋国上卿。有人评价他们父子说：赵衰像冬天的太阳那样可爱，赵盾像夏天的太阳那样可怕。

④齐妇含冤：《汉书·于定国传》中说：汉代东海郡（齐地）有一位妇女窦氏，年轻时丈夫儿子相继去世，窦氏侍奉婆婆非常孝顺，但婆婆怕拖累窦氏，于是上吊自杀。窦氏的小姑知道后，诬告窦氏杀母，郡守将窦氏定罪处死。之后，东海郡三年干旱无雨。新郡守上任后，狱长于定国将窦氏之冤告之。新郡守为窦氏平反昭雪，告诸世人，并率左邻右舍在窦氏灵前忏悔。忏悔之后，天才开始下雨。

⑤邹衍下狱：邹衍是战国时著名的阴阳家，博学多识，燕昭王拜他为师。昭王死后，惠王听信谗言，将邹衍下狱。邹衍在狱中仰天大哭，时值六月，天上竟然下起霜来。惠王见状，知道必有冤情，于是将邹衍释放，官复原职。

⑥不共戴天：不愿和仇敌在同一个天底下并存，形容仇恨极深。

⑦子道：作为子女应尽的职责。爱日：指子女孝敬父母的时间有限，所以应该珍惜光阴。

【译文】

心里太过忧虑，就好像"杞人忧天"一样；做事不自量力，就和"夸父追日"一样毫无差别。

赵盾之为人，如夏日的太阳一样，威猛似火使人害怕。赵衰待人和蔼，如冬日的阳光一样和蔼可亲。

汉朝山东地方有一孝妇窦氏含冤而死，上天因而震怒，三年都不下雨；战国时候邹衍被屈捕下狱，六月的盛暑天气，忽然飞起霜来。

杀父之仇必报，不能和仇人共立在天地之间；为人子女者应尽孝道，要珍惜父母健在的日子。

【原文】

盛世黎民，嬉游于光天化日之下；太平天子，上召夫景星庆云①之祥。

夏时大禹在位，上天雨金②；《春秋》《孝经》既成，赤虹化玉③。

箕好风，毕好雨④，比庶人愿欲不同；风从虎，云从龙，比君臣会合不偶⑤。

雨旸时若，系是休征⑥；天地交泰⑦，称斯盛世。

【注释】

①景星：又名瑞星、德星，如果一国的君主实行德政，景星就会出现。庆云：一种五彩祥云，象征喜气。

②上天雨金：传说大禹治水成功后，上天下金雨三日，又下稻雨三日三夜。

③赤虹化玉：传说孔子完成《春秋》《孝经》后，有赤虹从天而降，化为黄玉，长三尺，上有刻文，孔子跪而受之。

④箕好风，毕好雨：比喻人们的愿望各不相同。箕、毕：星宿的名称。古人认为箕与风对应，毕和雨对应。

⑤风从虎，云从龙：比喻同类事物之间可以相互感应。不偶：并非偶然。

⑥雨旸时若：下雨和天晴都顺应时令。旸（yáng）：天晴。若：顺从。休征：美好的征兆。

⑦交泰：交上好运。

【译文】

太平盛世之时，百姓安居乐业，所以能在"光天化日"之下快乐地嬉游；太平时期有才德的皇帝能感召上天，而出现景星、庆云等各种祥瑞的景象。

夏朝时大禹平治水患，功劳齐于天地，使上天接连着下了三天黄金雨；孔子编纂了《春秋》和《孝经》这两部书，赤虹从天而降化为黄玉。

箕星主风，毕星主雨，比喻百姓的愿望各有不同；虎啸生风，龙腾生云，说明了君臣的会合相辅并不是偶然的。

晴雨适宜应时而至，这是吉庆福禄的好征兆；天地之气融和通畅，世间万事亨通，便称得上是太平盛世。

地　舆

【题解】

在中国古代思想体系中，天与地是相对应的，第一篇介绍了"天"，第二篇很自然地就介绍"地"的相关知识。但中国古代的"地"并不是指整个大地，而是指疆域内的土地。地舆，《淮南子·原道训》："以地为舆，则无不载也。"地载万物，故比之以车舆，后因称大地为地舆。本篇可以说是中国古代地舆文化知识的汇集，先介绍了中国各地区的名称，又介绍了山川大地诸神的神话传说，最后列举历史典故进行教化，以达到宣扬海内太平的目的。本篇对了解古代的地理区划具有重要价值。

【原文】

黄帝画野，始分都邑[①]；夏禹治水[②]，初奠山川。

宇宙之江山不改，古今之称谓各殊。

北京原属幽燕，金台是其异号[③]；南京原为建业，金陵又是别名。

浙江是武林[④]之区，原为越国；江西是豫章之地，又曰吴皋[⑤]。

福建省属闽中[⑥]，湖广地名三楚[⑦]。

东鲁西鲁，即山东山西之分；东粤西粤，乃广东广西之域。

河南在华夏之中，故曰中州；陕西即长安之地，原为秦境。

四川为西蜀，云南为古滇⑧。

贵州省近蛮⑨方，自古名为黔地⑩。

【注释】

①黄帝画野：传说中的黄帝时代，由于天下很大，百姓又多，难以管理，黄帝就画野分州，有百里之国万余。画野：划分界线。都邑：古代行政区划的名称，各代划分标准不同，后以都邑指代城市。

②夏禹治水：相传在尧时期，洪水滔天，百姓困扰，尧命鲧治水，九年无功。后来舜代天子之责，将鲧流放到羽山，并起用鲧的儿子禹继续治水。禹不顾劳累，身先士卒，传说他为了治水三过家门而不入，最终他采用疏导的策略，凿山导河，开挖沟梁，引导洪水流向大海，解决了水患。

③幽燕：今北京、河北及辽宁一带。金台：又称燕台、黄金台。相传战国时期，燕昭王为了招贤纳士，筑建土台，上置黄金千两，礼聘天下名士。④武林：杭州西边有武林山（灵隐山），因此古代又称武林。

⑤豫章：古代郡名，汉初设置，郡治在今江西南昌一带，后用豫章指代江西。唐王勃在《滕王阁序》中曾写道："豫章故郡，洪都新府。星分翼轸，地接衡庐。"吴皋：这里指吴国的边界。皋，岸，水边的高地。江西在春秋战国时曾是吴越两国的交界地区，所以用吴皋来指代江西。

⑥闽中：古代的郡名，辖区相当于今福建省和浙江省的部分地区。

⑦湖广：元朝时曾置湖广行省，辖区相当于今湖北省和湖南省。三楚：湖南、湖北旧属楚地，楚地分为东楚、西楚、南楚，合称"三楚"。

⑧西蜀：四川曾有古蜀国，三国时刘备建立蜀汉，因此简称蜀，因在中原以西，所以称西蜀。

滇：云南曾有古滇国，所以简称滇。

⑨蛮：中国古代对南方各少数民族的泛称。

⑩黔地：秦时曾在贵州一带置黔中郡，自古以来就称为"黔"地。

【译文】

黄帝划分了中国的疆域，才有了都邑的界线；夏禹平治了洪水，才奠定了山川的位置。

天地间的山川河脉虽然不曾更改，它们的称呼古今却各有不同。

北京古时称"幽燕"，别名又叫"金台"；南京原是"建业"，别名又叫"金陵"。

浙江从前称为"武林"，本是越王的故国；江西旧称"豫章"，也叫"吴皋"。

福建古时属于"闽中"，湖广地方旧名叫作"三楚"。

"东鲁""西鲁"就是山东、山西；"东粤""西粤"即为广东、广西。

河南位于中原的中心位置，所以又称为"中州"；长安为陕西首府，古代是秦国的辖地。

四川就是"西蜀"，云南就是古代的"滇"国。

贵州接近南方少数民族，是古时黔中之地。

【原文】

东岳泰山，西岳华山，南岳衡山，北岳恒山，中岳嵩山，此为天下之五岳。

饶州之鄱阳，岳州之青草，润州之丹阳，鄂州之洞庭，苏州之太湖，此为天下之五湖①。

金城汤池②，谓城池之巩固；砺山带河，乃封建之誓盟③。

帝都曰京师，故乡曰梓里④。

蓬莱弱水⑤，惟飞仙可渡；方壶员峤⑥，乃仙子所居。

沧海桑田，谓世事之多变；河清海晏，兆天下之升平。

水神曰冯夷，又曰阳侯⑦；火神曰祝融，又曰回禄⑧。

海神曰海若⑨，海眼曰尾闾⑩。

【注释】

①饶州：今江西省鄱阳县。岳州：今湖南岳阳市。青草：古五湖之一。亦名巴丘湖，在今湖南省岳阳市西南，和洞庭湖相连。润州：今江苏省镇江市。鄂州：今湖北省鄂州市。五湖：其中的鄱阳湖、洞庭湖、太湖现仍在。青草湖已与洞庭湖连在一起，丹阳湖逐渐淤塞。

②金城汤池：城墙像是用金属筑就的，护城河里的水像是开水。比喻坚固无比、防守严密的城市或工事。

③砺山带河：泰山小得像块磨刀石，黄河细得像条衣带。比喻时间久远，任何动荡也决不变心。封建之誓盟：汉高祖分封功臣时曾盟誓说："黄河如带，泰山如砺，国以永宁，爰及苗裔。"

④梓里：古人常在房前屋后种植桑树或梓树，后来就用桑梓或梓里代表故乡。

⑤蓬莱：传说中海上的仙山，凡人可望而不可即。弱水：古时许多浅而湍急的河流不能用舟船而只能用皮筏渡过，古人认为是由于水羸弱而不能载舟，因此把这样的河流称之为弱水。

⑥方壶：传说中神山名，又名方丈。员峤（qiáo）：神话中的仙山名。《列子·汤问》中载："渤海之东不知几亿万里，有大壑焉……其中有五山焉：一曰岱舆，二曰员峤，三曰方壶，四曰瀛洲，五曰蓬莱。"

⑦冯夷：传说为轩辕之子，生前为水官，死后为水神。阳侯：殷纣王末年，周武王会诸侯八百渡陵阳（今河南孟津）伐纣，陵阳国的阳侯率军迎战，兵败后溺水身亡，后人为怀念阳侯，奉其为"水神"。

⑧祝融：神话传说中的古帝，以火施化，号赤帝，后人尊为火神。回禄：传说中的火神，后用作火灾的代称。

⑨海若：传说中海神的名字。

⑩海眼：泉眼，泉水的流出口。古人认为井泉的水潜流地中，通江海，故称。《十洲记》记载，海中叫尾闾的地方，有一块石头方圆四万里，海水全部从下面流走。尾闾（lǘ）：古代传说中泄海水之处。

【译文】

东岳泰山、西岳华山、南岳衡山、北岳恒山、中岳嵩山,这是中国著名的"五岳"。

饶州的鄱阳湖、岳州的青草湖、润州的丹阳湖、巴陵的洞庭湖、苏州的太湖,这是中国著名的"五湖"。

"金城汤池"形容城墙和护城河坚固、牢不可破;"砺山带河"是帝王分封功臣时的誓盟之词。

皇帝居住的都城称为"京师";旅居在外的人,称自己的故乡为"梓里"。

"蓬莱"和"弱水"路途遥远艰险,只有神仙才能飞渡到那里;"方壶"和"员峤",只有仙人才能居住在那里。

"沧海桑田"比喻世事变迁很大;"河清海晏"是天下太平的征兆。

掌管河水的神称为"冯夷",又叫做"阳侯";管理火的神称为"祝融",又叫"回禄"。

海神的名字叫"海若",海眼又称为"尾闾"。

【原文】

望人包容曰海涵①,谢人恩泽曰河润②。

无系累者曰江湖散人③,负豪气者曰湖海之士④。

问舍求田⑤,原无大志;掀天揭地⑥,方是奇才。

凭空起事,谓之平地风波;独立不移,谓之中流砥柱⑦。

黑子、弹丸⑧,漫言至小之邑;咽喉、右臂,皆言要害之区。

【注释】

①海涵:像海水容纳江河那样无所不包。形容气量大,能包容。

②河润:像河水滋润土地那样帮助别人。形容恩惠施及很远。

③系累:牵累;连累。江湖散人:指闲散不拘、毫无牵挂的人。唐代文学家陆龟蒙举进士不中,居松江甫里,经营茶园,常泛舟于太湖,

自称江湖散人，曾作《江湖散人歌》。

④湖海之士：形容气概豪放之人。《三国志·魏志·陈登传》记载：汉末人陈登，字符龙，狂傲有豪气。一次，友人许汜去看望他，他并不以客礼相待，自己上大床躺下，而让许汜睡下床。后来许汜跟刘备谈起这件事时，说陈登是"湖海之士，豪气不除"。

⑤问舍求田：即求田问舍，只知道置产业。比喻没有远大的志向。原为刘备责备许汜之语。许汜为国士，处纷乱之世，而无效主之志，只知道买田置屋，为个人利益打算，没有远大志向。

⑥掀天揭地：把天掀起，把地揭开，形容力量或声势非常浩大。

⑦中流砥（dǐ）柱：用以形容人独立不移，像砥柱岛在激流中屹立一样。比喻坚强独立的人能在动荡艰难的环境中起支柱作用。砥柱：一座石岛，在今河南省三门峡的黄河中。

⑧黑子：指黑痣。形容极小。弹丸：弹弓所用的泥丸。形容狭小。

【译文】

希望得到别人的包容，要说"海涵"；感谢别人的恩惠，要说"河润"。

散不拘、毫无牵挂的人叫作"江湖散人"；气概豪放的人叫作"湖海之士"。

一个人只会"问舍求田"，那就表示胸无大志；能够"掀天揭地"做大事业的人，才能称为有才能的奇人。

凭空挑起事端，称为"平地生波"；能担当大任，遇事毫不动摇者，可称为"中流砥柱"。

"黑子"和"弹丸"都是形容很小的地域；"咽喉"和"右臂"都是形容险要的地方。

【原文】

独立难持，曰一木焉能支大厦；英雄自恃，曰丸泥亦可封函关①。

事先败而后成，曰失之东隅，收之桑榆②；事将成而终止，曰为山九仞，功亏一篑③。

以蠡测海④，喻人之见小；精卫衔石⑤，比人之徒劳。

跋涉谓行路艰难，康庄⑥谓道路平坦。

硗地曰不毛之地⑦，美田曰膏腴之田⑧。

【注释】

①自恃：自以为有所依靠、倚仗。函关：即函谷关，位于今河南省灵宝市北十五公里处，是中国历史上建置最早的雄关要塞之一，因关在谷中，深险如函，故称函谷关，素有"一夫当关，万夫莫克"之称。

②失之东隅，收之桑榆：比喻开始在这一方面失败了，最后在另一方面取得胜利。东隅：太阳升起的地方。桑榆：桑树和榆树，太阳落山后余光照在树上，因此用桑榆表示日落的地方。据《后汉书·冯异传》记载：东汉刘秀即位后，派冯异率军攻打赤眉军，开始阶段，因邓禹、邓弘不接受冯异的意见，连吃败仗，后来冯异改变策略，终于在崤底大破赤眉军。事后，光武帝刘秀写信慰劳冯异，其中有"始虽垂翅回溪，终能奋翼黾池，可谓失之东隅，收之桑榆"之语。

③为山九仞，功亏一篑：堆九仞高的山，只缺一筐土而不能完成。比喻做事情只差最后一点没能完成。仞：古代七尺或八尺为一仞，九仞是个虚数，言其高。篑（kuì）：盛土的筐。

④以蠡测海：用贝壳做的瓢来量海水。比喻见识浅薄，对事物的观察和了解很片面。蠡（lí）：用葫芦做的瓢。

⑤精卫衔石：也作"精卫填海"，比喻意志坚决，不畏艰难。相传远古时候，炎帝的女儿在东海游玩时淹死在海里，她的灵魂化作一只精卫鸟，到西山去衔木石，决心填平东海。

⑥康庄：宽阔平坦。

⑦硗地：贫瘠多石不生草木之地。硗（qiāo）：坚硬的石头。

⑧膏腴：形容土地非常肥沃。膏：油脂。腴（yú）：肥肉。

【译文】

势单力孤难以完成大事业,就好像"一木焉能支大厦"?英雄好汉夸耀自己的胆识本领,可说"丸泥亦可封函关"。

做事先失败,后来才得以成功,叫作"失之东隅,收之桑榆";事情将要成功,只差最后一点点,半途忽然停止了,就称为"为山九仞,功亏一篑"。

"以蠡测海",比喻人的见识太浅;"精卫衔石",是指做事徒劳无功。

"跋涉"是说行路非常艰难,"康庄"是说道路极为平坦宽广。

土壤贫瘠,地面长不出五谷草木的,称为"不毛之地"。肥沃丰饶的田地,叫作"膏腴之田"。

【原文】

得物无所用,曰如获石田[①];为学已大成,曰诞登道岸[②]。

淄渑[③]之滋味可辨,泾渭[④]之清浊当分。

泌水乐饥[⑤],隐居不仕;东山高卧[⑥],谢职求安。

圣人出则黄河清,太守廉则越石见[⑦]。

美俗曰仁里，恶俗曰互乡⑧。

里名胜母，曾子不入⑨；邑号朝歌，墨翟回车⑩。

【注释】

①石田：布满石头的田地，借指没什么用处的东西。

②诞登：登上。诞，语助词。道岸：佛教语。菩提岸；彻悟的境界。此处指学问、真理的彼岸。

③淄渑（zī miǎn）：指淄水和渑水，都流经山东。相传二水味各不同，混合之则难以辨别。比喻性质截然不同的两种事物。传说春秋时齐桓公的宠臣易牙，长于调味，能够分辨出淄水和渑水的不同味道。

④泾渭：指泾河和渭河，都流经陕西。传说古时泾河的水清，渭河的水浊，两河在交汇处有一条明显的分界线。比喻人品的优劣清浊，事物的真伪是非。

⑤泌水：涌出的泉水。《诗经·陈凤·衡门》："衡门之下，可以栖迟；泌之洋洋，可以乐饥。"衡门：横木为门。指简陋的房屋。后以"衡门泌水"指隐居之地。

⑥东山高卧：比喻隐居不仕，生活安闲。东晋谢安，字安石，少时隐逸东山，朝廷屡加征召，他都不肯出仕，人称其高卧东山。谢安虽放情丘壑，然每游赏，必挟妓以从。简文帝知道这事后，说道："安石既与人同乐，必不得不与人同忧，召之必至。"后来他果然东山再起，引领其弟、兄子大破前秦苻坚的百万大军。

⑦黄河清：传说黄河五百年变清一次，也有说一千年才会变清一次。比喻难得、罕见的事。越石见：传说福州城东有越王石，平常隐没在云雾里，只有清廉的太守才能看到它。五代宋时晋安太守虞愿公正廉明，他去看越王石，清澈无隐蔽。

⑧仁里：有淳厚风俗的乡里。互乡：交相为恶之乡。

⑨里名胜母：曾子曾经到郑国一个地方，听说这个地方叫"胜母里"，觉得这个名字不好，便绕道而行。胜母：古地名。曾子（公元前

505—前435年）：名参，字子舆，鲁国南武城人。古代孝子，孔子的学生，儒家代表人物之一。

⑩墨翟回车：墨翟带着学生到各国游说，经过卫国时，听说前方来到朝歌，他大惊失色说这是殷纣王的旧都，是产生"新声靡乐""郑卫之声"的地方，是不祥之地，于是掉转车头而去。墨翟（dí）：东周春秋末期战国初期宋国人。贵族目夷的后代，生前担任宋国大夫。他是墨家学派的创始人，也是战国时期著名的思想家、教育家、科学家、军事家。他反对铺张浪费，主张节约，他的门徒穿短衣草鞋，参加劳动，视吃苦为高尚品行。

【译文】

得到某物却一无所用，就说"如获石田"；做学问而有了成就，则可用"诞登道岸"来形容。

淄水和渑水的味道不同，放在一起也能分辨得出来；泾水和渭水有清有浊，当二水合流后，依然清浊分明。

拿涌出的泉水来充饥，也觉得很快乐，是赞美人安贫乐道，隐居在家不肯出来做官；在清静的东山高枕无忧，是说辞去官职以求轻松悠闲。

圣人降临世间，黄河的水也会呈现清澈；太守清廉爱民，越王石才会显现于世。

风俗淳朴的乡里称为"仁里"，风俗恶劣的地方叫作"互乡"。

孝顺父母的曾子，不愿进入里名叫"胜母"的地方是恨它不孝；主张非乐的墨子，车子走到名叫"朝歌"的城邑时就掉头而返，是嫌它失时。

【原文】

击壤而歌，尧帝黎民之自得①；让畔而耕，文王百姓之相推②。
费长房有缩地之方③，秦始皇有鞭石之法④。
尧有九年之水患，汤有七年之旱灾⑤。

商鞅不仁而阡陌开⁶，夏桀无道而伊洛竭⁷。

道不拾遗，由在上有善政⁸；海不扬波，知中国有圣人⁹。

【注释】

①击壤而歌：相传尧帝时，有一位老人在田中击壤唱道："日出而作，日入而息，凿井而饮，耕田而食，帝力于我何有哉？"击壤而歌反映了尧帝时的人民可以自由自在地劳动、生活，说明尧帝无为而治，天下有道。

②让畔而耕：传说文王治理的地区，风俗仁义，耕田的人互相推让田界。畔：田界。

③缩地：晋代葛洪《神仙传·壶公》中记载：东汉方士费长房向壶公学习道术，壶公问他想学什么，他说，要把全世界都看遍。壶公就给他一根缩地鞭，他想到哪里，就可用缩地鞭缩到眼前。

④鞭石：传说秦始皇想登山祭海，见山距陆地太远，想在东海上造一座石桥，当时有仙人帮助驱石下海；石头走慢了，仙人就用鞭子抽打，石皆流血，至今还留有赤石。

⑤汤：即成汤、商汤，商朝的开国君主。

⑥商鞅（约公元前395—前338年）：卫国国君的后裔，姬姓公孙氏，故又称卫鞅、公孙鞅。后因在河西之战中立功获封商于十五邑，号为商君，故称之为商鞅。战国时期政治家、改革家、思想家，法家代表人物，卫国（今河南省安阳市内黄县梁庄镇）人。阡陌开：秦孝公重用商鞅，实行变法，商鞅废井田，开阡陌，秦国因此强大起来。阡陌：田地之间的道路和地界。

⑦伊洛：指伊水和洛水。传说夏桀昏庸无道，倒行逆施，上天使伊、洛二水干枯以警告他。

⑧道不拾遗：在路上见到别人遗失的东西，也不会把它拾走。常用来形容社会风气良好。

⑨海不扬波：海上不起惊涛骇浪，比喻天下太平。

【译文】

"击壤而歌",是说尧帝时黎民百姓都能怡然自得;"让畔而耕",是说西周时的百姓朴实讲仁义。

费长房通晓收缩土地、化远为近的方法,秦始皇有挥鞭驱赶石头造桥的奇术。

尧帝时洪水为患九年,商汤时有七年的大旱天灾。

商鞅没有仁德,废除自古以来的井田制度,开阡陌奖军功;夏桀暴虐无道,上天便使伊、洛二水同时枯竭,以示惩戒。

"道不拾遗",是因为在上的人治理有方的缘故;"海不扬波",由此可知中国境内有了圣明的人。

岁　时

【题解】

中国是个农业古国,人们根据季节变化来安排一年的生产活动,因此对岁时节气相当看重,而岁时又与天地的关系最为密切,因此将"岁时"紧接在天地之后,列为第三篇。本篇叙述了中国古代历法农时方面的常识及相关神话典故,可分为四个部分:第一部分以月为序,介绍了一年之中的节气习俗;第二部分以四季为主题,介绍了四季的主神和五行方位属性;第三部分介绍了月相的变化;第四部分列举典故以劝诫人们应该珍惜时间,努力学习,勤于劳作。

【原文】

爆竹一声除旧,桃符万户更新①。

履端是初一元旦②，人日是初七灵辰③。

元日献君以《椒花颂》，为祝遐龄④；元日饮人以屠苏酒，可除疠疫⑤。

新岁曰王春⑥，去年曰客岁⑦。

【注释】

①桃符：古时挂在大门上的两块画着门神或写着门神名字用于避邪的桃木板。据说桃木有压邪驱鬼的作用，古人在辞旧迎新之际，在桃木板上分别画上"神荼""郁垒"二神的图像，悬挂于门首，意在祈福避祸。后来人们为了图省事，就直接在桃木板上写上"神荼""郁垒"二神的名字，这就是最早的门神。

②履端：开端。元旦：公历每年的第一天，也称元日。

③人日：传说天地初开时，第一日为鸡日，之后依次为狗日、猪日、羊日、牛日、马日，七日为人日，八日为谷日。灵辰：人日的别称，意为吉祥的时刻。

④《椒花颂》：《晋书·列女传·刘臻妻陈氏》：刘臻妻陈氏者，亦聪辨能属文，尝正旦献《椒花颂》。其词曰："旋穹周回，三朝肇建。青阳散辉，澄景载焕，标美灵葩，爰采爰献，圣容映之，永寿于万。"后用《椒花颂》来指新年祝词。遐龄：对老年人高寿的敬语。

⑤屠苏酒：古代一种酒名，常在农历正月初一饮用。据说屠苏酒是汉末名医华佗以中药入酒浸制而成，具有益气温阳、祛风散寒、避除疠疫之邪的功效，后由唐代名医孙思邈流传开来。

⑥王春：《公羊传·隐公元年》中说："元年春，王正月……春者何？岁之始也；王者孰谓？谓文王也。"后以"王春"指阴历新春，代表新的一年，还有尊重正统君主的意思。

⑦客岁：旧的一年。

【译文】

爆竹声声响，旧的一年过去了；门上换上了新的桃符，以迎接新的一年。

"履端"指正月初一,又叫"元旦";"人日"是正月初七,又称作"灵辰"。

元旦这天,献上一篇《椒花颂》,祝颂他长寿;请乡邻朋友喝屠苏酒,可以驱除瘟疫。

新的一年叫"王春",过去的一年则称"客岁"。

【原文】

火树银花合,谓元宵灯火之辉煌①;星桥铁锁开,调元夕金吾之不禁②。

二月朔为中和节③,三月三为上巳辰④。

冬至百六是清明⑤,立春五戊为春社⑥。

寒食节是清明前一日⑦,初伏日是夏至第三庚⑧。

四月乃是麦秋⑨,端午却为蒲节⑩。

【注释】

①火树银花合:唐代苏味道《正月十五夜》诗中有"火树银花合,星桥铁锁开"之句。正月十五为元宵节,又称灯节或上元节,且因其为春节的最后一个高潮,家家户户皆张灯结彩,热闹庆祝,"火树银花合"就是形容烟花灯火灿烂辉煌的情景。

②金吾:汉代禁止夜行的官。古代通常在城中实行宵禁。星桥铁锁开:指元宵节时取消了夜禁。

③朔:农历的每月初一。中和节:唐德宗李适在贞元五年(789年)制定,本来在二月初一,后将土地神生日纳入其中,改为二月初二,人们在这天互相赠送瓜果百谷,寓意春天的开始,万物复苏,雨水天气也将增多。

④上巳辰:即上巳节,三月上旬的巳日,称上巳。后来定为三月三日。

⑤冬至：时间在每年的公历12月21日至23日之间。冬至是中国农历中一个重要的节气，也是中华民族的一个传统节日，俗称"冬节""长至节""亚岁"等。百六：一百零六天。

⑥五戊：戊是天干的第五位，五戊是指立春、立秋后的第五个戊日，古时以此为春社、秋社之日。春社：春天祭祀土地神的活动。

⑦寒食节：春秋时晋国贵族介子推曾从晋文公流亡国外，助晋文公复国有功，但文公回国后赏赐随从臣属时，没有赏到他，因此他与母亲隐于山中。晋文公纵火烧山，想逼他出来，但介子推抱树不出，被烧死。晋文公命令百姓每年在这一天禁火，故名寒食。

⑧初伏：夏至后的第三个庚日，是三伏中头伏的第一天。按中国古代历法，这是夏天的开始。庚：天干的第七位。

⑨麦秋：小麦成熟的时候。

⑩蒲节：古人端午节时在门上挂菖蒲叶，可以避邪；或在端午节时将菖蒲泡在酒中，饮之可以避瘟疫，所以端午节又称蒲节。

【译文】

"火树银花合"，是形容元宵节晚上灯火的灿烂辉煌；"星桥铁锁开"，是说元宵节这一天开禁，放下吊桥，城内外游人可自由往来观赏灯火。

二月初一是"中和节"，三月初三日为"上巳节"。

"冬至"后第一百零六天是"清明节"，"立春"后的第五个戊日是"春社"。

"寒食节"在"清明节"的前一天，"初伏"日则是夏至后第三个庚日。

四月麦熟所以称为"麦秋"；"端午节"挂菖蒲叶、饮菖蒲酒，所以又称为"蒲节"。

【原文】

六月六日，节名天贶①；五月五日，序号天中②。

端阳竞渡，吊屈原之溺水③；重九登高，效桓景之避灾④。

五戊鸡豚宴社，处处饮治聋之酒⑤；七夕牛女渡河，家家穿乞巧之针⑥。

中秋月朗，明皇亲游于月殿⑦；九日风高，孟嘉帽落于龙山⑧。

秦人岁终祭神曰腊，故至今以十二月为腊⑨；始皇当年御讳曰政，故至今读正月为征⑩。

【注释】

①天贶（kuàng）：澶渊之盟后，宋真宗想在泰山封禅，以洗刷城下之盟，彰显自己的功业，于是诈称有天书降下，改元大中祥符，并于大中祥符元年（1008年）十月在泰山举行了庄严隆重的封禅祭祀仪式。大中祥符四年（1011年）六月六日，宋真宗下诏称天书再降，定六月六日为天贶节。贶：赏赐。

②天中：古人认为五月五日正是中夏，故称这一天为"天中节"。

③端阳竞渡：屈原在端午节投汨罗江而死，楚人为祭奠他，在这天将粽子投入江中，并进行划龙舟竞赛，表示当时抢救屈原的迫切之情。后来吃粽子和赛龙舟成为传统风俗。

④重九登高：据梁朝吴均《续齐谐记》记载，东汉时，汝南县里有一个叫桓景的农村小伙子，父母双全，妻子儿女一大家。日子虽然不算好，半菜半粮也能过得去。谁知不幸的事儿来了。汝河两岸害起了瘟疫，家家户户的人们都病倒了，尸首遍地。这一年，桓景的父母也都病死了。东南山中住着一个名叫费长房的大仙，他对桓景说，九月九日，你家中有难，只有全家人插着茱萸登山饮菊花酒，才能避祸。桓景听从了他的话。晚上回家一看，家中的鸡犬牛羊都死了。桓景后来成了仙，重九登高也因此成为一种风俗。

⑤治聋之酒：传说在社日饮酒可以治耳聋。

⑥乞巧：七夕的传统活动，就是向织女乞求一双巧手的意思。七夕是传说中隔着"天河"的牛郎和织女在鹊桥上相会的日子，女孩子们就

在这天晚上向织女乞巧。传统的乞巧方式有穿针引线验巧、做些小物品赛巧、摆上些瓜果乞巧等。

⑦明皇亲游于月殿：明皇即唐玄宗。传说道士罗公远以杖为桥，引明皇到月宫一游。明皇觉得月宫的音乐很好听，就凭记忆谱写了一首《霓裳羽衣曲》。

⑧孟嘉帽落于龙山：《晋书·桓温传》记载：晋代孟嘉任桓温的参军时，桓温在龙山宴请幕僚，忽然孟嘉的帽子被风吹落于地，而孟嘉并未发觉。在他去厕所时，桓温命把帽子放到他原来坐处，并让人写了几句嘲笑他的诗文。孟嘉回来后看见，当即以文应对，文辞优美，四座皆服。

⑨腊：古代阴历十二月的一种祭祀，冬至后第三个戌日祭祀众神。

⑩御讳曰政：古时农历一月是天子召集大臣议政的月份，所以名"政月"。秦始皇名嬴政，秦时为避讳，改"政月"为"正月"，并沿用至今。

【译文】

六月初六日是"天贶节"，五月五日称为"天中节"。

"端午节"龙舟竞渡，以悼念溺水身死的屈原；"重阳节"登高山插茱萸饮茱萸酒，是效法桓景避灾的故事。

"春社"日家家户户杀猪宰鸡祭祀土地神，大家争饮可以医治耳聋的酒；七月初七牛郎织女渡河相会，家家妇女穿针引线以乞求得到织布绣花的巧技。

"中秋"之夜月光分外清朗，唐明皇梦游月宫；"重阳节"登龙山，山风将孟嘉的帽子吹落在地上。

秦人每年岁终祭神称为"腊"，因此至今日皆称十二月为"腊月"。秦始皇的名字叫嬴政，秦人避讳读"正"为"征"，后世便沿用此例读"正月"为"征月"。

【原文】

东方之神曰太皞，乘震而司春，甲乙属木，木则旺于春，其色青，故春帝曰青帝①。

南方之神曰祝融，居高而司夏，丙丁属火，火则旺于夏，其色赤，故夏帝曰赤帝②。

西方之神曰蓐收，当兑而司秋，庚辛属金，金则旺于秋，其色白，故秋帝曰白帝③。

北方之神曰玄冥，乘坎而司冬，壬癸属水，水则旺于冬，其色黑，故冬帝曰黑帝④。

中央戊己属土，其色黄，故中央帝曰黄帝⑤。

【注释】

①太皞（hào）：又作太昊，即伏羲，风姓。在汉族传说中是古代华夏部落的首领，居于陈地（即现在河南淮阳县），是炎帝神农氏和黄帝轩辕氏的共同祖先。古人用阴阳五行来解释季节和方位，将金木水火土五行与东西南北中及春夏秋冬相配，又和八卦及天干对应，它们的对应关系是：中央：戊己，黄色，属土；春：东方，甲乙，青色，震位，属木；夏：南方，丙丁，红色，离位，属火；秋：西方，庚辛，白色，兑位，属金；冬：北方，壬癸，黑色，坎位，属水。

②祝融：古代传说中的火神。

③蓐（rù）收：古代汉族神话传说中的秋神，左耳有蛇，乘两条龙，是白帝少昊的辅佐神。

④玄冥：即颛顼（zhuān xū），古代汉族神话传说中的水神、冬神、北方之神。

⑤黄帝：古华夏部落联盟首领，中国远古时代华夏民族的共主。五帝之首，被尊为中华"人文初祖"。据说他是少典与附宝之子，本姓公孙，后改姬姓，故称姬轩辕。居轩辕之丘，号轩辕氏，建都于有熊，亦称有熊氏。

【译文】

掌管东方的神称作太皞，居震位而司春令，震属木而木旺于春色青，

故又称为青帝。

掌管南方的神称作祝融，居离位而司夏令，离属火而火旺于夏色赤，故又称为赤帝。

掌管西方的神称作蓐收，居兑位而司秋令，兑属金而金旺于秋色白，故又称为白帝。

掌管北方的神称作颛顼，居坎位而司冬令，坎属水而水旺于冬色黑，故又称为黑帝。

四方的中央天干为戊己，五行属土，土旺于四时色黄，所以掌管中央的神称为黄帝。

【原文】

夏至一阴生，是以天时渐短；冬至一阳生，是以日晷①初长。

冬至到而葭灰飞②，立秋至而梧叶落。

上弦谓月圆其半，系初八、九；下弦谓月缺其半，系廿二、三。

月光都尽谓之晦，三十日之名③；月光复苏谓之朔，初一日之号；月与日对谓之望，十五日之称④。

初一是死魄，初二旁死魄，初三哉生明，十六始生魄⑤。

【注释】

①日晷（guǐ）：又称"日规"，我国古代利用日影测量时间的一种仪器，通常由铜制的指针和石制的圆盘组成。

②葭灰：葭莩（jiā fú，芦苇里的白色薄膜）烧成的灰。古人用葭灰置于律管中，放密室内，以占气候。某一节候到时，律管中的葭灰即飞出，表明该节候已到。

③晦：农历每月的最后一天。

④望：农历每月十五日，即月满之日。此时日在东方升起，月在西方落下，遥遥相望，故称望日。

⑤死魄：指月亮无光。古人称月亮有光的部分为"明"，月亮无光

的部分为"魄"。初一时月亮无光,故曰"死魄"。初二时月亮大部分还是无光,所以说"旁死魄"。旁:近,接近。初三时月亮有了微光,所以说"哉生明"。哉:开始。

【译文】

"夏至"节气一过,阴气就启动了,白天的时间渐渐短了;"冬至"节气一到,阳气就动了起来,太阳的影子慢慢地长了起来。

一到"冬至",阳气初动,葭灰就会飞起来;"立秋"一到,梧桐树上的叶子便纷纷飘落下来。

"上弦"是说月圆一半,为每月初八、初九;"下弦"是说月缺一半,为每月二十二、二十三。

完全没有月亮叫作"晦",是每月三十日的别称;月光从无到有叫作"朔",是每月初一日的别称;月亮和太阳遥遥相对称为"望",是每月十五日的别称。

初一的月亮像死灰一样,所以叫作"死魄";初二的月亮稍微有一点微光,所以叫作"旁死魄";初三的月亮才生出光来,所以叫作"哉生明";十六的月亮开始有了残缺,所以叫作"始生魄"。

【原文】

翌日、诘朝,言皆明日[1];谷旦、吉旦,悉是良辰[2]。

片晌即谓片时,日曛乃云日暮[3]。

畴昔、曩者,俱前日之谓[4];黎明、昧爽,皆将曙之时[5]。

月有三浣[6]:初旬十日为上浣,中旬十日为中浣,下旬十日为下浣;学足三余[7]:夜春日之余,冬春岁之余,雨者晴之余。

【注释】

[1]翌(yì)日:第二天。诘(jié)朝:指次日早晨。

[2]谷旦:良辰,晴朗美好的日子,古时常用为吉日的代称。

[3]曛(xūn):日落时的余光。

[4]畴(chóu)昔:往昔,以前。曩(nǎng)者:以往,以前。

[5]昧爽:指黎明。昧,昏暗不明。爽,明亮。

[6]三浣:古代官员每十天发一次俸禄,休息一次,洗衣洗澡,称为一浣。浣(huàn):洗。

[7]三余:指三种空闲时间。汉末董遇好学,曾对人说:"学者当利用三余,夜者日之余,冬者岁之余,雨者晴之余。"

【译文】

"翌日""诘朝"都是指明天,"谷旦""吉时"都是指好时辰、吉祥日。

"片晌"是说片刻,"日曛"是说天将黄昏。

"畴昔""曩者"都是指以前,"黎明""昧爽"都是指天将破晓的时候。

一个月有"三浣":初旬十日为"上浣",中旬十日称为"中浣",

下旬十日称为"下浣";做好学问要充分利用"三余"的时间:夜晚是白昼之余,冬季是一年之余,下雨天是晴天之余。

【原文】

以术愚人,曰朝三暮四①;为学求益,曰日就月将②。

焚膏继晷③,日夜辛勤;俾昼作夜④,晨昏颠倒。

自愧无成,曰虚延岁月⑤;与人共语,曰少叙寒暄⑥。

可憎者,人情冷暖;可厌者,世态炎凉。

周末无寒年,因东周之懦弱;秦亡无燠岁,由嬴氏之凶残⑦。

泰阶星平曰泰平,时序调和曰玉烛⑧。

岁歉曰饥馑之岁,年丰曰大有之年。

唐德宗之饥年,醉人为瑞⑨;梁惠王之凶岁,野莩堪怜⑩。

【注释】

①朝三暮四:原指玩弄手法欺骗人。后用来比喻常常变卦,反复无常。古时有个养猴的人,发栗子喂猴,说:"早上三个,傍晚四个。"众猴皆怒。又说:"早上四个,傍晚三个。"众猴皆喜。

②日就月将:每天都有些成就,每月都有所前进。形容积少成多,精进不止。就:成就;将:进步。

③焚膏继晷:点起灯烛;接替日光照明。形容日夜不停,非常勤奋地工作或读书。膏:油脂,这里借指灯烛。晷:日光。

④俾昼作夜:把夜晚当作白昼一般利用,形容夜以继日地工作或学习。俾:使,把。

⑤虚延:虚度。

⑥寒暄:嘘寒问暖。

⑦寒年:寒冷的年份。燠(yù)岁:暖热的年份。按照古人天人相应的观念,寒年和燠岁都是不正常的年景。

⑧泰阶星:古代的星座名,又名三台星,共六颗星,两两并排,如

阶梯状。古人认为这些星分别代表天子、诸侯、卿大夫、士和庶人。泰阶星平正，天下就大治，称泰平，后来写作太平；泰阶星斜，则天下大乱。玉烛：指四时之气和畅，时序调和。

⑨醉人为瑞：唐德宗时，连年战乱，饥荒频仍，几乎无人酿酒，如果偶尔有人喝醉，大家都认为是祥瑞之兆。

⑩野莩：野外饿死的人。

【译文】

用诈术骗人，可称之"朝三暮四"；为学要求日益进步，可称之"日就月将"。

"焚膏继晷"形容日夜不停，非常勤奋地工作或读书；"俾昼作夜"是说把白天和夜晚的作息弄颠倒了。

一事无成而自觉惭愧，可以说"虚延岁月"；与人交谈讲一些客套话，则称为"少叙寒暄"。

令人憎恨的是人情冷暖，令人厌恶的是世态炎凉。

东周末年政治宽松，周王室懦弱，人民感觉不到寒冷的年份；秦始皇太凶残，人民感觉不到温暖的岁月。

泰阶的星宿平正，象征国泰民安，称为"泰平"；四时平和风调雨顺，则称为"玉烛"。

年岁荒歉叫作"饥馑之岁"，年岁丰收叫作"大有之年"。

唐德宗时遇荒年，路上看见一个醉汉，人们便认为是吉祥的征兆；梁惠王时遇大荒灾，城郊野外到处都是饿死的人，实在很可怜。

【原文】

丰年玉，荒年谷，言人品之可珍；薪如桂，食如玉，言薪米之腾贵①。

春祈秋报②，农夫之常规；夜寐夙兴③，吾人之勤事。

韶华不再，吾辈须当惜阴④；日月其除，志士正宜待旦⑤。

【注释】

①腾：形容物价上涨很快。

②祈：向上天或神明求福。报：指祭祀。

③夙兴：意为天不亮就起来做事情。

④韶华：美好的年华。阴：光阴。

⑤除：这里指岁月的流逝。待旦：等待天明。

【译文】

"丰年玉""荒年谷"都是用来形容一个人品德的珍贵；"薪如桂""食如玉"，则用来比喻物价涨到了极点。

春耕时祭神是祈求农作物能丰收，秋收后祭神是报答神明的庇佑，这是农民的习俗；夜深了才去睡觉，一大早就爬起来，是我们勤勉地做事。

美好的时光一去不再回头，读书人理当珍惜光阴；日月时光容易流逝，有志之士应该及时努力。

朝　廷

【题解】

"朝廷"又作"朝庭"，本来是君主接受大臣朝见和处理政务的地方，后来成为封建帝王和以帝王为首的中央政权的代称。中国古代是君主专制国家，君主拥有至高无上的权力，对臣民有着绝对的生杀予夺大权。古人讲"天地君亲师"，君主仅次于天地，排在了第三位。本篇篇幅不长，主要介绍了帝王及宫廷的名称，传说或历史中贤德君王的事迹、言行等。本篇与后面的"文臣"篇和"武职"篇结合起来阅读，可以对中国古代政治制度有一个初步的了解。

【原文】

三皇为皇①，五帝为帝②。

以德行仁者王，以力假仁者霸③。

天子天下之主，诸侯一国之君④。

官天下，乃以位让贤⑤；家天下，是以位传子⑥。

陛下尊称天子，殿下尊重宗藩⑦。

皇帝即位曰龙飞，人臣觐君曰虎拜⑧。

【注释】

①三皇：指天皇、地皇、人皇。

②五帝：有多种说法，一般指伏羲、神农、黄帝、尧、舜。

③力：武力。假：代理，非正式。

④诸侯：周代天下分为许多小诸侯国，国君称为诸侯，分为公、侯、伯、子、男五等。⑤官天下：以天下为公有。

⑥家天下：以天下为一家所私有。

⑦宗藩：指与天子同姓的诸侯。藩：屏卫。

⑧觐（jìn）：朝见君主或朝拜的圣地。

【译文】

远古时的天皇、地皇、人皇通称为"三皇"，伏羲、神农、黄帝、尧、舜合称为"五帝"。

以仁义道德来治理天下的称为"王道"，用武力来征服天下的则是

"霸道"。

天子是天下的主宰,诸侯是列国的君主。

将王位让给有贤德和才能的人,称为"官天下",将王位传给自己的子孙,称为"家天下"。

"陛下"是对天子的尊称,"殿下"是对皇室宗亲的尊称。

新皇即位登基称作"龙飞",臣子朝见君王叫作"虎拜"。

【原文】

皇帝之言,谓之纶音①;皇后之命,乃称懿旨。

椒房②是皇后所居,枫宸乃人君所莅③。

天子尊崇,故称元首④;臣邻辅翼,故曰股肱⑤。

龙之种,麟之角,俱誉宗藩;君之储,国之贰,首称太子⑥。

帝子爰立青宫⑦,帝印乃是玉玺。

【注释】

①纶(lún)音:指帝王的诏书旨意。

②椒房:汉代后宫墙上多以椒涂墙,用以取暖避恶气,故后宫称椒房。

③枫宸(chén):在帝王殿前多种植枫树,故帝王所居之处称为枫宸。宸:深邃的房屋。

④元首:头脑。代指君主或国家的最高领导人。

⑤股肱(gōng):大腿和胳膊。代指君王的左右辅佐之臣。

⑥君之储:即储君,皇位继承人。国之贰:即国贰,国之副君,即太子。

⑦爰(yuán):曰,称为。

【译文】

皇帝说的话称为"纶音",皇后的命令称为"懿旨"。

"椒房"是皇后居住的地方，"枫宸"指皇帝住的宫殿。

天子的地位崇高尊贵，所以叫作"元首"；臣子辅弼皇帝，所以称作"股肱"。

"龙种""麟趾"都是赞誉宗藩之语，"储君""储贰"皆为太子的别称。

太子所居住的地方称为"青宫"，皇帝所用的印称为"玉玺"。

【原文】

宗室之派，演于天潢①；帝胄之谱，名为玉牒②。

前星耀彩，共祝太子以千秋③；嵩岳效灵，三呼天子以万岁④。

神器大宝，皆言帝位；妃嫔媵嫱，总是宫娥⑤。

姜后脱簪而待罪，世称哲后⑥；马后练服以鸣俭，共仰贤妃⑦。

唐放勋德配昊天，遂动华封之三祝⑧；汉太子恩覃少海，乃兴乐府之四歌⑨。

【注释】

①演：推演，流传。潢（huáng）：水池。

②帝胄：帝王或贵族的后代。玉牒：记载帝王谱系、历数及政令因革之书。牒：册。

③前星：古人认为三星中的中星代表天子位，前星代表太子位，后星代表庶子位。

④嵩岳：即嵩山。据史书记载，汉武帝登嵩山，皇帝和身边的人都听到高呼万岁的声音出现三次，被认为是嵩山山神显灵。

⑤妃：帝王的妻，位次于皇后；亦指太子、王、侯的妻。嫔（pín）：古代皇宫里的女官，皇帝的妾，侍从。媵（yìng）：随从皇后陪嫁过来的女子。嫱（qiáng）：古代宫廷里的女官名。

⑥姜后：周宣王的皇后。《列女传》载：周宣王晚起，姜后即脱簪请罪，曰："吾之过，使君王好色而忘德，失礼晚起。"宣王曰："吾之过，

非卿之过也。"从此处理政务更加勤奋。

⑦马后：汉明帝的皇后。《汉书》载：马后穿素色衣服，饮食节俭，以作天下表率。

⑧唐放勋：指尧帝。尧帝到华山巡视，华山封人祝愿他多福多寿多男子，称为"华封三祝"，后来成为颂扬人的祝颂语。昊天：苍天。昊，元气博大貌。

⑨覃：达到，延及。少海：指渤海，也称幼海。此处泛指四海。乐府：代主管音乐的官署，后世把采集的民歌或文人模拟的作品也叫作乐府。《汉书》载，汉明帝为太子时，乐人作了四章颂扬太子德行的歌：第一章为"日重光"，第二章为"月重光"，第三章为"星重辉"，第四章为"海重润"。

【译文】

宗室的支分流派皆从"天潢"推演而来，皇族的家谱称为"玉牒"。

前星明亮辉煌，那是天下人共祝"千秋"；嵩岳山神显灵，三呼天子"万岁"。

"神器""大宝"都是帝位的代称，淑、嫔、媵、嫱皆是宫女的等级。

周宣王时，姜后摘下头上的发簪等待处罪，世人称赞她是贤明的皇后；汉明帝时，马皇后穿着粗布衣服呼吁节俭，大家都敬仰这位贤德的后妃。

唐尧的功德可配得上苍天，于是感动华山封人祝愿他多福多寿多男子；汉明帝做太子时对人恩深似海，四首赞颂他的乐府诗便流传开来。

文 臣

【题解】

文臣作为中国历史上重要的政治势力，在数千年的历史长河中书写了绚丽多彩的篇章。纵观整个中国历史，文臣的影响颇为深远，威胁力最大，有时因文臣一举一动甚至可能引发暴乱，但也有文臣为国家治国安邦奠定了坚实的基础。本篇介绍了中央和地方各机构及其长官的称谓，官场习见用语，以及历史上辅佐君王安邦定国的大臣的事迹和言论。本篇目的在于，不管你是什么级别的官员，最大的职责和义务就是辅佐皇帝治理国家，使天下太平，百姓安居乐业。

【原文】

帝王有出震向离①之象，大臣有补天浴日②之功。

三公上应三台③，郎官上应列宿④。

宰相位居台铉⑤，吏部职掌铨衡⑥。

吏部天官大冢宰，户部地官大司徒。

礼部春官大宗伯，兵部夏官大司马。

刑部秋官大司寇，工部冬官大司空。

【注释】

①出震向离：指帝王登基即位。按易经学说，震代表东方，离代表南方，帝王就像太阳一样从东方升起，在南方照耀天下。

②补天浴日：指女娲炼五色石补天、羲和给太阳洗澡两个神话故事。后用来比喻人有战胜自然的能力。也形容伟大的功业。

③三公：古代中央三种最高官衔的合，一般指太师、太保、太傅。

三台：古代天子有灵台、时台、囿台。另，汉因秦制，以尚书为中台，御史为宪台，谒者为外台，合称三台。

④郎官：帝王的侍从官。列宿：众星宿。特指二十八宿。

⑤台铉：犹台鼎。台：指三台。铉（xuàn）：鼎耳，以代鼎。鼎三足，有三公之象，故以喻宰辅重臣。

⑥铨（quán）衡：度量工具。指主管选拔官吏的职位。

【译文】

圣明天子有"出震向离"的气象，大臣有"补天浴日"的功勋。

"三公"对应天上的三台星，各部"郎官"相当于天上的众星宿。

"宰相"位居"鼎铉"，协助君王治理国家，地位极为重要；"吏部"掌管天下官吏，选拔衡量人才。

吏部古名天官，长官称"大冢宰"；户部古名地官，长官称"大司徒"。

礼部古名春官，长官称"大宗伯"；兵部古名夏官，长官称"大司马"。

刑部古名秋官，长官称"大司寇"；工部古名冬官，长官称"大司空"。

【原文】

都宪中丞，都御史之号①；内翰学士，翰林院之称②。

天使誉称行人③，司成尊称祭酒④。

称都堂曰大抚台⑤，称巡按曰大柱史⑥。

方伯、藩侯，左右布政之号⑦；宪台、廉宪，提刑按察之称⑧。

宗师称为大文衡⑨，副使称为大宪副⑩。

【注释】

①都御史：明代监察机构御史台的长官。

②翰林院：中国古代以文学供奉宫廷的官署。长官为掌院学士，属

官有侍读、侍讲、修撰、编修、检讨，统称翰林。翰林学士是负责为皇帝起草文书的官员。

③行人：古代传达皇帝诏令的官员。

④司成：古代教育贵族子弟的官职。祭酒：代管理国子监学府的官员。

⑤都堂：都察院长官都御史、副都御史、佥都御史，以及差遣在外总督、巡抚之带有上述官衔者，皆通称都堂。大抚台：明代巡抚兼任都察院副都御史，故称大抚台。

⑥巡按：明代有巡按御史，为监察御史赴各地巡视者。其职权颇重，负责考核吏治，审理大案，知府以下均奉其命。柱史："柱下史"的省称，指御史。

⑦方伯：殷周时代一方诸侯之长。后泛称地方长官。藩侯：藩王。布政：掌管一省户政赋役的行政长官。

⑧宪台：后汉改称汉御史府为宪台。后为同类机构的通称，亦以称御史等官职。廉宪：廉访使的俗称。提刑：古代官职名。主管所属各州的司法、刑狱和监察，兼管农桑。按察：掌管一省刑法事务的长官。

⑨文衡：掌管一省教育的官员。

⑩宪副：监察史的副手。

【译文】

"都宪""中丞"是都察院长官"都御史"的别称；"内翰""学士"是"翰林院"官员的称号。

"天使"是对"行人司"官员的美称，"司成"是对"国子监"祭酒的尊称。

都察院长官称为"大抚台"，巡按御史称为"大柱史"。

"方伯""藩侯"是左右布政使的别号，"宪台""廉宪"是提刑按察的别称。

掌管皇室子弟教育的宗室称为"大文衡"，上级的副使称为"大宪副"。

【原文】

郡侯、邦伯，知府名尊①；郡丞、贰侯，同知誉美②。

郡宰、别驾，乃称通判③；司理、廌史，赞美推官④。

刺史、州牧，乃知州之两号；廌史、台谏，即知县之尊称。

乡宦曰乡绅，农官曰田畯。

钧座、台座，皆称仕宦；帐下、麾下，并美武官⑤。

【注释】

①郡侯：原为古代爵名。邦伯：古代用以称一方诸侯之长。知府：又称"知州"，是中国古代的地方职官名，州府最高行政长官。秦灭诸侯，设置郡，郡设郡守，辖地相当于方伯诸侯。唐代改郡为州，改太守为刺使。②郡丞：郡守的佐官。贰侯：郡侯的副手。同知：知府的副职。③别驾：别驾从事史，官名。亦称别驾从事，简称"别驾"。汉置，为州刺史的佐官。隋初废郡存州，改别驾为长史。唐初改郡丞为别驾，高宗又改别驾为长史，另以皇族为别驾，后废置不常。宋各州的通判，职任似别驾，后世因以别驾为通判之习称。通判：即督粮长官。通判跟随刺史巡视，另乘一辆车，故称别驾。④司理：司理参军简称。宋初各州有马步院。以军人为判官，掌狱讼。太祖开宝六年（937年）改各州马步院为司寇院，以文臣为司寇参军，后改司寇为司理。廌史：司法官员。"廌"是指獬廌（xiè zhì），传说中的神兽，拥有较高的智慧，它能辨是非善恶，发现贪赃枉法之人，就用头上独角指向他或抵死，令奸邪者不寒而栗。明清时以獬廌作监官员官服的补子图案。推官：府中理刑办案的官员。⑤帐下：大将行军，设置帷帐居住，故称为帐下。麾：旗帜。士卒进退，以麾指挥，故称麾下。

【译文】

"郡侯""邦伯"是对知府的尊称，"郡丞""贰侯"是对同知的美称。

"郡宰""别驾"是对通判的称呼；"司理""廌史"是对推官的

美称。

"刺史""州牧"是知州的两种叫法,"豸史""台谏"是对知县的尊称。

乡里居住的卸职官员叫作"乡绅",主管农业的官又名"田畯"。

"钧座""台座"都是对文官的敬称,"帐下""麾下"都是对武官的尊称。

【原文】

秩官既分九品,命妇亦有七阶①。

一品曰夫人,二品亦夫人,三品曰淑人,四品曰恭人,五品曰宜人,六品曰安人,七品曰孺人。

妇人受封曰金花诰②,状元报捷曰紫泥封③。

唐玄宗以金瓯覆宰相之名④,宋真宗以美珠箝谏臣之口⑤。

金马玉堂,羡翰林之声价⑥;朱幡皂盖,仰郡守之威仪⑦。

台辅曰紫阁名公,知府曰黄堂太守⑧。

府尹之禄二千石,太守之马五花骢。

代天巡狩,赞称巡按;指日高升,预贺官僚。

【注释】

①秩官:常设之官。命妇:古时被赐予封号的妇女,一般为官员的母亲、妻子。凡担任官职的人,他的母亲和妻子都可以接受诰命。

②金花诰:唐玄宗诰封群夫人,用金花罗纸书写,称为金花诰。

③紫泥封:唐代进士及第,用泥金帖书写报告喜讯,称为紫泥封。

④金瓯覆宰相之名:唐玄宗将要任命宰相,写好名字用金盆盖住,正好太子进来,玄宗问太子:"你认为谁能担任宰相呢?"太子回答:"难道不是崔琳、卢从愿吗?"原来他们二人很有声望,所以太子能猜中。瓯(ōu):小盆。

⑤美珠箝谏臣之口:宋真宗想到泰山封禅,担心大臣王旦反对,就

赐给王旦一樽酒，说："回家与妻儿共同享用。"王回家打开一看，里面装满了珍珠，知道是皇上叫他不要反对封禅的事，于是再不敢提出异议了。箝（qián）：限制，约束。

⑥金马：汉代宫门的美称。玉堂：翰林院的别名。

⑦朱幡皂盖：汉代郡守的仪仗有红色的旗幡和黑色的伞盖。

⑧台辅：指宰相。黄堂太守：古代太守的正堂用雌黄涂墙，所以称为黄堂。

【译文】

有爵秩的官级共分为九品，受诰命的妇人也分为七等。

一品称"夫人"，二品也可以称为"夫人"，三品叫"淑人"，四品名"恭人"，五品为"宜人"，六品为"安人"，七品称"孺人"。

妇人受皇帝的册封用的是"金花诰"，状元的捷报文书用的是"紫泥封"。

唐玄宗用金瓯盖住写好的宰相名，以试太子之才；宋真宗用美珠堵住了谏臣的口，使他不再评议朝政。

"金马""玉堂"都是对翰林的名声和地位的羡慕，"朱幡""皂盖"都是对郡守出行时炫赫威仪的敬仰。

宰相又称"紫阁明公"，知府也称"黄堂太守"。

府尹的俸禄是两千石，太守的车可使用五花马。

"代天巡狩"是称赞巡按的话，"指日高升"是预祝官员即将升迁的贺辞。

【原文】

初到任曰下车，告致仕曰解组①。

藩垣屏翰②，方伯犹古诸侯之国；墨绶铜章，令尹即古子男之邦③。

太监掌阉门④之禁令，故曰阉宦；朝臣皆搢笏于绅间，故曰搢绅⑤。

【注释】

①致仕：官员退休。组：系印的绳子。

②藩垣：藩篱和垣墙。泛指屏障。比喻卫国的重臣，也比喻藩国、藩镇。屏翰：屏障辅翼。

③墨绶：黑色的系印的带子。铜章：铜铸的官印。令尹：即县官，管理的地方相当于古代的子爵和男爵的封地。

④阉门：指太监的居所。

⑤搢（jìn）：插。笏（hù）：大臣上朝时拿的用于记事的板子。绅：衣带。搢绅：有官职的或做过官的人。一般都称之为缙绅（同"搢绅"）。

【译文】

官员刚刚到任叫"下车"，辞官归乡叫"解组"。

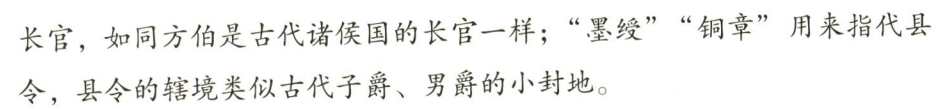

"藩垣""屏翰"称镇守一方的长官，如同方伯是古代诸侯国的长官一样；"墨绶""铜章"用来指代县令，县令的辖境类似古代子爵、男爵的小封地。

太监掌管内廷出入的禁令，所以叫作"阉宦"；朝廷的大臣都把朝笏插在腰带上，因此称作"缙绅"。

【原文】

萧曹相汉高，曾为刀笔吏①；汲黯相汉武，真是社稷臣②。

召伯布文王之政，尝舍甘棠之下③，后人思其遗爱，不忍伐其树；孔明有王佐之才，尝隐草庐之中，先主慕其令名，乃三顾其庐④。

鱼头参政，鲁宗道秉性骨鲠⑤；伴食宰相，卢怀慎居位无能⑥。

王德用，人称黑王相公⑦；赵清献，世号铁面御史⑧。

汉刘宽责民，蒲鞭示辱⑨；项仲山洁己，饮马投钱⑩。

【注释】

①萧曹：萧何与曹参。汉高：汉高祖刘邦。刀笔吏：代办文书的小吏。

②汲黯：汉武帝时大臣，常当面指出别人的过失。汉武：汉武帝。

③舍：休息，居住。召伯：召公奭（shì），被封于召，又称召公，西周宗室、大臣。

④孔明：即诸葛亮。王佐：王者的辅佐，佐君成王业的人。令名：美好的声誉。

⑤鱼头参政：宋鲁宗道任参知政事，刚正嫉恶，遇事敢言，因其姓鲁（鱼字头），且秉性鲠直，故被称为"鱼头参政"。

⑥伴食宰相：用来讽刺无所作为，不称职的官员。食：陪伴人家吃饭。唐朝朝会结束时，宰相率百僚集尚书省都堂会餐。卢怀慎与姚崇同时作宰相，他认为自己才能不如姚崇，故事务都推给姚崇处理。

⑦王德用（979—1057年）：字元辅，赵州（今河北赵县）人，祖籍真定（今河北正定县以南）。宋代大将，鲁国公王超之子。

⑧赵清献：即赵抃（1008—1084年），字阅道，谥清献，宋朝长安人。宋神宗时作御史，弹劾不避权贵。

⑨刘宽：汉代人，担任南阳太守，为人宽容，民有过错，只用蒲草鞭子处罚，以示耻辱。

⑩项仲山：汉代官员，非常廉洁，每次在河边饮马，都要投钱三文。

【译文】

萧何与曹参先后当官汉高祖的宰相，他们原先都做过沛县的"刀笔吏"；汲黯是汉武帝的宰相，真可以说是治国安邦的"社稷臣"。

召伯推行周文王的德政，曾在甘棠树下休息，后人感念他的恩德，不忍心砍伐这棵树；诸葛亮有辅佐帝王的才干，曾隐居在南阳简陋的草屋中，刘备仰慕他的美名，一连三次前去拜访。

"鱼头参政"，是说鲁宗道秉性耿直、刚正不阿；"伴食宰相"，是说卢怀慎身居高位，毫无才能。

王德用善于治军而面黑，辽人称为"黑王相公"；赵清献刚正不阿，世人称他"铁面御史"。

汉朝刘宽待人宽厚，吏民有过错仅用蒲鞭象征性地责罚；项仲山洁身自爱，每次到渭河饮马，都要投钱三枚。

【原文】

李善感直言不讳，竞称鸣凤朝阳①；汉张纲弹劾无私，直斥豺狼当道②。

民爱邓侯之政，挽之不留③；人言谢令之贪，推之不去④。

廉范守蜀郡，民歌五袴⑤；张堪守渔阳，麦穗两歧⑥。

【注释】

①李善感：唐朝时任监察御史，皇帝想封五岳，他力谏阻止。人们认为他的劝谏是鸣叫的凤凰朝向太阳。

②张纲：汉御史，皇帝派其到外地巡视，张埋掉车轮，说："现在是豺狼当道，去抓什么狐狸。"于是上朝弹劾大将军梁冀兄弟的不法行为。

③邓侯：指邓攸，晋代时任吴郡太守，离任时百姓挽留不让离去。

④谢令：邓攸的前任谢太守，非常贪财，老百姓赶都赶不走。

⑤廉范：汉蜀郡太守，鼓励百姓劳动致富，百姓唱道："过去没有衣穿，现在有五条裤子。"袴（kù）：通"裤"。

⑥张堪：汉朝人，作渔阳太守，百姓做歌曰："桑树上没有多余的枝条，麦子上长出两个穗。"歧：叉开。

【译文】

李善感力谏皇帝直言不讳，时人竞相称道，誉为"鸣凤朝阳"；汉代张纲公正无私,弹劾权贵,直斥为"豺狼当道"。

百姓爱戴郑侯的清廉,苦苦挽留而留不住;民众憎恨谢令的贪婪,不愿他在位却推也推不去。

廉范任蜀郡太守政令便民,百姓因而唱"五袴之歌";张堪为渔阳太守劝农耕稼,使麦子都长出两穗。

【原文】

鲁恭为中牟令,桑下有驯雉之异①;郭汲为并州守,儿童有竹马之迎②。

鲜于子骏,宁非一路福星③;司马温公,真是万家生佛④。

鸾凤不栖枳棘,羡仇香之为主簿⑤;河阳遍种桃花,乃潘岳之为县官⑥。

刘昆宰江陵,昔日反风灭火⑦;龚遂守渤海,令民卖刀买牛⑧。

此皆德政可歌,是以令名攸著⑨。

【注释】

①鲁恭:汉代官员。鲁恭任中牟令时,桑树下的雉鸡都很驯服,连小孩都知道要抚养幼雉而不去捕捉它们。雉:雉鸡。

②郭汲:汉代官员。郭汲作并州太守时,广布恩德,其出行时,数百儿童骑竹马在道旁欢迎。

③鲜于子骏:宋人,担任京中转运使,司马光赞扬他是"一路福星"。

④司马温公:即司马光,宋宰相,被封为温国公,恩德遍布,被誉为"万家生佛"。

⑤仇香:汉代某县主簿,县令王涣说:"鸾凤不应落在枳棘丛中",送他入太学,后仇香声名大振。

⑥潘岳:晋代人,任河阳尹,百姓负债还不上,即命其种桃树,官府代其还债。其离任时,县里种满了桃树,开满桃花,被誉为"花县"。

⑦刘昆：汉人，任江陵令时，发生火灾，其对火叩头，风转过头来将火扑灭。

⑧龚遂：汉代人，任渤海郡守，适时饥荒四起，龚传令不要追捕盗贼，于是盗贼都带着刀剑来迎接他，他乘机劝他们卖刀买牛，全力耕作。

⑨攸：长远。著：昭著，卓著。

【译文】

鲁恭任中牟令时行仁政，桑树下的雉鸟见他都不躲；郭伋当并州太守时有贤德，儿童们骑着竹马欢迎他。

鲜于子骏去赈灾，的确是一位造福百姓的好官；司马光德惠及人，真是万家的活菩萨。

鸾凤是一种吉祥鸟，不应只栖息在枳棘树上，很羡慕仇香在任主簿时，有个好上司送他去深造；河阳县遍植桃花，这是潘岳当县令时的德政。

刘昆任江陵知事时遇火灾，他向风叩头使风转向而灭了火；龚遂当渤海知州时，劝喻盗贼卖刀买牛，使他们改恶为善。

以上这些都是值得歌颂的官员的德政，因此他们的美名政绩世代传扬。

武 职

【题解】

"武职"，指武官，与"文臣"对应。《左传·成公十三年》说："国之大事，惟祀与戎。""戎"即军事，在国家事务中占有极为重要的地位。

《汉书·百官公卿表上》:"内史治国民,中尉掌武职。"但是自秦汉开始,国家逐渐偏向文治,特别是宋代以后,军事武力成为迫不得已才使用的手段,"重文轻武"成为社会的主流思想。因此,所谓武职,其中有不少都是文臣兼任的,如姜太公、诸葛亮、范仲淹等。本篇介绍了有关征战的常见用语,各级武将的称谓,以及历史上著名军事家的事迹,主要是展现他们居功不傲、谦对部下的品格。

【原文】

韩柳欧苏,固文人之最著①;起翦颇牧,乃武将之多奇②。

范仲淹胸中具数万甲兵③,楚项羽江东有八千子弟。

孙膑吴起,将略堪夸④;穰苴尉缭,兵机莫测⑤。

姜太公有《六韬》⑥,黄石公有《三略》⑦。

韩信将兵,多多益善⑧;毛遂讥众,碌碌无奇⑨。

【注释】

①韩柳欧苏:指唐代文学家韩愈、柳宗元,宋代文学家欧阳修、苏轼。

②起翦颇牧:指战国时秦国大将白起、王翦(jiǎn),赵国大将廉颇、李牧。奇:奇智。

③胸中具数万甲兵:北宋名臣范仲淹能文能武,在镇守延州抗拒西夏时,被西夏人称为"腹中自有数万甲兵"。

④孙膑:战国时齐国军事家,著《孙膑兵法》。吴起:战国时魏国军事家,善于带兵,著有《吴子兵法》。

⑤穰苴(ráng jū):战国时齐国军事家,著有《司马法》。尉缭:战国时魏国军事家,著有《尉缭子》。兵机:用兵的机谋。

⑥《六韬》:中国古代著名兵书,又称《太公六韬》《太公兵法》,传说为周朝姜尚所著,但一般认为是后人托姜尚之名所著,作者已不可考,大约书成于战国时代。

⑦《三略》：中国古代著名兵书，《武经七书》之一，又称《黄石公记》《黄石公三略》。所谓《三略》，意为上、中、下三卷韬略，共三千八百余字。相传其源出于太公姜尚，经黄石公推演授予张良，故旧题黄石公撰。

⑧韩信将兵：汉高祖刘邦曾与韩信谈论带兵打仗之事，韩信说刘邦最多能带十万兵，而自己带兵则是多多益善。

⑨毛遂（公元前285—前228年）：战国时期赵国人，今河北省鸡泽县毛官营村人。身为赵公子平原君赵胜的门客，居平原君处三年未得展露锋芒。公元前257年，秦国攻赵，他自荐出使楚国，促成楚、赵合纵，声威大振，并获得了"三寸之舌，强于百万之师"的美誉。事后，毛遂讥平原君其他随从为碌碌无为之辈。碌碌无奇：平凡，无特殊才能。

【译文】

韩愈、柳宗元、欧阳修、苏轼是文人中最著名的人，白起、王翦、廉颇、李牧是武将中多奇智的人。

范仲淹能文能武，胸中有数万甲兵；项羽渡江作战时，带过来八千江东子弟。

孙膑和吴起，用兵的谋略值得人们夸赞；穰苴和尉缭，用兵的计谋敌人难以猜测。

姜太公著有《六韬》，黄石公著有《三略》。

韩信领兵打仗，兵越多越好，没有限制；毛遂助平原君说服楚王后，讽刺同去的其他人碌碌无奇。

【原文】

大将曰干城①，武士曰武弁②。

都督称为大镇国③，总兵称为大总戎④。

都阃即是都司⑤，参戎即是参将⑥。

千户有户侯之仰⑦，百户有百宰之称⑧。

以车为户曰辕门⁹，显揭战功曰露布⑩。

下杀上谓之弑，上伐下谓之征。

【注释】

①干城：干指盾牌，城指城墙，都是用来抵御外敌的，因此用作大将的代称。

②武弁（biàn）：武士戴的头巾，也代指武士。

③都督：总兵。古代的军事长官。

④总兵：明代统率军队出征的将领，后来成为镇守一方的将领的职称。清代总兵为地方驻防军队的高级武官，也叫总镇。戎：军队，士兵。

⑤参将：参将，明代镇守边区的统兵官，无定员，位次于总兵、副总兵，分守各路。

⑥都阃（kǔn）：都司的俗称。明代都指挥使司为一省掌兵的最高机构。阃：本意门槛，借指领兵在外的将帅或外任的大臣。

⑦千户：即千户侯。古代武官名。

⑧百户：官名。金初设置，为世袭军职。元代相沿，设百户为百夫之长，隶属于千户，而千户又隶属于万户，为世袭军职，受千户管辖。

⑨辕门：用车辕围出的营门。古代君王在外扎营时，用两车车辕相对作门，因此称辕门。

⑩露布：北朝魏时，檄文和捷报都写在布上，不用封口，因此露布又为檄文、捷报的代称。

【译文】

大将保卫国家叫"干城"，武士头戴武冠称作"武弁"。

都督又称作"大镇国"，总兵又称作"大总戎"。

"都阃"是都司的别称，"参戎"是参将的别称。

统领千户的将领叫作"户侯"，统领百户的长官叫作"百宰"。

用兵车作大门称作"辕门"，展示战功的捷报称作"露布"。

臣下刺杀君王，就叫作"弑"；君王讨伐臣下，就叫作"征"。

【原文】

交锋为对垒①,求和曰求成②。

战胜而回,谓之凯旋;战败而走,谓之奔北③。

为君泄恨曰敌忾④,为国救难曰勤王⑤。

胆破心寒,比敌人慑服之状;风声鹤唳,惊士卒败北之魂⑥。

【注释】

①对垒:指两军相持。垒:古代军中作防守用的墙壁。

②成:平定,讲和。

③奔北:败逃。

④敌忾(kài):对敌人的愤恨。忾:愤恨。

⑤勤王:原指尽力于王事,后指君主制国家中君王有难,而臣下起兵救援君王。

⑥风声鹤唳:形容惊慌失措,或自相惊忧。唳:鹤叫声。前秦苻坚率兵进攻东晋,大败而逃,溃退中听到风声与鹤的叫声,都以为是追兵赶来了。

【译文】

交锋又叫"对垒",求和又叫"求成"。

打了胜仗归来,就叫"凯旋";打了败仗逃走,就叫"奔北"。

替君王抵抗所愤恨的敌人叫"敌忾",救社稷于危难之中叫"勤

王"。

"胆破心寒"，是形容敌人惊恐畏惧的样子；"风声鹤唳"，是形容士卒溃败逃跑时疑神疑鬼的样子。

【原文】

汉冯异当论功，独立大树下，不夸己绩①；汉文帝尝劳军，亲幸细柳营，按辔徐行②。

苻坚自夸将广，投鞭可以断流③；毛遂自荐才奇，处囊便当脱颖④。

羞与哙等伍，韩信降作淮阴⑤；无面见江东，项羽羞归故里⑥。

韩信受胯下之辱⑦，张良有进履之谦⑧。

卫青为牧猪之奴⑨，樊哙为屠狗之辈⑩。

【注释】

①冯异：东汉光武帝刘秀手下的大将。每当其他大将坐在一起评论功劳时，冯异就退避一旁，立在大树下，因此被人称为"大树将军"。

②细柳营：汉文帝时，刘礼驻守灞上，徐厉驻守棘门，周亚夫驻守细柳。文帝去各军慰劳，到灞上和棘门军营，都可直驰而入，但去细柳军营，守营兵士却不让他入内。兵士通报周亚夫之后，放文帝一行进营，并叮嘱他们不可在军营中驾马快跑，于是文帝只好按辔（pèi）徐行。周亚夫军纪严明，防守谨慎，文帝称其为"真将军"，灞上、棘门军不过是儿戏。后以"细柳营"称誉纪律严明的军营。幸：指封建帝王到达某地。

③苻坚自夸：前秦苻坚出兵东晋前，号称自己兵力有百万之众，投鞭于江，足以断流。结果为东晋所败。

④脱颖：赵平原君要带二十人去楚国当说客，找了十九人，还差一人，于是毛遂自荐，平原君说："贤士处世，就像是锥子放在布袋中，末尖马上可以看见，而先生在我这里三年，还没有听说你做了什么事情。"毛遂说："那现在请让臣处于布袋中吧。如果早让臣处于布袋中，早就脱颖而出了。"颖：本义指禾穗的末尖，这里指锥子的末尖。

⑤羞与哙等伍：汉朝建立后，韩信被封为楚王。刘邦忌惮其势盛，找借口降其为淮阴侯。一次韩信到樊哙那里，樊哙自称臣子，并用王的礼节迎送他。韩信出门，笑曰："生乃与哙等为伍！"

　　⑥无面见江东：项羽曾率八千江东子弟渡江作战，后来兵败乌江，乌江亭长请他渡江，项羽不肯，说无颜面见江东父老，于是拔剑自刎。

　　⑦胯下之辱：韩信少年时喜欢佩剑，淮阴有个年轻的无赖屠夫当众侮辱他说："信能死，刺我；不能死，出我胯下。"韩信看了他很久，就从胯下钻过，众人都笑韩信怯懦。

　　⑧进履：张良行刺秦始皇不成，逃亡下邳（pī）。一日在桥上遇到一位老人，他走到张良面前，故意将鞋扔到桥下去，让张良去捡。张良感到惊愕，强忍怒气，把鞋捡上来，跪着送到老人跟前。老头把脚伸出来，让张良帮他穿上鞋，张良照做，老人说："孺子可教矣！"于是授《太公兵法》与张良，使其辅佐刘邦，灭秦建汉，成就大业。

　　⑨卫青（？—前106年）：字仲卿，河东平阳（今山西临汾市）人。西汉时期名将，汉武帝第二任皇后卫子夫的弟弟，汉武帝在位时官至大司马大将军，封长平侯。

　　⑩樊哙（公元前242—前189年）：沛人。西汉开国元勋，大将军，左丞相，著名军事统帅。为吕后妹夫，深得汉高祖刘邦和吕后信任。后随刘邦平定臧荼、卢绾、陈豨（xī）、韩信等，为汉高祖刘邦的心腹猛将。封舞阳侯，谥武侯。

【译文】

　　东汉的冯异在别的将领论功时，总是独自站在大树下，不夸耀自己的战绩；汉文帝亲自去慰劳军兵时，细柳营军纪严明，他只好牵着马的缰绳慢慢前行。

　　苻坚自夸兵多将广，把马鞭投入长江就可以让江水断流；毛遂推荐自己有过人的才能，像锥子一样处在布袋中，锥尖一定会露出来。

　　韩信被贬为淮阴侯以后，对与樊哙等人为伍感到羞耻；项羽兵败之后，觉得无颜见江东父老，所以不肯渡过乌江。

韩信曾经受过胯下之辱，张良曾经谦恭有礼地给黄石公拾起鞋子并帮他穿上。

卫青曾经做过牧猪的奴隶，樊哙曾经以屠狗为业。

【原文】

求士莫求全，毋以二卵弃干城之将①；用人如用木，毋以寸朽弃连抱之材。

总之君子之身，可大可小；丈夫之志，能屈能伸。

自古英雄，难以枚举②；欲详将略，须读《武经》③。

【注释】

①求士莫求全：战国时，子思曾向卫侯推荐苟变为将，说他可以指挥五百辆战车。卫侯认为苟变为吏时曾吃过百姓两枚鸡蛋，不可重用。子思就说："圣人官人，如大匠之用木，取所长，弃其短。君以二卵弃干城之将乎？"卫侯听取了子思的意见，任苟变为将。

②枚举：一一列举。

③《武经》：即《武经七书》，北宋朝廷官方颁行的兵法丛书，是中国古代第一部军事教科书。它由《孙子兵法》《吴子兵法》《六韬》《司马法》《三略》《尉缭子》《李卫公问对》七部著名兵书汇编而成。

【译文】

君王选拔人才不要太苛求，不要因为两个鸡蛋的小事而放弃能护卫国家的大将；君王任用人才要像木匠使用木头一样，不要因为一丁点的腐烂就放弃栋梁之材。

总之，身为君子，要能做大事，也能做小事；身为大丈夫，一定要做到能屈能伸。

自古以来的英雄才俊，真是数不胜数；要想详细知道将士的谋略，必须熟读《武经七书》。

卷二

祖孙父子

【题解】

中国古代社会中，血缘关系是最重要的人际关系。在血缘关系中，最重要的是父子关系，而祖孙关系则是父子关系的延续。本篇介绍了与祖孙父子有关的称谓，以及历史上著名的孝子贤孙、严父慈母的事迹。其中既反映了"父慈子孝"的思想，也含有"父为子纲""父尊子卑"的伦理教育。从现代社会的角度看，前者重在建立父子和谐的家庭关系，值得提倡；后者显然属于封建糟粕，应该予以摒弃。

【原文】

何谓五伦？君臣、父子、兄弟、夫妇、朋友①。

何谓九族？高、曾、祖、考、己身、子、孙、曾、玄②。

始祖曰鼻祖③，远孙曰耳孙④。

父子创造，曰肯构肯堂⑤；父子俱贤，曰是父是子⑥。

祖称王父，父曰严君。

父母俱存，谓之椿萱并茂⑦；子孙发达，谓之兰桂腾芳⑧。

【注释】

①五伦：又称五常，即君臣、父子、夫妇、兄弟、朋友五种人际关系。古代社会注重名分，每个人必须遵照自己在五伦中所处的地位，恪守伦理道德，恪尽义务，做到君敬臣忠，父慈子孝，夫唱妇随，兄爱弟悌，朋谊友信。

②九族：与本人有亲缘关系的所有宗支族系。一说"自高祖，下至元孙，凡九族"，一说"九族者，父族四，母族三，妻族二"。

③鼻祖：始祖，比喻创始人。

④耳孙：孙之子为耳孙，也就是九世孙。因为耳孙离开高曾祖父很远，只能耳闻而已，故称。

⑤创：发明，开创。造：制作，建立。肯构肯堂：父亲肯设计房子，儿子肯建造房子，形容子承父业。肯：肯于，乐于。堂：立堂基。

⑥是父是子：有什么样的父亲，就有什么样的儿子。

⑦椿萱（chūn xuān）并茂：椿树长寿，萱草茂盛，意为父母长寿健康。椿：椿庭，指代父亲；萱：萱草，指代母亲。

⑧兰桂腾芳：芝兰和丹桂一起散发芬芳，比喻子孙昌盛显达。兰指芝兰，桂指丹桂，兰桂比喻子孙。腾：突，忽。芳：芬芳，比喻美名。

【译文】

什么叫"五伦"？就是君臣、父子、夫妇、兄弟、朋友。

什么叫"九族"？就是高祖、曾祖、祖父、父亲、自己、儿子、孙子、曾孙、玄孙。

最初的祖先称"鼻祖",远代的孙子叫"耳孙"。

父亲创业由儿子继承,叫"肯构肯堂";父子都很贤能,叫"是父是子"。

祖父又称作"王父",父亲也可称为"严君"。

父母都健在,称作"椿萱并茂";子孙都兴盛发达,称作"兰桂腾芳"。

【原文】

乔木高而仰,似父之道;梓木低而俯,如子之卑。

不痴不聋,不作阿家阿翁①;得亲顺亲②,方可为人为子。

盖父愆,名为干蛊③;育义子,乃曰螟蛉④。

生子当如孙仲谋,曹操羡孙权之语⑤;生子须如李亚子,朱温叹存勖之词⑥。

菽水承欢,贫士养亲之乐⑦;义方是训⑧,父亲教子之严。

【注释】

①阿家阿翁:公公婆婆。

②得亲:博得父母的欢心。

③盖父愆(qiān):弥补父亲的过错。干蛊:《易经》中有"干父之蛊"之句,意为救治父亲留下的积弊。

④螟蛉(míng líng):螟蛉是一种绿色小虫,螺蠃是一种寄生蜂。螺蠃(guǒ luǒ)常将螟蛉的幼虫捉去当食物,古人误以为螺蠃是将螟蛉收为义子,因此用螟蛉称义子。

⑤孙仲谋:孙权,字仲谋,三国时吴国的建立者。曹操与孙权交战,孙权这边舟船、器仗、军伍整肃,曹操见之,叹曰:"生子当如孙仲谋,刘景升(刘表)儿子若豚犬耳!"

⑥李亚子:后唐庄宗李存勖,小名亚子。李存勖(xù)善战,曾率兵攻破后梁夹寨,后梁太祖朱温叹曰:"生子当如李亚子,克用(李存勖

之父）为不亡矣！至如吾儿，豚犬耳！"

⑦菽（shū）水：指豆和水，比喻菲薄的饮食，形容生活清苦。菽，豆类的总称。承欢：迎合人意，博取欢心。多指侍奉父母、君王等。

⑧义方：处世的规矩法度，多指家教。

【译文】

乔树高大向上，好似做父亲的尊严；梓木低而下俯，如同做儿子的谦恭。

不会装聋作哑，就不能当好公公婆婆；能够得到父母的赞许，顺从父母的心意，才称得上尽了为人子的本分。

弥补父亲的过失叫作"干蛊"，收养别人的儿子叫作"螟蛉"。

"生子当如孙仲谋"，这是曹操赞美孙权的话；"生子须如李亚子"，这是朱温感慨自己儿子不如李存勖的话。

"菽水承欢"，这是贫穷人家奉养父母的天伦之乐；"义方是训"，是告诫父亲应当严格教育子女。

【原文】

绍箕裘，子承父业①；恢先绪，子振家声②。

具庆下，父母俱存③；重庆下，祖父俱在④。

燕翼贻谋，乃称裕后之祖⑤；克绳祖武，是称象贤之孙⑥。

称人有令子，曰麟趾呈祥⑦；称宦有贤郎，曰凤毛济美⑧。

弑父自立，隋杨广之天性何存⑨；杀子媚君，齐易牙之人心何在⑩。

【注释】

①绍：继承。箕裘：簸箕和裘衣，比喻父辈的事业。

②恢：发扬光大。先绪：先辈的事业。家声：家庭的名声。

③具庆下：父母都健在。古时填写履历，父母俱存的，书"具庆下"；若母亡父在，书"严侍下"；父亡母在，书"慈侍下"；父母俱亡，书"永感下"。

④重庆下：指祖父母、父母都健在。
⑤燕翼贻谋：像燕子用羽翼照顾乳燕一样给后代留下谋生之道。裕后：能让后代富裕。
⑥克绳祖武：能继承祖辈的事业。克：能，胜任。绳：继承。武：足迹。象：效法，摹拟。
⑦麟趾：麒麟的脚趾，比喻宗室贵族的子弟。
⑧凤毛：凤凰的毛，比喻先人的珍贵风采。济美：继承先人的事业并发扬光大。济：增加。
⑨杨广：隋炀帝，据说他毒死自己的父亲隋文帝，自立为皇帝。
⑩易牙：战国时齐国人，善于烹饪。他把自己的儿子杀了烹给齐桓公吃，从而得到桓公重用。媚：献媚，讨好。

【译文】

"绍箕裘"，是说儿子能继承父辈的事业；"恢先绪"，是说儿子能振兴先辈的声名。

"具庆下"，是说父母都健在；"重庆下"，是说祖父母及父母皆健在。

"燕翼贻谋"，是称赞善为子孙计谋的祖先；"克绳祖武"，是称赞能继承先贤的子孙。

夸奖别人有好儿子，称为"麟趾呈祥"；赞扬官宦有贤郎，称为"凤毛济美"。

杀了自己的父亲而登上皇位，杨广的天性何在？烹了自己的儿子给齐桓公吃，易牙的人心何在？

【原文】

分甘以娱目，王羲之弄孙自乐①；问安惟点颔，郭子仪厥孙最多②。
和丸教子，仲郢母之贤③；戏彩娱亲，老莱子之孝④。
毛义捧檄，为亲之存⑤；伯俞泣杖，因母之老⑥。

慈母望子，倚门倚闾⑦；游子思亲，陟岵陟屺⑧。

【注释】

①分甘以娱目：王羲之曾写信给友人，说自己率子孙游玩，"有一味之甘，割而分之，以娱目前"。甘：甜食。娱目：眼前愉悦好看。

②问安惟点颔：唐代大将郭子仪有八子七婿，孙子也有数十个，每次孙子问安，他都不能分辨，只是点头而已。颔（hàn）：下巴颏。厥：其。

③和丸教子：唐朝柳仲郢的母亲教子严厉，她用熊胆和成丸子，让儿子在夜间读书时嚼食，用以提神。

④戏彩娱亲：春秋时楚国的隐士老莱子七十多岁时还穿着五彩衣，学婴儿啼哭，假装跌倒，逗父母高兴。

⑤毛义捧檄：东汉毛义为了养活母亲，接受檄书去做官。母亲过世后，他就辞官回家。檄（xí）：古代官府用以征召或声讨的文书。

⑥伯俞泣杖：汉代人韩伯

俞是位孝子，一次他犯了过错，母亲拿棍子打他，他哭了起来，母亲问他以前为何不哭，伯俞曰："以前打得很痛，知道母亲身体很健康，这次打得不痛，知道妈妈没力气，所以伤心。"

⑦倚门倚闾：比喻长辈对子女的盼望和爱护。闾（lǘ）：古代里巷的门。战国时，王孙贾在齐湣王身边做侍臣，湣王因乱出走，下落不明。王孙贾回家，母亲对他说："你平时如若晚归，我倚门而望；你晚上出去不回来，我倚闾而望。你既然是大王的侍臣，竟然不知道他去哪儿了，那你还回家干什么？"

⑧陟岵陟屺：《诗经·魏风·陟岵》："陟彼岵兮，瞻望父兮；陟彼屺兮，遥望母兮。"意思是说，登上有草木的山瞻望父亲，登上无草木的山瞻望母亲。比喻对父母的思念之情。陟（zhì）：登高。岵（hù）：有草木的山。屺（qǐ）：无草木的山。

【译文】

"分甘娱目"，是说王羲之每有美味食品，都分给儿孙们吃，常享天伦之乐；"问安点颔"，是说郭子仪孙子众多不能尽识，每次问安只能点头示意。

"和丸教子"，是说柳仲郢的母亲为了教育儿子，和熊胆为丸，使仲郢夜嚼以佐勤苦，她的贤德于此可见；"戏彩娱亲"，是说老莱子为使双亲愉悦，自己七十多岁了，还穿着五彩衣服做婴儿状，他的孝心实在可感。

"毛义捧檄"，是说毛义捧着仕官的公文而高兴，为的是使母亲快乐；"伯俞泣杖"，是说韩伯俞受了杖责忽然哭泣，这是因为母亲年老体衰，打在身上不觉得痛。

慈母盼儿归来，可用"倚门倚闾"来形容；游子思念亲人，可用"陟岵陟屺"来形容。

【原文】

爱无差等①，曰兄子如邻子；分有相同，曰吾翁即若翁②。

长男为主器③,令子可克家④。

子光前曰充闾⑤,子过父曰跨灶⑥。

宁馨英畏,皆是羡人之儿⑦;国器掌珠,悉是称人之子⑧。

可爱者子孙之多,若螽斯之蛰蛰⑨;堪羡者后人之盛,如瓜瓞之绵绵⑦。

【注释】

①差等:差别。

②吾翁即若翁:我的父亲就是你的父亲。若:你。楚汉战争时,项羽抓到刘邦的父亲,以烹杀其父要挟刘邦,刘邦说:"我和你同时受楚怀王之命,结为兄弟,我的父亲就是你的父亲,你要烹杀他,请分我一杯羹。"

③主器:掌管祭器,后代指长子或太子。

④令子:尊称别人的好儿子。克家:继承家业。

⑤充闾:喜气充满门闾。据说晋代贾充出生时,他父亲认为他以后会带来充满门闾的喜气,于是给他起名为充,字公闾。

⑥跨灶:马的前蹄之上有空处,名为"灶门"。骏马奔驰时,后蹄落地的印痕在前蹄印痕之前,即为跨灶。常用来形容儿子超过父亲。

⑦宁馨:即宁馨儿,意为"这样的孩子",常用来赞美孩子或子弟。英畏:形容人英俊威武。

⑧国器:国家的栋梁。掌珠:掌上明珠,指极为疼爱的人。

⑨螽(zhōng)斯:一种昆虫,繁殖力强,善鸣。比喻子孙之众。蛰(zhé)蛰:众多的样子。

⑦瓜瓞之绵绵:比喻子孙繁衍,相继不绝。瓞(dié):小瓜。

【译文】

关爱没有差别,就说"兄子如邻子";辈分相同,就说"吾翁即若翁"。

家中的长男才能主管祭祀的礼器,儿子贤能才能承继祖先的事业。

父亲希望他的儿子能光宗耀祖可以称为"充闾";儿子的才能胜过他的父亲称为"跨灶"。

"宁馨""英畏"都是用来称美别人的儿子超凡脱俗;"国器""掌珠"都是用来赞美别人的儿子才能卓著。

最让人喜爱的是子孙众多,好像螽斯一样,团团集聚在一起;最值得羡慕的,是子孙昌盛繁衍,好像瓜果一样绵绵不绝。

兄　弟

【题解】

兄弟,原是指由婚姻或生育而产生的人际关系,即同父或同母所生的男孩之间的血缘关系,后来也用于表述家族内同辈分或者社会交往中感情很好的男性(女性)朋友关系,也指关系好的朋友。《尔雅·释亲》曰:"男子先生为兄,后生为弟。"郑玄笺注曰:"人之恩亲,无如兄弟之最厚。"所谓"兄弟如手足"是也。本篇讲述了兄弟之间相亲相爱的典故,虽然其中也有"兄弟阋墙"的龃龉,但"凡今之人,莫如兄弟",所有的关系都不如兄弟之情来得深重。

【原文】

天下无不是底①父母,世间最难得者兄弟。

须贻同气之光②,无伤手足之雅。

玉昆金友③,羡兄弟之俱贤;伯埙仲篪④,谓声气之相应。

兄弟既翕,谓之花萼相辉⑤;兄弟联芳,谓之棠棣竞秀⑥。

患难相顾，似鹡鸰之在原⁷；手足分离，如雁行之折翼⁸。

【注释】

①不是：不对。底：的。

②贻：保留，遗留。同气之光：同胞的荣耀。

③玉昆金友：指好朋友、好兄弟。昆：对他人兄弟的美称。

④伯埙仲篪：兄长吹埙，兄弟奏篪，音声相和。形容兄弟和睦相处。埙（xūn）：一种用陶土烧制的吹奏乐器。篪（chí）：古时用竹管制成的乐器。

⑤翕（xī）：和好，一致。花萼：比喻兄弟。辉：辉映。

⑥棠棣：棠木和棣木，比喻兄弟。

⑦鹡鸰（jí líng）：一种鸟的名字，常用来比喻兄弟。

⑧雁行：像大雁一样并行，引申为有次序地排列，常用来借指兄弟。

【译文】

天下没有不值得我们孝养的父母，世间最难得的是兄弟。

必须保持同胞的荣光，切莫损伤手足的情分。

"玉昆金友"，比喻兄弟皆具才能贤德；"伯埙仲篪"，形容兄弟间意气相合亲密无间。

兄弟和睦友爱，谓之"花萼相辉"；兄弟都才华横溢流芳于世，称作"棠棣竞秀"。

兄弟间患难与共，彼此顾恤，就像鹡鸰在原野上互相救援；兄弟分离，则如同飞雁被折断了翅膀一样。

【原文】

元方季方俱盛德，祖太丘称为难弟难兄①；宋郊宋祁俱中元，当时人号为大宋小宋②。

荀氏兄弟，得八龙之佳誉③；河东伯仲，有三凤之美名④。

东征破斧，周公大义灭亲⑤；遇贼争死，赵孝以身代弟⑥。

煮豆燃萁，谓其相害⑦；斗粟尺布，讥其不容⑧。

【注释】

①元方季方：东汉陈寔（字太丘）有二子，长子陈纪字元方，次子陈谌字季方，两人皆以才德著称。元方的儿子长文与季方的儿子孝先各论其父功德，争之不能决，问于陈寔，陈寔说："元方难为兄，季方难为弟。"太丘：陈寔曾为太丘长，故后世称其为"陈太丘"。难弟难兄：形容两兄弟都好，难分上下。现也反用，讽刺两兄弟都坏。

②宋郊宋祁：兄弟俩，北宋人，俱以文学知名，宋仁宗天圣二年（1024年），两人同时考中状元，时人称他们为"大宋小宋"。

③八龙：东汉的荀淑有八个儿子，都很有才能，时人称他们为荀氏八龙。

④三凤：唐朝河东人薛收和堂兄薛元敬、族兄薛德音都很有名，被称为河东三凤。

⑤东征破斧：周武王死后，周成王年幼，由周公代摄朝政，武王的弟弟管叔和蔡叔不服，于是勾结外人发动叛乱。周公兴师东征，把斧子和刀都砍坏了，最后大义灭亲，杀掉了叛乱的管叔和蔡叔。

⑥遇贼争死：西汉末年，战乱不断，饿殍遍野，人们以人为食。有

一伙强盗抓住了赵孝的弟弟赵礼，要把他吃掉，赵孝知道消息后，把自己绑起来去见强盗，要代弟弟去死，强盗被赵孝的行为震惊和感动，于是放了他们。

⑦煮豆燃萁：魏文帝曹丕继位后，嫉妒弟弟曹植的才华，想杀掉他，于是令他在七步之内作出一首诗，不然性命不保。曹植略一思索，作诗曰："煮豆燃豆萁，豆在釜中泣。本是同根生，相煎何太急？"后用煮豆燃萁比喻兄弟间互相残杀。

⑧斗粟尺布：汉文帝的弟弟淮南王刘长谋反，事败后被流放到蜀地，绝食而死。百姓作歌曰："一尺布，尚可缝；一斗粟，尚可舂，兄弟二人不相容。"

【译文】

汉代陈元方、季方皆有美盛之德，他的父亲称他们是"难弟难兄"；宋代宋郊、宋祁都考中状元，时人号为"大宋小宋"。

汉代荀淑育有八子皆有才名，赢得"八龙"的称誉；唐代薛收与薛德音、薛元敬叔侄三人齐名，有"三凤"的美名。

周公为了社稷大义东征三年，杀了叛乱的弟弟；汉代赵礼遇贼，赵孝欲代弟而死，兄弟俩为此而争执。

"煮豆燃萁"，比喻骨肉兄弟自相残害；"斗粟尺布"，讥讽兄弟之间互不相容。

【原文】

兄弟阋墙①，谓兄弟之斗狠；天生羽翼，谓兄弟之相亲。
姜家大被以同眠②，宋君灼艾而分痛③。
田氏分财，忽瘁庭前之荆树④；夷齐让国，共采首阳之蕨薇⑤。
虽曰安宁之日，不如友生⑥；其实凡今之人，莫如兄弟。

【注释】

①阋墙：指兄弟之间不和。阋（xì）：不和，争吵。

②大被以同眠：汉代姜肱兄弟三人友爱，虽然各自娶妻，仍作大被睡在一起。形容兄弟十分友爱。

③灼艾而分痛：宋太祖之弟赵匡义一次病得厉害，太祖亲为其烧艾火治病。匡义感觉疼痛，太祖取艾自灼，以示分痛。喻兄弟友爱。

④田氏分财：隋朝时有田真、田庆、田广兄弟三人，在各自妻子的鼓动下商议分家，并计划将堂前的紫荆树也一分为三。次日清晨，紫荆树开始枯萎，兄弟三人见状，深为感动，决定不再分家，从此和睦相处，紫荆树也重新枝繁叶茂。瘁（cuì）：憔悴；枯槁。

⑤夷齐让国：伯夷、叔齐是商朝孤竹君的两个儿子，孤竹君欲立叔齐为国君，但叔齐认为兄长伯夷比自己贤良，应该传位于伯夷。可是，伯夷自称不如叔齐，也拒绝继位。二人相让不下，于是一起离国，投奔周文王。当时文王已死，武王正准备伐纣，伯夷、叔齐认为武王伐纣是不义之举，于是又不食周粟，采薇首阳山下，最终饿死。蕨薇：均为山菜，代指野蔬。

⑥友生：朋友。

【译文】

"兄弟阋墙"，是说兄弟之间争强斗狠；"天生羽翼"，是指兄弟之间应互相扶持。

后汉姜肱天生友爱，做了长枕大被兄弟同眠；宋太祖用艾火灼烧自己，来分担弟弟灼艾的痛苦。

隋朝田氏兄弟分家产，屋前紫荆树忽然枯萎；商末伯夷、叔齐互相让位，商朝亡后共同避居首阳山，采薇菜而食。

虽然说安宁的日子里，兄弟不如朋友亲密，但其实现在所有的人，都没有什么关系比得上兄弟之间情谊深重。

夫　妇

【题解】

《易·序卦》曰："有天地然后有万物，有万物然后有男女，有男女然后有夫妇，有夫妇然后有父子。"可见"夫妇"关系还排在了"祖孙父子"之前。中国传统思想中，夫妻关系一般用"阴阳"的概念来解释，这样无形中就把夫妻关系神圣化了。在古代，夫妻关系和睦，被认为是顺应天意的行为；夫妻关系不和睦，则被看作是衰世的征兆。本篇开头以古代朴素的辩证法"阴阳调和"来解释夫妻关系的出现，然后介绍了夫妇之间的称谓以及模范夫妻的事例，以达到教化的目的。需要指出的是，在古代，女性在家庭中处在从属地位，"夫为妻纲"。因此"男尊女卑"的思想在篇中时有出现，这是读者需要加以辨别的。

【原文】

孤阴则不生，独阳则不长，故天地配以阴阳①；男以女为室，女以男为家，故人生偶以夫妇②。

阴阳和而后雨泽③降，夫妇和而后家道④成。

夫谓妻曰拙荆，又曰内子⑤；妻称夫曰藁砧，又曰良人⑥。

贺人娶妻，曰荣偕伉俪⑦；留物与妻，曰归遗细君⑧。

【注释】

①阴：指女性。阳：指男性。
②室：妻室。家：家庭。偶：配偶。

③雨泽：雨水。

④家道：成家、持家之道。

⑤拙荆：旧时丈夫对妻子的一种谦称。拙：笨拙。荆：原为一种灌木，在古代还用来制作妇女的发钗，称为"荆钗"。荆钗布裙，指以荆枝为钗，粗布为裙，形容妇女简陋寒素的服饰。

⑥藁砧（gǎo zhēn）：农村常用的铡草工具。藁指稻草，砧指垫在下面的砧板，用铁（fū）铡刀，用以切草。古代也用为斩人的刑具。古代处死刑，罪人席藁伏于砧上斩之。铁、"夫"谐音，后人便以"藁砧"为妇女称丈夫的隐语。

⑦伉俪（kàng lì）：对别的夫妻的敬称。伉：对等，匹敌。俪：结缘，配偶。

⑧遗（wèi）：交给。细君：对妻子的谦称。

【译文】

只有阴不能创造生命，只有阳也不能养育万物，所以天地万物是由阴阳相配合的；男子娶了女子才能组合成家庭，女子嫁给了男子才有了自己的家，所以人生是由男女相配结成夫妇的。

阴阳二气调和而后才会降下雨露，夫妇和睦协调家道方能兴盛。

丈夫对人称自己的妻子为"拙荆"，又称"内子"；妻子称丈夫为"藁砧"，又称"良人"。

祝贺别人娶妻说"荣偕伉俪";留物给妻子叫"归遗细君"。

【原文】

受室即是娶妻,纳宠谓人娶妾①。

正妻谓之嫡,众妾谓之庶②。

称人妻曰尊夫人,称人妾曰如夫人③。

结发系是初婚④,续弦乃是再娶⑤。

妇人重婚曰再醮⑥,男子无偶曰鳏⑦居。

【注释】

①宠:爱。妾:小老婆。

②嫡(dí):封建宗法制度中指正妻。庶:正妻之外的所有妻子的称谓。

③如夫人:原意同于夫人,后即以称别人的妾。

④结发:汉族婚姻习俗。一种象征夫妻结合的仪式。后代指妻子。

⑤续弦:古代常以琴瑟比喻夫妻,用断弦比喻丧妻,续弦指再娶。

⑥醮(jiào):古代举行婚礼时酌酒给人的一种仪式,后来指女子嫁人。

⑦鳏(guān):无妻或丧妻的男人。

【译文】

"受室"是说自己娶妻,"纳宠"是说人家娶妾。

正妻称为"嫡",其他的妾称为"庶"。

称人家正室为"尊夫人",称人家的妾叫"如夫人"。

"结发"是指初次结婚,"续弦"是指妻死后再娶。

妇人再嫁称作"再醮",男子没有老婆称为"鳏居"。

【原文】

如鼓瑟琴,夫妻好合之谓;琴瑟不调,夫妇反目之词。

牝鸡司晨，比妇人之主事①；河东狮吼，讥男子之畏妻②。
杀妻求将，吴起何其忍心③；蒸梨出妻，曾子善全孝道④。
张敞为妻画眉，媚态可哂⑤；董氏为夫封发，贞节堪夸⑥。
冀郤缺夫妻，相敬如宾⑦；陈仲子夫妇，灌园食力⑧。

【注释】

①牝（pìn）鸡司晨：母鸡打鸣报晓，常用来比喻妇女掌握朝政。牝：雌性的鸟或兽。

②河东狮吼：形容妻子凶悍。北宋人陈季常，自称龙丘先生，喜好宾客，蓄纳声妓。但他的妻子柳氏非常凶妒，所以，他的好友苏东坡给陈季常写了首打油诗："龙丘居士亦可怜，谈空说有夜不眠；忽闻河东狮子吼，拄杖落手心茫然。"

③杀妻求将：战国时齐国攻打鲁国，鲁国想起用吴起为将，但又担心吴起的妻子是齐国人，于是吴起杀掉自己的妻子，取得了鲁国的信任。

④蒸梨出妻：相传曾参对后母非常孝顺，一次他的妻子给后母吃的梨没有蒸熟，曾参就把妻子休了。

⑤张敞为妻画眉：汉宣帝时的京兆尹张敞与妻子恩爱情笃，每天都为他的妻子画眉毛，而且技艺十分娴熟。有人认为张敞轻佻不雅，有失体统，抓住这点弹劾他。宣帝询问张敞，他说："自古夫妇之间有甚于画眉者。"于是宣帝不再追究，并将他们树为夫妻恩爱的典范。哂（shěn）：讥笑。

⑥董氏为夫封发：唐朝人贾直言被贬岭南，生死难料，他劝妻子改嫁，妻子执意为他守节，并将头发用帛封起来。二十年后贾直言回家，董氏的头发依然封包如故。等到解开洗头，头发全部掉落。

⑦冀：古指河北地区。郤（xì）缺：郤缺之父郤芮在晋惠公时为大夫，因反对晋文公归国而被杀。晋文公即位后，郤缺因是罪臣之子，不得入仕，于是跟妻子躬耕于冀野。一次，晋文公的大臣胥臣路经冀野，看见郤缺在田里锄草，其妻送饭到田间，二人相敬如宾，很受感动。胥

臣回去以后，向晋文公推荐郤缺，说他是有德君子，可以治民，于是晋文公任命郤缺为下军大夫。

⑧陈仲子：战国时齐国人，听说楚王要请他做官，夫妇二人逃走，为人灌园，自食其力。

【译文】

"如鼓瑟琴"比喻夫妇感情和谐；"琴瑟不调"，是说夫妇反目不和。"牝鸡司晨"，是说妇人掌权干预外事；"河东狮吼"，是讥讽丈夫畏惧妻子。

杀了妻子以求将位，吴起怎么狠得下心肠？蒸梨不熟便离弃妻子，曾子善于顾全孝道。

张敞为妻子画眉，儿女的情态真是可笑；董氏当着丈夫的面把头发封住，其贞节实在值得夸耀。

冀邑的郤缺夫妇在田间耕作，仍能相敬如宾；陈仲子夫妇替别人灌园谋生，自食其力。

【原文】

不弃糟糠，宋弘回光武之语①；举案齐眉，梁鸿配孟光之贤②。

苏蕙织回文，乐昌分破镜，是夫妇之生离③；张瞻炊臼梦，庄子鼓盆歌，是夫妇之死别④。

鲍宣之妻，提瓮出汲，雅得顺从之道⑤；齐御之妻，窥御激夫，可称内助之贤⑥。

可怪者买臣之妻，因贫求去，不思覆水难收⑦；可丑者相如之妻，夤夜私奔，但识丝桐有意⑧。

要知身修而后家齐，夫义自然妇顺。

【注释】

①不弃糟糠：光武帝刘秀想把自己的姐姐嫁给宋弘，让宋弘休了他的妻子，宋弘回答说："贫贱之交不可忘，糟糠之妻不下堂。"婉言谢绝

了光武帝的美意。糟糠：指酒糟、米糠等粗劣食物，旧时穷人用来充饥的食物。借指共过患难的妻子。

②举案齐眉：形容夫妻互相尊敬。东汉初年的隐士梁鸿，其妻孟光非常贤惠，她给梁鸿端饭时把托盘举得跟眉毛一样高，显示对丈夫的尊重。

③苏蕙织回文：十六国时前秦刺史窦滔因罪被戍流沙，其妻苏蕙织《回文璇图诗》赠给他。乐昌分破镜：南朝陈灭亡时，乐昌公主与丈夫徐德言将铜镜一分为二，各执一半，作为将来相认的信物。后来他们果然破镜重圆。

④张瞻炊臼梦：商人张瞻在外，梦见在舂米的臼中煮饭，就找王生解梦。王生说，臼中无釜，是"无妇"的意思，他的妻子可能已经亡故了。张瞻回家一看，果然如此。庄子鼓盆歌：庄子的妻子死后，他不仅不悲伤，而且敲着盆唱歌。

⑤鲍宣之妻：东汉鲍宣清苦好学，他的老师把女儿许配给他，妆奁甚盛。鲍宣对妻子说："吾实贫贱，不敢当礼。"他的妻子就换上粗布衣

裳，跟他一起推车回家。回家拜见公婆后，他的妻子就提着瓦罐出去打水。瓮：瓦罐。汲：打水。

⑥齐御之妻：齐国丞相晏子的车夫的妻子，一次见到丈夫为晏子驾车，扬扬自得，就对他说："晏子不过六尺高，就做了齐国丞相，你身高八尺，做驾车的奴仆，是安于贫贱罢了。"于是车夫注意修身，谦虚向学，后来晏子推荐他做了大夫。御：车夫。

⑦覆水难收：汉会稽太守朱买臣，未入仕时穷困不堪，靠卖柴度日。相传他的妻子嫌他穷困离他而去，在买臣为官之后，以前的妻子又来找他，希望重归于好。买臣以泼出去的水不可能再收回来为由拒绝了她。

⑧丝桐有意：西汉时临邛大户卓王孙邀请临邛令、司马相如等宴饮。当时卓王孙的女儿卓文君新寡在家，司马相如佯装应临邛令之请，用丝桐做的琴弹奏《凤求凰》以暗示卓文君。文君听后动情，就连夜与司马私奔，去了成都。霣（yín）夜：深夜。丝桐：指琴。

【译文】

"不弃糟糠"，这是宋弘回答光武帝的话；"举案齐眉"，是说梁鸿配得上孟光的贤惠。

苏蕙织锦回文，乐昌公主分破镜，这些都是说夫妇生离的惨状；张瞻梦见在石臼中做饭，庄子鼓盆而歌，说的都是夫妇的死别。

鲍宣的妻子出身富家，仍亲自提瓮汲水，很懂得顺从丈夫的道理；齐国丞相晏子的车夫的妻子激励他虚心向学，可称得上是丈夫的贤内助。

令人奇怪的是，朱买臣的妻子在丈夫贫困时求去，富贵后又要回来，却不想想泼出去的水是很难再收回来的；值得羞愧的是，司马相如的妻子半夜私奔，只是因为听到的琴音中有挑逗之意。

要知道提高自身品德的修养，而后才能治理好家庭；丈夫对待妻子有礼仪情谊，妻子自然会顺从谦恭。

叔侄

【题解】

在古代宗法社会中，一个人除了父、祖外，叔伯便是与其关系最为密切的了。在古代甚至现在，当一个家庭没有子孙时，往往要从宗族中收养一个儿子，以维持香火。而收养者与被收养者之间大多是叔侄关系，因为他们同姓同宗。本篇介绍了叔侄的称谓，以及历史上著名的叔侄间的言谈和事例，为的是教育幼童友爱宗亲。伯父叔父对于自己的侄儿侄女，应该像亲生儿女一样对待；侄儿侄女对待自己的伯父叔父也应该像父亲一样尊重。

【原文】

曰诸父，曰亚父，皆叔父之辈①；曰犹子，曰比儿，俱侄儿之称②。

阿大中郎，道韫雅称叔父③；吾家龙文，杨素比美侄儿④。

乌衣诸郎君，江东称王谢之子弟⑤；吾家千里驹，符坚羡苻朗为侄儿⑥。

竹林叔侄之称⑦，兰玉子侄之誉⑧。

【注释】

①诸父：诸位伯父、叔父的统称。亚父：仅比父亲差一点，对叔伯的尊称。

②犹子：像儿子一样。比儿：跟儿子类似。

③阿大中郎：东晋谢安的侄女谢道韫（yùn）嫁给王羲之的儿子王凝之。她觉得不称意，谢安问起时，她说："一门叔父，则有阿大、中

郎；群从兄弟，则有封胡遏末（指谢韶、谢朗、谢玄、谢琰四人），不意天壤（天地）之中，乃有王郎！"

④龙文：骏马名。比喻才能出众的儿童。杨素：应为杨昱（yù），隋朝人，曾称赞他的侄儿杨愔（yīn）为"吾家龙文"。

⑤乌衣诸郎君：指东晋贵族王导、谢安的子弟，他们都住在乌衣巷，被人称为"乌衣郎君"。

⑥千里驹：前秦皇帝苻坚曾夸奖他的侄儿苻朗为千里驹。

⑦竹林：魏晋时的竹林七贤中，阮籍、阮咸是叔侄，后人就借用竹林来指代叔侄。

⑧兰玉：即芝兰玉树，常用来比喻优秀的子弟。谢安曾问他的侄子们："你们又何尝需要过问政事，为什么总想培养他们成为优秀子弟？"大家都不说话，只有车骑将军谢玄回答说："这就好比芝兰玉树，总想使它们生长在自家的庭院中啊！"

【译文】

"诸父""亚父"，都是称呼叔父辈的人；"犹子""比儿"，都是对侄子辈的爱称。

"阿大中郎"，这是谢道韫对自己叔父的雅称；"吾家龙文"，这是杨昱称赞他的侄儿杨愔。

"乌衣诸郎君"，这是人们对江东望族王导、谢安的子弟们的称呼；"吾家千里驹"，这是前秦皇帝苻坚夸奖他的侄儿苻朗为。

"竹林"用来指代叔侄，"兰玉"用来比喻优秀的子弟。

【原文】

存侄弃儿，悲伯道之无后①；视叔犹父，羡公绰之居官②。

卢迈无儿，以侄而主身之后③；张范遇贼，以子而代侄之生④。

【注释】

①存侄弃儿：晋代邓攸在战乱时去南方避乱，途中遇到盗贼，他只

能带一个孩子逃走，他弟弟早已过世，于是他就把弟弟的孩子带走，把自己的孩子抛弃。

②视叔犹父：唐人柳公绰和其子柳仲郢对叔父非常尊重，就像对待自己的父亲一样。

③卢迈：唐代人，字子玄。他娶了两房妻室都没有生出儿子，别人劝他纳妾，他说："兄弟的儿子就像是自己的儿子一样，将来可以照料我。"

④张范：三国时魏国人。曾有盗贼抓走了他的儿子和侄儿，他去说情，强盗把儿子交还给他，他却提议用自己的儿子交换侄儿，于是强盗将他的儿子与侄子都放了。

【译文】

保全侄儿，把儿子抛弃，这是晋代邓攸的义举，人们都哀叹他没有后代；像对待自己的父亲一样尊重叔父，这是唐人柳公绰做官之后的德行，人们都羡慕他懂得孝道。

卢迈没有儿子，他却认为侄子将来同样可以主持他的后事；张范遇到强盗，他却提出用自己的儿子代替侄儿去死。

师　生

【题解】

师生关系虽然没有被列入五伦（君臣、父子、兄弟、夫妇、朋友五种人伦关系）之中，但俗语说"一日为师，终身为父"，学生见到老师，都要执弟子礼，师生关系乃人伦中的一个大项，终生不变。"天地君亲师"，可见在古人的观念中，老师的地位是很高的。"道之所存，师之所存也"，师生之间的关系，是要以"道义"来衡量的。本篇介绍了有关师生的尊称和代称，以及历史上著名的求学、讲学、尊师的事例。中国自古就有尊师重道的传统，同时也讲究"师道尊严"。《学记》载："凡学之道，严师为难。师严，然后道尊；道尊，然后民知敬学。"也就是说，不论在学习任何学问的过程中，对学问治学严谨的老师是最难得的；只有治学严谨的老师，才会受到尊敬，他所传授的知识，才能得到学生和民众的尊重。

【原文】

马融设绛帐，前授生徒，后列女乐①；孔子居杏坛，贤人七十，弟子三千②。

称教馆曰设帐，又曰振铎③；谦教馆曰糊口，又曰舌耕④。

师曰西宾，师席曰函丈⑤；学曰家塾，学俸曰束脩⑥。

桃李在公门，称人弟子之多⑦；苜蓿长阑干，奉师饮食之薄⑧。

【注释】

①马融：东汉著名经学家，他设帐授徒，门人有千人之多，卢植、郑玄都是其门徒。他不注重名教礼节，常坐高堂，施绛纱帐，前授生徒，后列女乐，开魏晋清谈家破弃礼教之先河。绛（jiàng）帐：红色的帷帐。女乐：乐工女伎。

②杏坛：相传为孔子聚徒授业讲学之处。后泛指授徒讲学之处。相传孔子有弟子三千人，其中最著名的有七十二人，这里七十是取其约数。

③振铎（duó）：摇铃。据《尚书》中记载，古代每年奏派人摇动铃铎一路上进行教化，故用振铎指教育。古人布政施教时，常常摇铃以吸引民众。

④舌耕：用口舌授课换取粮食，即以教书谋生。

⑤西宾：坐在西边的宾客。古时对家庭教师的尊称。函丈：古时讲

学者与听讲者座席之间相距一丈。后用函丈指代讲学的座席。

⑥家塾：指塾师在自己家里或借用祠堂庙宇开馆设学，学生交纳一定"束脩"入学就读。束脩（xiū）：送给老师的报酬。脩：古时指干肉。

⑦桃李：比喻栽培的后辈和所教的门生多。公门：官署，衙门。

⑧苜蓿长阑干：形容教师的俸禄少，饮食很差。苜蓿（mù xu）：俗称"三叶草"，多年生开花植物，可作为牲畜饲料。阑干：纵横散乱的样子。

【译文】

东汉的马融设红帐授徒，前面教导弟子，后面却有女乐为伴；孔子在杏坛讲学，先后培养了三千多弟子，其中最著名的有七十二人。

称别人设立教馆讲学叫作"设帐"，又叫"振铎"；谦称自己设立教馆讲学叫作"糊口"，又叫"舌耕"。

家塾教师被尊称为"西宾"，教师的座席被尊称为"函丈"；在家里设学堂叫作"家塾"，学生给教师的学费叫作"束脩"。

"桃李在公门"，是形容教的学生多，硕果累累；"苜蓿长阑干"，是形容教师的俸禄少，饮食很差。

【原文】

冰生于水而寒于水，比学生过于先生；青出于蓝而胜于蓝，谓弟子优于师傅。

未得及门，曰宫墙外望①；称得秘授，曰衣钵真传②。

人称杨震为关西夫子③，世称贺循为当世儒宗④。

负笈千里，苏章从师之殷⑤；立雪程门，游杨敬师之至⑥。

弟子称师之善教，曰如坐春风之中；学业感师之造成，曰仰沾时雨之化⑦。

【注释】

①及门：正式登门拜师受业的学生。宫墙外望：指学生在老师的门

墙外张望而没有拜入师门。引申义为学生因不拜入师门而导致在学术上不得其门而入。

②衣钵真传：中国禅宗师徒间道法传授，常常举行授与衣钵的仪式。比喻技术、学术的师徒相传。衣钵：古代和尚用的食器，原指佛教中师父传授给徒弟的袈裟和钵，后泛指传授下来的思想、学问、技能等。

③杨震：字伯起，东汉弘农华阴人。他通晓经传，博览群书，但不愿做官，一生以设塾授徒为己任，学生多达数千人，可以和孔子相媲美，当时人称"关西夫子"。

④贺循：字彦先，魏晋时人。他博览群籍，尤精礼传，朝廷有难题的时候就去问他，他都能依经礼而回答，时人称他是"当世儒宗"。

⑤苏章：西汉北海人，曾经背着书箱不远万里寻找老师。负笈千里：就是离家到外地去念书。形容寻找老师的殷切。笈：书箱。

⑥游杨：指游酢（zuò）和杨时，他们都是程颐的学生。他们初次去拜见程颐时，程颐正闭目休息，他俩就侍立在门外。当程颐发现他们的时候，门外的雪已经一尺多深了。

⑦造成：造就。时雨：合时令的雨。化：感化。

【译文】

"冰生于水而寒于水"，是用来形容学生强过先生；"青出于蓝而胜于蓝"，是用来形容弟子强过师傅。

还没有进入师门，叫作"宫墙外望"；已经得到师父的秘密传授，叫作得到"衣钵真传"。

杨震的学生多达数千人，可以和孔子相媲美，人们称他是"关西夫子"；贺循博览群籍，精通礼传，世人称他是"当世儒宗"。

"负笈千里"，是形容苏章拜师求学的殷切；"立雪程门"，是形容游酢和杨时对老师程颐的敬重。

学生称赞老师善于教导，就说"如坐春风之中"；学业有成，感谢老师的教导，就说"仰沾时雨之化"。

朋友宾主

【题解】

除了家人宗亲之外，朋友无疑是最重要的。古人将朋友列为"五伦"之一，可见对它的重视程度。"宾主"是说待客之道。本篇介绍了朋友之间常用的称谓、交往方式以及历史上感人的友情故事和描述朋友间怀念、离别之情的诗句，目的是告诫幼童交友要重情重义，还要慎重选择交往对象，应与贤德之人交往，恪守待客之道。

【原文】

取善辅仁，皆资朋友①；往来交际，迭为主宾②。

尔我同心，曰金兰③；朋友相资，曰丽泽④。

东家曰东主，师傅曰西宾⑤。

父所交游，尊为父执⑥；己所共事，谓之同袍⑦。

心志相孚为莫逆，老幼相交曰忘年⑧。

刎颈交，相如与廉颇⑨；总角好，孙策与周瑜⑩。

【注释】

①取善辅仁：吸取朋友的长处来培养自己的仁德。善：长处。仁，仁义。资：凭借，依靠。

②迭：交替，轮流，更迭。

③金兰：形容志同道合的人，后来则引申为异姓兄弟之间的结拜。

④资：资助。丽泽：原指两泽相连，交相浸润。后指朋友互相切磋。

此处指互相资助。

⑤东家：古人待客，按照礼仪，主人坐在东面向西，所以称作"东家"或"东主"。西宾：旧时宾位在西，故称。常用为对家塾教师或幕友的敬称。

⑥父执：父亲的朋友。执：至交，好友。

⑦同袍：同穿一条战袍的战友，后来多比喻特别有交情、关系十分密切的人。

⑧心志相孚：心意相通，以诚相待。孚（fú）：信用，相应，符合。莫逆：没有抵触，思想感情一致，比喻情投意合，感情深厚。忘年：就是忘年交。指两个人年纪或辈分相差悬殊，但却可以称为知心的朋友。

⑨刎颈交：同生死、共患难的朋友。战国时赵国大将军廉颇不屈居于蔺相如之下，扬言要当面羞辱相如。相如为了国家利益，不计私仇，对廉颇一忍再忍，最后廉颇深受感动。后来廉颇肉袒上门负荆请罪，最终与相如结为"刎颈之交"。

⑩总角好：用来比喻童年时代就是很好的朋友。总角：古代儿童把头发梳成一个向上的小辫，这里指童

年时代。孙策：孙氏政权的建立者，其弟孙权称帝追尊其为长沙桓王。周瑜：字公瑾，帮助孙策创立政权，后辅佐孙权。

【译文】

吸取别人的长处来培养自己的仁德，这都要依靠朋友；朋友之间的往来交际，应当轮流做主人和客人。

你我同心的朋友，叫作"金兰"；朋友之间相互资助，叫作"丽泽"。

称呼自己的东家叫作"东主"，称呼请来的师傅叫作"西宾"。

父亲的朋友尊为"父执"，与自己共事的人称为"同袍"。

心意相通又以诚相待的朋友称为"莫逆"，老人和年轻的人交朋友称作"忘年"。

"刎颈之交"，说的是战国时候的蔺相如和廉颇生死与共的情谊；"总角之好"，说的是三国时期的孙策和周瑜在孩提的时候就是好朋友。

【原文】

胶漆相投，陈重之与雷义[1]；鸡黍之约，元伯之与巨卿[2]。

与善人交，如入芝兰之室，久而不闻其香[3]；与恶人交，如入鲍鱼之肆，久而不闻其臭[4]。

肝胆相照，斯为腹心之友[5]；意气不孚，谓之口头之交[6]。

彼此不合，谓之参商[7]；尔我相仇，如同冰炭[8]。

民之失德，干糇以愆；它山之石，可以攻玉[9]。

落月屋梁，相思颜色；暮云春树，想望丰仪[10]。

【注释】

[1] 胶漆相投：用来比喻情投意合，如胶似漆，亲密无间。雷义、陈重：东汉人。二人分别举茂才和孝廉，互相谦让，太守和刺史都不同意，最后二人同拜尚书郎，所以人们称他们的关系就像胶漆一样坚固。

[2] 鸡黍之约：比喻朋友间的信义与深情。东汉时山阳金乡的范式（字巨卿）与汝南张劭（字元伯）是京城洛阳太学里的同学，关系特别

要好，后来各自回家。范式约定两年后到张劭家拜访，转眼约期已到，张劭杀鸡煮黍准备待客，他的母亲说："分别两年，千里之外，怎么能相信？"张元伯说："范巨卿是守信的人，一定不会违约。"后来范式果然如期而至。

③芝兰之室：比喻良好的环境，贤士所居的地方。芝兰：一种香草。

④鲍鱼之肆：比喻恶人所聚集的地方。鲍鱼：腌鱼。

⑤肝胆相照：肝与胆关系密切，互相照应。比喻互相坦诚交往共事。肝胆则比喻真诚的心。腹心：推心置腹。

⑥意气不孚：志趣不相同。不孚：不信任。口头之交：表面相交，实际上很没诚意。

⑦参商：参、商两颗星，一个在东面，一个在西面，此出彼没，永远不相见。后来用其比喻人分离不能相见，也用来比喻不和睦。

⑧冰炭：冰和炭是不能相容的事物，用其比喻二者不能相容。

⑨民之失德，干糇以愆：出自《诗经·小雅·伐木》。意思是人们如果道德都沦丧了，一块干粮这样一件小事情在朋友间也会引来纠纷。干糇（hóu）：干粮。愆（qiān）：差错，失误。它山之石，可以攻玉：出自《诗经·小雅·鹤鸣》。比喻别的国家的贤才可以辅佐本国，就好像其他山上的石头可以用来做琢磨玉器的石头一样。后来则用来比喻能帮助自己改正缺点的外力，一般指朋友。

⑩落月屋梁：比喻对朋友的怀念。成语出处唐·杜甫《梦李白》诗："落月满屋梁，犹疑照颜色。"颜色：指面容。暮云春树：表示对远方友人的思念。出自杜甫的《春日忆李白》："渭北春天树，江东日暮云。"丰仪：仪表。

【译文】

"胶漆相投"，说的是雷义和陈重坚不可破的友情；"鸡黍之约"，说的是范式和张劭之间相互信任的约定。

和好人交往，就像进入放着香草的屋子，时间久了就闻不到它的芳香味了；和恶人交往，就好像进入卖咸鱼的店铺，时间久了也闻不到它的腥臭味了。

"肝胆相照"，这才是推心置腹的好朋友；"意气不孚"，说的是口头上的交情。

彼此之间的不合，称之为"参商"；你我相互仇视，就像不能兼容的"冰炭"。

人们如果丧失道德，朋友间连干粮这样的小事情也可能引来纠纷；朋友可以帮助自己改正缺点，就好像其他山上的石头可以用来琢磨玉器的石头一样。

"落月屋梁"，是指梦见朋友的容颜；"暮云春树"，表达了睹物怀想朋友的风采。

【原文】

王阳在位，贡禹弹冠以待荐①；杜伯非罪，左儒宁死不徇君②。

分首判袂，叙别之辞③；拥彗扫门，迎迓之敬④。

陆凯折梅逢驿使，聊寄江南一枝春⑤；王维折柳赠行人，遂唱《阳关三叠》曲⑥。

频来无忌，乃云入幕之宾⑦；不请自来，谓之不速之客⑧。

醴酒不设，楚王戊待士之意怠⑨；投辖于井，汉陈遵留客之心诚⑩。

【注释】

①王阳在位，贡禹弹冠：汉代的王阳与贡禹是好友，王阳做了官，贡禹也拿出帽子，弹掉上面的灰尘，等待他推荐自己。后来用"弹冠相庆"指因将做官而相互庆贺，也泛指利害相同者为某件得意的事情共同庆贺。多含有贬义。

②杜伯、左儒：杜伯、左儒是周宣王时的人。周宣王无缘无故杀害杜伯，左儒力争无果，后也被杀死。徇：顺从、屈从。

③分首：分头，表示两人分开，常有依依惜别之意。判袂（mèi）：

衣袖分开,也表示朋友离别。判:分。袂:衣袖。

④拥彗:拿扫帚。古人迎接宾客,常拿着扫帚以示敬意。扫门:清扫门庭。迎迓(yà):迎接。

⑤陆凯折梅:《荆州记》记载,三国吴陆凯和范晔是好友,后来两人一个在江南,一个居住长安。有一年冬日,刚好从南方来了一个传递公文的驿吏,陆凯便折了一枝梅花,叫驿吏带给范晔,并且附去一首诗:"折花逢驿使,寄与陇头人。"后来用此比喻对远方友人表达思念之情。

⑥《阳关三叠》:又名《阳关曲》《渭城曲》,是根据唐代诗人王维的七言绝句《送元二使安西》谱写的一首著名的艺术歌曲。王维有位朋友名叫元二,奉使到安西(唐朝都护府名,治所在龟兹城,就是现在的新疆省库车县)去,他作了这首诗来送别。

⑦入幕之宾:指关系亲近的人或参与机密的人。《晋书·郗超传》记载,晋代谢安与王坦之曾去桓温家里议事,桓温叫郗超躲

在帐子里听。结果一阵风把帐子吹开了，看见郗超，于是谢安笑笑说："郗生可谓入幕之宾矣。"幕：帷帐。

⑧不速之客：不请而自来的客人。速，邀请。

⑨醴酒不设：西汉楚元王与穆生交情很好，穆生不喜欢喝酒，元王每次设宴都为他准备甜酒。后楚王戊继位，开始也常备甜酒，后来渐渐忘了准备甜酒，穆生说："可以离去了。"后来用此来形容对人的礼敬渐渐减少。醴（lǐ）酒：甜酒。怠：怠慢。

⑩投辖于井：表示主人好客，盛情招待。《汉书·陈遵传》记载，陈遵嗜酒好客，每次宴请宾客，总是关上门，取下客人车轴的辖投入井中，使车不能行，不让客人走。辖：固定车轮与车轴位置，插入轴端孔穴的销钉。

【译文】

王阳当了官，贡禹就弹掉自己帽子上的灰尘等待被推荐做官；杜伯没有罪而被杀，左儒宁愿与朋友一起死也不屈从周宣王。

"分首"和"判袂"，都是表示朋友告别的词语；"拥篲"和"扫门"，都是迎接客人到来表示敬意之语。

陆凯折一枝梅花托驿使转给范晔，报道江南早春的信息；王维折一枝柳条送给即将远行的朋友，于是有了《阳关三叠》之曲。

经常来往没有顾忌的客人，称之为"入幕之宾"；不请却自己来的客人，称之为"不速之客"。

"醴酒不设"，说明楚王戊对待士人的心意已经不如以前了；"投辖于井"，说明汉代陈遵挽留客人之心十分诚恳。

【原文】

蔡邕倒屣以迎宾①，周公握发而待士②。

陈蕃器重徐稚，下榻相延③；孔子道遇程生，倾盖而语④。

伯牙绝弦失子期，更无知音之辈⑤；管宁割席拒华歆，谓非同志之人⑥。

分金多与,鲍叔独知管仲之贫⑦;绨袍垂爱,须贾深怜范叔之窘⑧。

要知主宾联以情,须尽东南之美⑨;朋友合以义,当展切偲之诚⑩。

【注释】

①蔡邕倒屣以迎宾:《三国志·魏志·王粲传》记载,汉末蔡邕(字伯喈)富有才名,在朝廷地位很高,家中常常车马盈门,宾客满座。有一天,突然得知王粲上门求见,蔡邕慌得倒拖着鞋子出来迎接,并向众宾客介绍说:"王粲有异才,我不如他。"后来用"伯喈(jiē)倒屣"表示热情迎客。屣(xǐ):鞋。

②周公握发而待士:《史记·鲁周公世家》记载,周公为了招揽天下的贤士,曾经"一沐三握发,一饭三吐哺"。意思是对求见的人不怠慢,即使是正在洗头、吃饭,也立刻停下来接待。后来则用此表示礼贤下士,求才殷切,为国事操劳。周公:周公,姬姓名旦,是周文王姬昌第四子,周武王姬发的弟弟,曾两次辅佐周武王东伐纣王,并制作礼乐。因其采邑在周,爵为上公,故称周公。周公是西周初期杰出的政治家、军事家、思想家、教育家,被尊为"元圣"和儒学先驱、奠基人。

③下榻相延:后汉豫章太守陈蕃很器重隐士徐稚,专门为他准备一个坐榻。徐稚一走,就把坐榻收起来。

④倾盖而语:形容朋友相遇亲切交谈,也表示志同道合,一见如故。孔子在郯(tán 地名,在中国山东省境内)地路上遇到程子,两人停车交谈,车盖互相倾斜,双方意见投合,一谈就是一整天。盖:车盖,形状如伞。

⑤伯牙绝弦:比喻哀悼亡友或慨叹无有知音之苦。春秋时期,俞伯牙善于弹琴,钟子期善于听琴,伯牙琴音志在高山,或志在流水,子期都能心领神会,一听便知。子期死后,伯牙不再弹琴,认为世上再没有这样的知音了。

⑥管宁割席拒华歆:东汉末年,管宁与华歆同席读书。一次,有人

乘坐轩车经过门前，管宁读书如故，而华歆却放下书跑出去看。管宁于是将席子割成两半，说："你不是我要的朋友。"从此与华歆分开坐。后来用"割席"指朋友绝交。

⑦分金多与：齐国人鲍叔牙曾与管仲一起经商，因管仲家贫，总是多分钱与管仲。

⑧绨袍垂爱：战国时范雎（jū）曾受须贾陷害，惨遭毒打，几乎死去，后改名张禄逃到秦国担任相国。须贾出使秦国，范雎破衣去见，须贾送他一件绨袍。第二天，须贾才发现范雎已担任秦国相国，于是肉袒谢罪。范雎因为须贾赠与绨袍，恋恋有故人之意，所以便宽释了他。后来用"绨袍情"来比喻不忘贫寒旧友。绨（tí）袍：厚缯制成之袍。绨：厚缯（zēng），古代一种粗厚光滑的丝织品。

⑨尽东南之美：出自《滕王阁序》："宾主尽东南之美。"本指东南地方生产的美物，后指东南人物中之佼佼者。

⑩切偲：相互敬重，切磋勉励。切：肯切。偲（sī）：劝勉。

【译文】

蔡邕急着迎接客人，把鞋子都穿倒了；周公洗头发的时候客人来访，他握着头发就出去了。

陈蕃特别器重名士徐稚，专门设一个床榻接待他；孔子在路上遇见程生，停车亲密交谈，车盖倾斜相交。

俞伯牙弄断琴弦不再弹琴，是因为钟子期死了，这个世上再也没有能听懂他琴音的人了；管宁割断席子拒绝和华歆同坐一席读书，是因为他们不是志同道合的人。

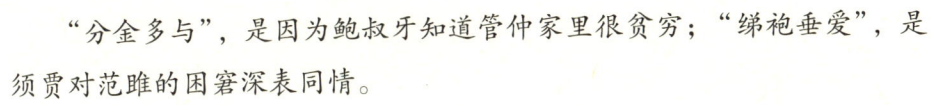

"分金多与",是因为鲍叔牙知道管仲家里很贫穷;"绨袍垂爱",是须贾对范雎的困窘深表同情。

要知道主人和宾客要靠感情来联络,那么双方都应该是某一方的名人;朋友之间的交往要合乎道义,双方都要有互相劝勉的诚意。

婚 姻

【题解】

本篇的"婚姻",其实指的是"婚姻之礼"。构成社会的基本单位是家庭,而家庭的构成、发展与延续,则源于婚姻。古人认为婚姻是"人伦之始,王化之源",所以他们对男女结成夫妇的婚姻仪式十分重视,并制定了一整套烦琐严密的程序。此后,婚礼虽逐渐被简化,但直到今天,中国人结婚还或多或少保存着古代婚礼的影子。本篇着重介绍了古代婚礼的观念、礼仪及有关姻缘的典故和传说,意在教育人们要珍惜良缘的来之不易,夫妻间要和睦相处。此篇可与《夫妇》篇结合起来阅读,以加深理解。

【原文】

良缘由夙缔[1],佳偶自天成[2]。

蹇修与柯人,皆是媒妁之号[3];冰人与掌判,悉是传言之人[4]。

礼须六礼之周[5],好合二姓之好[6]。

女嫁曰于归[7],男婚曰完娶[8]。

【注释】

[1]缘:缘分,姻缘。夙缔:早就注定了。夙:早。缔:结。

②偶：配偶，夫妻。天成：上天成就的。

③蹇（jiǎn）修：传说是伏羲的臣子，制定了媒礼。后以代称媒人。柯人：拿斧头的人。《诗经》有"伐柯如何？匪斧不克。娶妻如何？匪媒不得"之句，后来称媒人为"柯人"。媒妁（shuò）：即媒人，其中，"媒"指职业撮合人，"妁"指临时撮合人。

④冰人：《晋书·索纨传》中记载，索纨通占卜善解梦，有人梦见自己站在冰上与冰下的人通话，索纨解说道："冰上是阳，冰下则为阴，你在冰上与冰下人说话，是为阴阳作媒介。"此人不久果然为人做媒。后来则称媒人为"冰人""冰媒""冰上人""冰台"。掌判：《周礼》中有"媒氏，掌万民之判"的说法。"判"同"半"，两半为一，合成夫妇，所以把媒人称为"掌判"。传言：传话，这里指传达男女两家的话，就是我们说的媒人。

⑤六礼：古时候婚嫁的六个礼仪程序，包括纳采、问名、纳吉、纳征、请期、亲迎。

⑥二姓：指男女两家。好合：结合。

⑦于归：女子出嫁。《诗·周南·桃夭》中有"之子于归，宜其室家"之说。

⑧完娶：娶妻；完婚。完成娶亲的意思，是婚嫁礼仪的最后一个程序。

【译文】

美满的姻缘，是由前世的缘分所缔结的；佳妙的配偶，是由上天撮合而成的。

"蹇修"与"柯人"，都是媒人的别号；"冰人"和"掌判"，是指为两家传话的媒人。

礼仪必须做到六礼周全，这样才能使两姓结合成美满的婚姻。

女子出嫁称作"于归"，男子结婚称作"完娶"。

【原文】

婚姻论财，夷虏之道①；同姓不婚，周礼则然②。

女家受聘礼，谓之许缨③；新妇谒祖先，谓之庙见④。

文定纳采，皆为行聘之名⑤；女嫁男婚，谓了子平之愿⑥。

聘仪曰雁币，卜妻曰凤占⑦。

成婚之日曰星期⑧，传命之人曰月老⑨。

下采即是纳币，合卺系是交杯⑩。

【注释】

①夷虏之道：古代指边远落后的野蛮民族的愚昧行为。夷虏：古时候对中原以外的民族的称呼。

②则：规则，规范。然：这样。

③许缨：许婚的意思。缨：彩带。女子同意嫁人，就系上一条彩带，表示已有归属。

④谒（yè）：拜见。庙见：古代汉族婚礼仪式之一，成妇之礼中的重要仪式。即婚后至迟三个月，须择日率新娘至夫家宗庙祭告祖先，以表示婚姻已取得夫家祖先的同意。

⑤文定：订婚。相传周文王卜得吉兆纳征订婚后，亲迎太姒（sì）至渭滨。后世因此以"文定"代称订婚。纳采：古时婚仪之主，预取女时，以雁为见面礼，使媒人致意于女父，今称"提亲"。行聘：下聘礼。

⑥子平之愿：子平就是汉代人向长，字子平。向长研究《易经》，很想进山修行。向长在女儿出嫁、儿子娶妻之后就去游览五岳名山，然后再也没有回来。

⑦聘仪：行聘的礼物。雁币：雁与币帛。古时用为聘问或婚嫁时之聘仪。凤占：同"凤卜"，占卜佳偶。春秋时期，齐国大夫懿氏想把女儿嫁给陈敬仲而占卜吉凶，他的妻子占卜得吉，是"凤凰于飞，和鸣锵锵"。

⑧星期：农历七月初七，民间传说牛郎织女相会的日子。《诗经》中

"三星在天"是用来描写结婚的晚上,后来就把结婚的日子叫作星期。

⑨月老:月下老人,也称月老。民间传说专门司掌人间婚姻的神仙。

⑩下采:纳彩礼。男方向女方下聘礼。纳币:即纳征,此仪节主要是送定金、喜饼及多种饰物、祭品,作为正式下聘订盟之礼物。合卺(jǐn):新人进洞房,揭开新娘头盖行合卺礼。合卺礼始于周朝,为旧时夫妻结婚的一种仪式。仪式中把一个匏瓜剖成两个瓢,而又以线连柄,新郎新娘各拿一个饮酒,同饮一卺,象征婚姻将两人连为一体,也可以说是古人的"交杯酒"。卺:一种瓠(páo)瓜,味苦不可食,俗称苦葫芦,多用来做瓢。古人结婚时用它作盛酒器。

【译文】

婚姻用财产来衡量,是落后民族的愚昧行为;同姓不能结婚,周代的礼法中就有这样的规定。

女方接受聘礼,称为"许缨";新妇初入家门,到家庙谒见祖先称为"庙见"。

"文定""纳采",都是男方送聘礼的名称;女儿出嫁,儿子娶妻,就说是了却"子平之愿"。

行聘的礼物叫"雁币",占卜婚姻吉凶叫"凤占"。

成亲的那一天称为"星期",传达两家的意见之人叫"月老"。

"下采"就是男方送礼给女方去求婚,"合卺"是指新婚之夜新郎新娘在洞房内合饮交杯酒。

【原文】

执巾栉,奉箕帚,皆女家自谦之词①;娴姆训,习《内则》,皆男家称女之说②。

绿窗是贫女之室,红楼是富女之居③。

桃夭谓婚姻之及时④,摽梅谓婚期之已过⑤。

御沟题叶,于祐始得宫娥⑥;绣幕牵丝,元振幸获美女⑦。

汉武与景帝论妇,欲将金屋贮娇⑧;韦固与月老论婚,始知赤绳系足⑨。

【注释】

①执巾栉(zhì):侍奉丈夫沐浴梳头。后作为妻子的谦称。奉箕帚:拿着撮箕扫帚清扫门庭。后来用"箕帚"作为妻子的代称。

②娴姆训:熟悉女教师的训诫。姆:古代指能以妇道教育未出嫁女子的老妇。《内则》:《礼记》中的一篇,讲述古代贵族妇女侍奉父母、公婆的各种礼节。称:称赞。

③绿窗:绿色的窗户,指贫穷女孩子住的房子。红楼:红色的绣楼,指富家女住的楼阁。白居易有诗:"绿窗贫家女,衣上无珍珠,红楼富家女,金缕绣罗襦。"

④桃夭:《诗经》有"桃之夭夭"名篇。歌颂女子出嫁,后来则用它来描写女子出嫁及时,也泛指男女青年及时娶嫁。

⑤摽(biào)梅:指梅子成熟以后落下来。比喻女子已

到结婚年龄。摽：落下。

⑥御沟题叶：唐代人于祐曾在皇宫水沟中拾到一片有宫女题诗的树叶，于是于祐也题诗于树叶上，然后让树叶漂回宫中，恰巧又被该女子捡到。后来皇帝放宫女出嫁，于祐与娶回的宫女一谈，才知道此女正是那位与自己互相题诗的宫女。

⑦绣幕牵丝：唐代宰相张嘉贞想让荆州都督郭元振做他的女婿，于是对郭元振说："我有五个女儿，各拿着一根丝在幕后，你任牵一根，牵到谁，就让她嫁给你。"结果郭元振得到他的三女儿。后来指促成缔结婚姻为牵线或牵丝。

⑧金屋贮娇：汉武帝刘彻小的时候，其姑母长公主指着左右侍女让他挑妻，他都不要。姑母最后指着自己的女儿阿娇问："阿娇好吗？"刘彻笑着说："好！若得阿娇作妇，当作金屋贮之也。"后来，武帝果然娶阿娇，并立她为皇后。后来用"金屋贮娇"形容宠爱妻妾，也指娶妻或纳妾。

⑨赤绳系足：传说唐代韦固年少时路经宋城，看见月光之下有一老人席地而坐，正在那里翻一本书，而他身边则放着一个装满红色绳子的大布袋，只要系到男女双方的脚上，任他们互为仇家、贫富不同或相距再远，也注定要成为夫妻。后来用"月下老人"为媒人的代称。

【译文】

"执巾栉""奉箕帚"，是出嫁女儿的自谦之词；"娴姆训""习《内则》"，是男家称赞对方女儿的赞语。

"绿窗"是贫穷人家女子的居室；"红楼"是富有人家女儿的闺房。

"桃夭"是说女子出嫁及时；"摽梅"指女子已过了出嫁的年龄。

通过御沟中彼此传递红叶上题写的诗句，于祐和宫女韩夫人终成眷属；在绣幕外牵着红丝线，郭元振有幸娶得美女。

汉武帝与景帝谈论婚姻，说如果能娶得阿娇，就建造一间金屋给她住；韦固与月老谈起婚姻事，才知道夫妻之间都有一根红线拴着脚。

【原文】

朱陈一村而结好①,秦晋两国以联姻②。

蓝田种玉,雍伯之缘③;宝窗选婿,林甫之女④。

架鹊桥以渡河,牛女相会⑤;射雀屏而中目,唐高得妻⑥。

至若礼重亲迎,所以正人伦之始⑦;《诗》首好逑,所以崇王化之原⑧。

【注释】

①朱陈:古村的名字,在今江苏省丰县东南。村中只有陈姓和朱姓两族人,所以两姓世代联姻。后来用"朱陈之好"称两家结成姻亲。

②秦晋:春秋时,秦晋两国国君世代互为婚嫁。后称联姻、婚配关系为"秦晋之好",泛指两家联姻。

③蓝田种玉:蓝田为山的名字,在陕西省蓝田县东南。雍伯:应为伯雍,即杨伯雍。杨伯雍行孝好义,于是有人送他一颗石头,说种下去可以长出美玉,也可以娶得好妻子。后来杨伯雍果然得到了美玉,并用此作为聘礼娶到徐氏娇女。

④宝窗选婿:晋代李林甫为了选女婿,在墙上开了一个暗窗,每有弟子来拜见,就让她的六个女儿在窗下观看,自己挑选中意的男子。

⑤鹊桥:传说织女和牛郎情投意合,心心相印。可是,却被王母分隔银河两岸,每年只准他们在七月七日相会一次。这天晚上让喜鹊架成桥梁,使他们夫妻相会欢聚。

⑥射雀屏:隋朝窦毅的女儿才貌出众,窦毅认为自己的女儿不能随便嫁与他人,于是便在屏风上画了两只孔雀,约定射中孔雀眼睛的,就把女儿许配给他。李渊两箭各射中一目,遂迎娶其女,就是后来的窦皇后。后来用"雀屏射目"来描写选婿或求婚。

⑦至若:至于。

⑧《诗》首好逑(qiú):《诗经》中将"窈窕(yǎo tiǎo)淑女,君

子好逑"放在第一篇。逑：配偶。王化之原：王道教化的本原。

【译文】

朱、陈两姓同居一村，代代结成美好姻缘；秦晋两国交好，国君多次联姻。

在蓝田山上种玉，杨雍伯最后缔结美妙的姻缘；设红窗择婿，李林甫让女儿自己挑选丈夫。

喜鹊在银河上架设浮桥，牛郎和织女才能渡河相会；连续两箭射中屏风上孔雀的眼睛，唐高祖李渊因而娶得窦毅之女为妻。

至于说古礼重视新郎亲去迎娶新娘，这是以此来匡正人伦的基础；《诗经》将"君子好逑"列为首篇，正是为了崇尚王道教化的本原。

女 子

【题解】

古人认为，男子为阳，女子为阴，所以女子生来就要具有柔顺的性格。以此为依据，形成了"男尊女卑""男外女内""夫为妻纲"等思想，并进一步要求女子必须遵从"三从四德"的妇道，宋代以后，更产生了贞节烈女的观念。本篇即根据这一思想，对古代女性的言行准则以及历史上著名的孝女、贤女、烈女、节女、才女、贫女、妒女、淫女、丑女等进行了举例说明。从今天男女平等的观点来看，古代针对女性的许多观点都是不符合人性与人权的，甚至是荒谬的，应该加以摒弃。

【原文】

男子禀乾之刚，女子配坤之顺。

贤后称女中尧舜,烈女称女中丈夫①。

曰闺秀,曰淑媛,皆称贤女;曰阃范,曰懿德,并美佳人②。

妇主中馈③,烹治饮食之名;女子归宁,回家省亲之谓。

何谓三从,从父从夫从子;何谓四德,妇德妇言妇工妇容④。

【注释】

①女中丈夫:女子中杰出的人。

②阃(kǔn)范:内室中的楷模。阃:内室。范,模范。懿(yì)德:美德。懿:美好。

③中馈:在家中准备食物。

④妇工:亦作"妇功",旧时指纺织、刺绣、缝纫等事,为妇女四德之一。

【译文】

男子具有上天的阳刚之气,女子具有大地的柔顺之美。

贤德的皇后被称为"女中尧舜",刚烈的女子被称为"女中丈夫"。

"闺秀""淑媛",都是称赞有贤德的女子;"阃范""懿德",都是赞美有才德的女子。

妇女主持"中馈",是说女子主持家中烹饪饮食之事;女子"归宁",是指已出嫁的女儿回娘家探望父母。

什么叫作"三从"？就是在家时从父，出嫁后从夫，夫死后从子；什么叫作"四德"？就是妇德要温柔，妇言要恭谨，妇功要精巧，妇容要整洁。

【原文】

周家母仪，太王有周姜，王季有太妊，文王有太姒①；三代亡国，夏桀以妹喜，商纣以妲己，周幽以褒姒②。

兰蕙质，柳絮才，皆女人之美誉③；冰雪心，柏舟操，悉孀妇之清声④。

女貌娇娆，谓之尤物⑤；妇容妖媚，实可倾城。

【注释】

①周家：周朝。母仪：古代皇后为国母，是妇人的仪表典范。太王：周文王之祖古公亶父的尊号，也说"周太王"。周姜：周太王的妃子，生了三个儿子。她教子有方，而且太王每遇到大事，必定同她商量，没出过一个坏主意。王季：本名姬历。是古公亶父的第三子、周文王姬昌的父亲、周部族首领。太妊（rèn）：王季之妃，文王之母。太姒（sì）：姒姓，周文王的正妃，周武王之母。太姒天生姝丽，聪明淑贤，分忧国事，严教子女，尊上恤下，深得文王厚爱和臣下敬重，被人们尊称为"文母"。

②夏桀（jié）（？—公元前1600年）：姒姓，夏后氏，名癸，一名履癸，谥号桀，史称夏桀，帝发之子，夏朝最后一位君主，是历史上有名的暴君。妹（mò）喜：亦作妺嬉、末喜、末嬉，有施氏之女，夏朝最后一位君主夏桀的王后，后世红颜祸水的第一例证。商纣：中国商代最后一位君主。中国历史上有名的暴君。殷帝辛，名受，"天下谓之纣"，人称殷纣王。妲（dá）己：冀州侯苏护之女，河内温（今河南省温县苏王村）人，世称"苏妲己"，帝辛的妃子。周幽（前795？—前772年）：姬姓，名宫湦，是中国西周王朝的最后一位君主。褒姒：姒姓，褒国人，周幽王姬宫湦第二任王后，太子姬伯服的生母，周平王姬宜臼的后母。

以：因为。

③兰蕙质：比喻妇女幽静高雅的品质。柳絮才：晋代谢安曾问道："下雪纷纷何所似？"侄儿谢朗说："撒盐空中差可拟。"侄女谢道韫说："未若柳絮因风起。"谢安说："柳絮才高不道盐。"

④冰雪心：古代蒋顺怡有妻周氏，蒋死后，公婆想让周氏改嫁，周氏作诗"瑶池故冰雪，为妾作心肝"，表示自己清白不嫁的决心。柏舟操：古代卫国孀妇共姜曾作诗"泛彼柏舟，在彼中河。髧（kūn）彼两髦，实维我仪"，表示自己不嫁的决心。孀（shuāng）妇：丧偶的妇女。清声：清白的名声。

⑤尤物：特别漂亮的女人或珍贵的物品。尤：突出，特别。

【译文】

周朝能够母仪天下的，太王时有周姜，王季时有太任，文王时有太姒；使三代亡国的女子，夏桀是为了妹喜，商纣是为了妲己，周幽王是为了褒姒。

"兰蕙质""柳絮才"，都是对美人的赞美之词；"冰雪心""柏舟操"，都是赞誉寡妇贞洁的名声。

女子的容貌妖媚，可称作"尤物"；妇人的仪容妖媚，可形容为"倾城"。

【原文】

潘妃步朵朵莲花①，小蛮腰纤纤杨柳②。
张丽华发光可鉴③，吴绛仙秀色可餐④。
丽娟气馥如兰，呵气结成香雾⑤；太真泪红于血，滴时更结红冰⑥。
孟光力大，石臼可擎⑦；飞燕身轻，掌上可舞⑧。

【注释】

①潘妃：南齐东昏侯曾经凿金为莲花，贴在地上，让潘妃在上面行走，称为步步生莲。

②小蛮：唐代诗人白居易的妾，善舞。

③张丽华（559—589年）：南北朝时期南朝陈后主陈叔宝的妃子。

④吴绛仙：隋炀帝的妃子。秀色可餐：形容秀美异常。

⑤丽娟：汉武帝的宫女，玉肤柔软，吹气如兰。

⑥太真：即杨贵妃。

⑦孟光：汉代梁鸿的妻子。擎（qíng）：举。

⑧飞燕：赵飞燕，汉成帝的妃子。

【译文】

潘妃步态美妙，脚下仿佛生出朵朵莲花；小蛮腰肢纤细，有如纤纤杨柳摇曳生姿。

张丽华头发的光润，可以照见容颜；吴绛仙秀丽的面容，可以使人忘记饥饿。

丽娟气息芬芳如同兰花，呵气能凝成香雾；杨太真的眼泪比血还红，滴下时竟结成红冰。

孟光力大无比，可以举起石臼；赵飞燕体态轻盈，可以在别人的手掌上跳舞。

【原文】

至若缇萦上书而救父①，卢氏冒刃而卫姑②，此女之孝者。

侃母截发以延宾③，村媪杀鸡而谢客④，此女之贤者。

韩玖英恐贼秽而自投于秽⑤，陈仲妻恐陨德而宁陨于崖⑥，此女之烈者。

王凝妻被牵，断臂投地⑦；曹令女誓志，引刀割鼻⑧，此女之节者。

曹大家续完汉帙⑨，徐惠妃援笔成文⑩，此女之才者。

【注释】

①缇（tí）萦：淳于缇萦，西汉临淄人，著名医学家淳于意之女。淳于意因常拒绝对朱门高第出诊行医，被富豪权贵罗织罪名，送京都长安受肉刑。其幼女淳于缇萦毅然随父西去京师，上书汉文帝，痛切陈述父

亲廉平无罪，自己愿意身充官婢，代父受刑。文帝受到感动，宽免了淳于意，且废除了肉刑。

②卢氏：唐代郑义宗的妻子卢氏，在强盗打劫时，冒着被杀死的危险保护婆婆。

③侃母：晋代陶侃的母亲剪发换钱招待客人。延：招待。

④村媪：村妇。媪（ǎo）：年老的妇女。也泛指妇女。传说汉武帝微服私访，晚上到柏谷村，人们以为是盗贼，村中有一个老妇说："来客不常人。"于是杀鸡表示歉意。

⑤韩玖英：唐代妇女韩玖英恐怕被强盗抓住受辱，就跳入粪坑中弄脏身体，强盗就放过了她。秽：前者指玷污，后者指污物。

⑥陈仲：唐代人。他的妻子张氏与两个嫂子遇到强盗，恐怕受辱，就跳崖而死。陨：前者指丧失，后者指坠落。

⑦王凝：五代人王凝的妻子手臂被店主人抓住过，就用斧头自断手臂。

⑧曹令女：夏侯文宁之女，名令，嫁给曹文叔，后守寡，用刀割鼻以示自己不再嫁的决心。

⑨曹大家（gū）：即班昭（约49—120年），东汉史学家，名姬，字惠班，扶风安陵人。史学家班彪之女，班固、班超之妹。早寡，接续完成了班固著的《汉书》。皇帝称赞她为曹大家。汉帙：即《汉书》。

⑩徐惠妃：唐代徐孝德的女儿，名惠，八岁提笔成文，后为唐太宗的妃子。

【译文】

讲到缇萦的上皇帝书解救父亲，卢氏面对刀刃保护婆婆，这些都是女性中最孝顺的。

陶侃的母亲剪发换酒款待宾客，村中的老婆婆杀鸡备酒招待宾客，这些都是女性中最贤惠的。

韩玖英怕遭贼污辱而自投于粪坑，陈仲的妻子唯恐败坏德行而坠崖自杀，这些都是女性中最刚烈的。

王凝的妻子李氏被人拉了手臂，便取斧自断手臂；曹文叔的遗孀立志不改嫁，拿刀割掉自己的鼻子，这是女性中最贞洁的。

曹大家继承遗志完成了《汉书》，徐惠妃提笔就能写出文章，这是女性中最有文才的。

【原文】

戴女之练裳竹笥①，孟光之荆钗裙布，此女之贫者。
柳氏秃妃之发②，郭氏绝夫之嗣③，此女之妒者。
贾女偷韩寿之香④，齐女致祓庙之毁⑤，此女之淫者。
东施效颦⑥而可厌，无盐刻画以难堪⑦，此女之丑者。

【注释】

①戴女之练裳竹笥：东汉戴良的女儿出嫁，只用白布衣服竹箱作为嫁妆。竹笥（sì）：一种盛饭食或衣物的竹器。

②柳氏：指唐代任环的妻子柳氏。柳氏要将皇帝赏给任环的两名美女头发揪光，皇帝于是让这两名美妇另室而居。

③郭氏：晋代贾充的妻子郭氏生了孩子，请乳母抚养。贾充去看望儿子，郭氏以为贾充与乳母有私情，就鞭杀了乳母，结果儿子因为思念乳母而死。

④贾女：贾充的女儿偷皇帝赐给贾充的香送给韩寿，与他私通，被贾充发觉，贾充就将女儿嫁给了韩寿。

⑤齐女：北齐公主与乳母的儿子相约在祆庙中相会，乳母的儿子先到，睡着了，公主来后，将小时候两人同玩的玉环丢在乳母儿子身上，乳母的儿子醒来后，欲火中烧，就放一把火将祆教的庙烧掉了。祆（xiān）：祆教，拜火教。波斯人琐罗亚斯特所创立，崇拜火，南北朝时传入中国。

⑥东施效颦：比喻模仿别人，不但模仿不好，反而出丑。有时也作自谦之词，表示自己根底差，学别人的长处没有学到家。东施：越国的丑女，代指丑妇。效：效仿。颦（pín）：皱眉头。

⑦无盐：传说故事人物。姓钟离，名春。相传为齐国无盐邑（今山东东平）人，世称无盐女。其状貌丑陋无比，年四十而未嫁。刻画：指精心打扮。

【译文】

戴良的女儿出嫁，嫁妆之中只有素色的衣服和竹做的箱子；孟光戴着荆条钗饰，穿着粗布衣裙，这是女性中最安于贫贱的。

任环的妻子柳氏揪光了丈夫侍妾的头发；贾充的妻子郭氏断绝了丈夫的子嗣，这是女性中最嫉妒的。

贾充的女儿私窃异香送给韩寿，北齐的公主致使祆庙被烧毁，这是女性中最淫荡的。

东施效颦，令人看了厌恶；无盐的貌丑，一经描绘更觉得难以入目，这是女性中最丑者的。

【原文】

自古贞淫各异，人生妍丑不齐①。

是故生菩萨、九子母、鸠盘荼，谓妇态之更变可畏②；钱树子、一点红、无廉耻，谓青楼之妓女殊名。

此固不列于人群，亦可附之以博笑③。

【注释】

①妍：美丽。

②生菩萨、九子母、鸠盘荼：相传唐代裴炎曾经说："妻子有三可怕，年轻时如活菩萨，中年儿子满前如九子母，老年面貌或青或黑如鸠盘荼。"生菩萨：即活菩萨。九子母：又名"暴恶母""欢喜母"。在中国民间将她当作送子娘娘供奉。相传生有五百儿女，日日捕捉城中小儿喂之。后经释迦劝化，令其顿悟前非，成为护法诸天之一。鸠盘荼：一种食人精气的鬼类，形如瓮状，因此此鬼又被称为"冬瓜鬼"，为南方增长天王所统领。

③博笑：博得别人一笑。

【译文】

自古以来女子的贞洁、淫乱不同，人一生下来就有美丽、丑陋的差别。

所以"生菩萨""九子母""鸠盘荼"这些词，是说女人一生的姿色变化可怕；而"钱树子""一点红""无廉耻"等词，则是对妓院里妓女的不同称呼。

这些女子本来不应该被列入人群，但是也可以附带着写在后面，以博得人们一笑。

外 戚

【题解】

这里的"外戚"一词，往往容易使人联想到外戚干政，争权夺利，致使朝纲混乱，民不聊生，甚至国家覆亡。其实，这是将"外戚"的概念局限在了专指帝王的母族和妻族这一范围内。其实在古代，女子出嫁后，称自己的娘家为"外家"，"外家"中的亲戚都属于"外戚"。本篇介绍了"外戚"之间的称谓、历史上为家族增光的几位"外戚"，以及有关姻亲的戚谊亲情。此部分内容可以与《夫妇》和《婚姻》等篇结合来读，以加深理解。

【原文】

帝女乃公侯主婚，故有公主之称①；帝婿非正驾之车，乃是驸马之职②。

郡主县君，皆宗女之谓③；仪宾国宾，皆宗婿之称④。

旧好曰通家⑤，好亲曰懿戚⑥。

冰清玉润，丈人女婿同荣⑦；泰水泰山，岳母岳父两号⑧。

新婿曰娇客⑨，贵婿曰乘龙⑩。

【注释】

①公侯：公爵与侯爵。泛指有爵位的贵族和官高位显的人。

②驸马：原是官名，管理副驾之车，东晋以后专指皇帝之婿。

③郡主：唐宋太子诸王之女称郡主。明清亲王之女称郡主。县君：

古代妇女封号。唐五品官妻子封县君,明清只有宗室女仍称县君。

④仪宾:宗室亲王、郡王之婿。国宾:指与天子同姓诸侯的女婿,取其作王府宾客的意思。

⑤旧好:旧交;老相好。通家:指彼此世代交谊深厚,如同一家。

⑥懿戚:指皇亲国戚。

⑦冰清玉润:像冰一样晶莹,如玉一般润泽。原指晋代乐广、卫玠(jiè)翁婿二人操行洁白。后常比喻人的品格高洁。

⑧泰山泰水:因泰山上有丈人峰,而泰水又依山而流,所以称岳父、岳母为泰山、泰水。

⑨娇客:对女婿的爱称。

⑩乘龙:春秋时代,秦穆公有个小女儿叫弄玉,与华山隐士萧史结成夫妻,隐居在华山的中峰之上。有一天,弄玉带着玉笙乘上彩凤,萧史带上玉箫跨上金龙,一时间龙凤双飞,双双升空而去。当时的人们便把萧史称为乘龙快婿。还有一说,东汉时,孙儁(jùn)与李膺(yīng)都娶了太尉桓焉的女儿为妻,因孙与李是当时英伟出众的人物,人们羡慕地说桓家二女都嫁得佳婿,有如乘龙。后用"乘龙佳婿"赞美女婿,也用做誉称别人的女婿。

【译文】

皇帝的女儿出嫁是由公侯主婚,所以皇帝的女儿称"公主";皇帝的女婿不能在中央驾车,所以称为"驸马"。

"郡主"和"县君",是对皇帝同宗女儿的称谓;"仪宾"和"国宾",是对皇帝同宗女婿的称谓。

世代交好叫"通家",皇室宗亲称"懿戚"。

"冰清玉润",是说丈人和女婿同享殊荣;"泰山""泰水",是称呼岳父、岳母。

新婚的女婿称作"娇客",称心的佳婿叫"乘龙"。

【原文】

赘婚曰馆甥，贤婿曰快婿①。

凡属东床，俱称半子②。

女子号门楣，唐贵妃有光于父母③；外甥称宅相，晋魏舒期报于母家④。

共叙旧姻，曰原有瓜葛之亲⑤；自谦劣戚，曰忝在霞荜之末⑥。

大乔小乔，皆姨夫之号⑦；连襟连袂，亦姨夫之称⑧。

蒹葭依玉树，自谦借戚属之光⑨；茑萝施乔松，自幸得依附之所⑩。

【注释】

①赘（zhuì）婿：俗称"招女婿"，指就婚于女家的男子。馆甥：指赘婿的住处或女婿家。快婿：称心如意的女婿。

②东床：晋代郗（xī）鉴让门生到王导家去求亲，王导让他到东厢遍观王家子弟，门生回去报告说："王家的子弟都不错，只是有一个人躺在东床上，露着肚子，吃着胡饼，像什么都没听见一样。"郗鉴说："这个人就是我的女婿。"再去一问，原来东边床上的那个人就是王羲之。后用东床代指女婿。半子：指女婿。

③门楣：门框上的横木，门面的意思。光：荣耀。

④宅相：住宅有好风水。晋代魏舒被外公宁氏抚养，人们称宁家住宅要出宝贵的外甥。期：希望。

⑤瓜葛：瓜藤。比喻辗转相连的亲戚关系。

⑥忝（tiǎn）：荣幸，自谦之词。霞荜：芦苇中的薄膜。代指亲戚。

⑦大乔小乔：三国时乔公的两个女儿，嫁孙策者称大乔，嫁周瑜者称小乔。

⑧连襟连袂：姊妹丈夫的互称或合称。

⑨蒹葭依玉树：三国时期，黄门侍郎夏侯玄一表人才，有玉人之称。他自视甚高，很有傲气。驸马都尉毛曾相貌丑陋，令人生厌，魏明帝叫他们坐在一起，夏侯玄感到耻辱，毛曾则喜形于色。时人称之为蒹葭依

玉树。后以"蒹葭依玉树"喻高攀,也用作借别人的光的客套话。

⑩茑萝施乔松:茑草与女萝依附于松树上。茑(niǎo)、萝:均为寄生草。

【译文】

入赘的女婿叫作"馆甥",有贤德的女婿叫"快婿"。

凡是女婿,都是半个儿子。

女子被称为"门楣",是因为杨贵妃使父母得到了荣耀;外甥称为"宅相",出自晋代魏舒期望以显贵来报答外公家。

共叙旧时姻亲,便说"原有瓜葛之亲";自谦是无所作为的亲戚,便说"忝在葭莩之末"。

"大乔""小乔",指代姐妹的丈夫;"连襟""连袂",是对姐妹丈夫的称呼。

"蒹葭依玉树",是自谦借了亲戚的荣光;"茑萝施乔松",是比喻自己有了可以依托的关系。

老幼寿诞

【题解】

中华民族自古就有尊老爱幼的传统,因此,人们对于出生礼和寿礼便格外重视。所谓出生礼,就是人生的开端礼。在中国古代社会,婴儿的降生预示着家族的继承和兴旺,是需要大肆庆祝一番的。所谓寿礼,是对老年人高寿的纪念和庆祝。这源于古人对生命的敬畏,认为年老之人面临着死亡,通过做寿则可以消灾祈福,延长寿命。本篇可分为两部分:第

一部分介绍了婴儿降生后的各种礼仪习俗，以及不凡之人降生时的各种祥瑞之兆；第二部分介绍了祝寿时的礼仪、敬语，对不同年纪的老人的尊称，以及大器晚成、功业卓著的老人。其中夹杂有神话传说，不可尽信为真。

【原文】

不凡之子，必异其生①；大德之人，必得其寿。

称人生日，曰初度之辰②；贺人逢旬，曰生申令旦③。

三朝洗儿，曰汤饼之会④；周岁试婴，曰晬盘之期⑤。

男生辰曰悬弧令旦⑥，女生辰曰设帨佳辰⑦。

贺人生子，曰嵩岳降神⑧；自谦生女，曰缓急非益⑨。

生子曰弄璋，生女曰弄瓦⑨。

【注释】

①异其生：出生时有异象。

②初度：指初生之时。

③逢旬：逢十的生日。生申：周代贤臣申伯的降生。令旦：好日子。

④三朝洗儿：婴儿出生第三天要洗身，并招待亲友吃汤饼。

⑤晬盘：孩子满一岁，举行抓周

仪式。晬（zuì）：婴儿满百日或一岁之称。

⑥悬弧：古时有一种风俗，生儿子时要在家门的左边悬挂一张弓。弧：木弓。

⑦设帨：生了女孩在门右挂一块佩巾。帨（shuì）：佩巾。

⑧嵩岳：嵩山。

⑨缓急非益：汉代淳于意有五个女儿，曾说"生女缓急非益"，意思是危急时没什么益处。

⑩弄璋、弄瓦：古代生儿子让他玩玉，生女儿让她玩纺锤，后为生男生女的代称。璋：玉的一种。瓦：纺锤。

【译文】

不同凡响的人，其出生时必有特异之处；具有最高品德的人，必定能享高寿。

称人生日，叫"初度之辰"；祝贺别人逢十的生日，叫"生申令旦"。

婴儿出生三日要举行"洗儿"仪式，称为"汤饼之会"；孩子周岁要举行"抓周"仪式，称作"晬盘之期"。

男孩出生时要在家门的左边悬挂一张弓，称"悬弧令旦"；女孩出生时要在家门的右边悬挂一块佩巾，称"设帨佳辰"。

祝贺他人生儿子，说是"嵩岳降神"；自谦说生了女儿，说是"缓急非益"。

生男孩叫"弄璋"，生女孩叫"弄瓦"。

【原文】

梦熊梦罴，男子之兆①；梦虺梦蛇，女子之祥②。

梦兰叶吉兆，郑燕姞生穆公之奇③；英物试啼声，晋温峤闻声知桓公之异④。

姜嫄生稷，履大人之迹而有娠⑤；简狄生契，吞玄鸟之卵而叶孕⑥。

鳞吐玉书，天生孔子之瑞⑦；玉燕投怀，梦孕张说之奇⑧。

弗陵太子，怀胎十四月而始生⑨；老子道君，在孕八十一年而始诞⑩。

【注释】

①熊、罴：古代认为熊、罴是属阳的动物，梦见此二物是生男孩的征兆。罴（pí）：熊的一种，也叫棕熊、马熊或人熊。

②虺、蛇：古代认为虺、蛇都是属阴的动物，梦见此二物是生女孩的征兆。虺（huǐ）：一种毒蛇，俗称土虺蛇。也泛指蛇类。

③梦兰叶吉：梦见兰花属吉祥之兆。古代郑文公的妾梦见天使送她兰花，后来果然生下郑穆公。叶（xié）：同"协"，契合。燕姞（jí）：春秋时人，郑文公的妾氏。

④英物：杰出的人物。晋代桓温一岁时，温峤（qiáo）听见他的哭声，就称赞他是奇才。

⑤姜嫄（yuán）：也作姜原，上古时代汉族神话传说中的人物，有邰氏，帝喾（kù）之妻，周朝祖先后稷的母亲。稷：即后稷。后稷是古代农业的发明者。传说姜嫄踩了巨人的脚印后生下后稷。履：踩。大人：巨人。迹：脚印。

⑥简狄：在上古时代汉族传说中商始祖契之母，帝喾的次妃。契：舜时的大臣。相传简狄吞下一枚玄鸟蛋而生下契。玄鸟：古代汉族神话传说中的神鸟。

⑦麟吐玉书：传说孔子出生前，有麒麟吐出玉书，书上说："水精之子，继衰周而为素王。"

⑧玉燕投怀：唐代张说的母亲梦见一只玉燕投入怀中，于是怀孕生下张说。张说（667—730年）：字道济，一字说之，河南洛阳人，唐朝政治家、文学家。

⑨弗陵太子：汉武帝的太子刘弗陵，怀了十四个月才生出来。

⑩老子（约公元前571—471年）：姓李名耳，字聃，一字或曰谥伯阳。华夏族，楚国苦县厉乡曲仁里人。我国古代伟大的哲学家和思想家、

道家学派创始人，被唐朝帝王追认为李姓始祖。传说他母亲怀孕八十一年，才从肋下生下他，一生下头发就是白的，所以叫老子。道君：道教的始祖。

【译文】

梦中见到熊和罴，都是生男孩的吉兆；梦见虺和蛇，都是生女儿的祥征。

梦见兰花预示吉祥，郑文公之妾燕姞曾有因梦兰而生穆公之奇事；杰出的人物都很奇特，温峤听见幼年桓温的哭声便知他将来必定非同寻常。

姜嫄生下后稷，她是踩着巨人的足迹而受孕；简狄生下契，她是吞食了玄鸟蛋而怀孕。

孔子诞生前，有麒麟吐出玉书，这是上天降下的祥瑞；张说之母梦见玉燕飞入怀中，由此受孕而生下张说。

弗陵太子，他的母亲汉武帝妃钩弋夫人怀胎十四个月才生下他；道教的始祖老子，其母亲怀孕八十一年才生下他。

【原文】

晚年得子，谓之老蚌生珠①；暮岁登科，正是龙头属老②。

贺男寿曰南极星辉，贺女寿曰中天婺焕③。

松柏节操，美其寿元之耐久④；桑榆晚景，自谦老景之无多⑤。

矍铄称人康健，聩眊自谦衰颓⑥。

黄发儿齿⑦，有寿之征；龙钟潦倒⑧，年高之状。

日月逾迈⑨，徒自伤悲；春秋几何⑩，问人寿算。

【注释】

①蚌：河蚌，生活在淡水里的一种软体动物。

②登科：考中状元。龙头：状元的别称。

③南极星辉：传说中南极星是主管长寿的神，所以又叫老人星长寿星。中天婺焕：天空中婺女星光彩耀人。多用于祝贺妇女寿诞。中天：

天空中间；婺（wù）：婺女星，二十八宿之一，指已出嫁的妇女。

④松柏节操：松树与柏树，枝繁叶茂，经冬不凋，被看作是坚贞的象征。寿元：先天的寿命；应该有的寿数。

⑤桑榆晚景：太阳余光照在桑树和榆树上的投影，比喻暮年。老景：老年的时光。

⑥矍铄（jué shuò）：精神健旺，形容老年人很有精神的样子。聩眊（kuì mào）：耳聋眼花。

⑦黄发儿齿：指老人头发变黄，长出小儿一样的牙齿。

⑧龙钟：身体衰老、行动不灵便的样子。潦倒：体弱多病的样子。

⑨日月逾迈：指时光流逝。

⑩春秋几何：年纪多少。春秋：指年龄。

【译文】

晚年才得儿子，称为"老蚌生珠"，头发苍白了才考中进士，称作"龙头属老"。

祝贺男子之寿，说"南极星辉"；祝贺女子之寿，说"中天婺焕"。

"松柏节操",是赞颂别人长寿健康;"桑榆晚景",是自谦年老来日无多。

"矍铄"是称赞老者健康,"聩眊"是自叹精力衰颓。

头发由白变黄,牙齿掉而复长,是长寿的象征;行动不灵活,体弱多病,是年高体弱的情状。

"日月逾迈",是说时光流逝令人感叹伤悲;"春秋几何",是请问别人年龄的说法。

【原文】

称少年曰春秋鼎盛[1],羡高年曰齿德俱尊[2]。

行年五十,当知四十九年之非;在世百年,哪有三万六千日之乐?

百岁曰上寿,八十曰中寿,六十曰下寿;八十曰耋,九十曰耄,百岁曰期颐[3]。

童子十岁就外傅,十三舞勺,成童舞象[4];老者六十杖[5]于乡,七十杖于国,八十杖于朝。

后生[6]固为可畏,而高年[7]尤是当尊。

【注释】

[1]春秋鼎盛:指年富力强的时候。

[2]齿德俱尊:年龄和品德都高。

[3]耋(dié):七八十岁的年纪。耄(mào):大约70—90岁之间的年纪。期颐:意思是人生以百年为期,所以称百岁为"期颐之年"。颐:保养。

[4]就外傅:到外面求学。外傅:古代贵族子弟至一定年龄,出外就学,所从之师称外傅。与内傅(相当于家庭教师)相对。舞勺:谓古代儿童学文舞。多指13—15岁的男孩,代指幼儿。舞象:原本是古武舞名,后指男孩15—20岁,是成童的代名词。

[5]杖:拄拐杖。此处指德高望重,受人尊重。

⑥后生：青年人。

⑦高年：年事已高的人。

【译文】

称赞别人年轻说"春秋鼎盛"，羡慕别人年高说"齿德俱尊"。

活到了五十岁，应当知道前四十九年的过失；人活百年，哪有三万六千天都是快乐如意的？

人活一百岁为"上寿"，八十岁是"中寿"，六十岁是"下寿"；人活到八十岁叫作"耋"，九十岁叫作"耄"，一百岁称为"期颐"。

儿童年满十岁就外出拜师求学，十三岁时学习文舞，十五岁以上练习武舞；老人六十岁在乡里就会受敬重，七十岁在城邑里会受到敬重，八十岁时在朝廷里可受敬重。

年轻人固然值得敬畏，而老年人更应该受到尊敬。

身　体

【题解】

本篇讲述了与人的身体相关的传说、词汇、成语及典故，目的是让幼儿在认识身体各部分的同时，加强自身人格的塑造。在科技不发达的古代社会，人类对自身身体各个部位的功能的感知，很大程度上是通过视觉、听觉、嗅觉、味觉、触觉来感觉来实现的。在认识的过程中，为了更加形象、直观地表达，人们很自然地用自己所熟悉的事物作比喻。需要指出的是，古代人常认为一些异于常人的体态相貌是上天赋予的圣人、奇人之相，有许多在现在看来无非是身体发育的异常甚至是畸形，不可对之迷信。

【原文】

百体①皆血肉之躯，五官有贵贱之别。

尧眉分八彩，舜目有重瞳②。

耳有三漏③，大禹之奇形；臂有四肘④，成汤之异体。

文王龙颜而虎眉，汉高斗胸而隆准⑤。

孔圣之顶若圩⑥，文王之胸四乳。

周公反握⑦，作兴周之相；重耳骈胁⑧，为霸晋之君。

此皆古圣之英姿，不凡之贵品。

【注释】

①百体：指人体的各个部位。

②重瞳：眼中有两颗瞳仁。其实就是现在的白内障。

③三漏：三个耳孔。

④四肘：四个肘关节。

⑤龙颜：眉骨凸起。常用来形容帝王的相貌。斗胸：胸膛像斗一样。斗（dǒu）：盛粮食的器具。隆准：高鼻梁。

⑥圩（wéi）：本指洼田四周的堤埂，这里指人的头顶中间低四周高。

⑦反握：手掌可以握住连接的手腕。

⑧重耳：即晋文公（公元前671年或公元前697—前628年），姬姓，名重耳，是中国春秋时期晋国的第二十二任君主。晋文公文治武功卓著，是春秋五霸中第二位霸主。骈（pián）胁：肋骨连接在一起。

【译文】

身体的各种器官都是由血肉组成的，但从人的五官上却可以看出贵贱之别。

相传尧的眉毛分为八种颜色，舜的眼中有两颗瞳仁。

耳朵上有三个耳孔，这是大禹奇特的外貌；胳膊有四个关节，这是成汤与众不同的肢体。

周文王有像龙一样的额头和虎一样的眉毛，汉高祖有像斗一样的胸膛和高高的鼻梁。

孔子的头顶像"圩"一样呈凹形，周文王的胸部有四个乳头。

周公的手可以反掌握住手腕，后来成为振兴周的国相；重耳的肋骨连接在一起，最后成为霸主晋国的君主。

这些都是古代圣贤的英雄体态，超凡脱俗的高贵人物。

【原文】

至若发肤不可毁伤，曾子常以守身为大[1]；待人须当量大，师德贵于唾面自干[2]。

谗口中伤，金可铄而骨可销[3]；虐政诛求[4]，敲其肤而吸其髓。

受人牵制曰掣肘，不知羞愧曰厚颜。

好生议论，曰摇唇鼓舌[5]；共话衷肠，曰促膝谈心。

怒发冲冠，蔺相如之英气勃勃；炙手可热，唐崔铉之贵势炎炎[6]。

【注释】

①守身为大：以爱护自己的身体为大事。

②师德：娄师德（630—699年），字宗仁，郑州原武（今河南原阳）人，唐朝宰相、名将。唾面自干：别人往自己脸上吐唾沫，不擦掉而让它自干。形容受了侮辱，极度容忍，不加反抗。娄师德的才能得到武则天的赏识，招来很多人的嫉妒，所以在弟弟外放做官的时候，他对弟弟说："我现在得到陛下的赏识，已经有很多人在陛下面前诋毁我了，所以你这次在外做官一定要事事忍让。"他弟弟就说："就算别人把唾沫吐在我的脸上，我自己擦掉就可以了。"娄师德说："这样还不行，你擦掉就是违背别人的意愿，要能让别

人消除怒气，你就应该让唾沫在脸上自己干掉。"

③谗口铄金：谗言足以熔化金石。极言谗言毁贤害能之厉害。

④诛求：苛求。敲肤吸髓：即敲骨吸髓，敲碎骨头来吸骨髓。比喻剥削压迫极其残酷。

⑤摇唇鼓舌：形容耍弄嘴皮进行挑拨煽动，泛指卖弄口才。

⑥炙手可热：手一挨近就感觉热，比喻气焰很盛，权势很大。崔铉：字台硕，博州（今山东聊城）人，唐朝宰相，义成军节度使崔元略之子。炎炎：威势煊赫。

【译文】

至于连身体上的头发、皮肤都不能毁伤，所以曾子常常把爱惜身体当作一件大事；待人接物要有气度，所以唐代的娄师德提倡忍辱，就算有人吐口水在他的脸上，也不去擦拭它，而让它自然干掉。

中伤别人的谗言可以使金石熔化，也可以使骨肉毁灭；暴虐的政治残害百姓，如同敲剥人的肌肤、吸吮人的骨髓一样的痛苦。

做事被别人牵制叫作"掣肘"，不知羞愧叫作"厚颜"。

喜欢议论别人，叫作"摇唇鼓舌"；一起倾诉感情，叫作"促膝谈心"。

"怒发冲冠"，是形容蔺相如斥责秦王不守信用时的英勇气概；"炙手可热"，是人们形容唐代崔铉贵为宰相时的咄咄权势。

【原文】

貌虽瘦而天下肥，唐玄宗之自谓①；口有蜜而腹有剑，李林甫之为人②。

赵子龙一身都是胆③，周灵王初生便有须④。

来俊臣注醋于囚鼻，法外行凶⑤；严子陵加足于帝腹，忘其尊贵⑥。

久不屈兹膝，郭子仪尊居宰相⑦；不为米折腰，陶渊明不拜吏胥⑧。

【注释】

①貌虽瘦而天下肥：唐玄宗任用韩休做皇帝近侍、同平章事。韩休为人严峻刚直，持守正道，不阿谀奉承。唐玄宗每有差错，韩休劝谏的文书就递上来了。唐玄宗常常对着镜子默不作声，左右的人说："韩休担任宰相以后，陛下的容貌和以前相比清瘦多了，为什么不罢免他？"唐玄宗叹息说："我的容貌虽然清瘦，天下一定丰饶了许多。韩休经常据理力争，辞别以后，我睡得很安稳。我任用韩休是为了国家，不是为我自己啊。"

②李林甫（683—753年）：小字哥奴，祖籍陇西，唐朝宗室、宰相。口蜜腹剑：嘴上说得很甜，肚子里却怀着害人的坏主意。形容人阴险。

③赵子龙：即赵云。赵云曾为救刘备夫人甘氏和刘备儿子刘禅，率几十人在曹操百万大军中横冲直撞，刘备赞之曰："子龙一身都是胆也！"

④周灵王（？—前545年）：姓姬，名泄心，周简王之子，东周第十一代国王，在位27年。传说他出生时就长有胡子。

⑤来俊臣（651—697年）：雍州万年人，武则天时的酷吏，惯用各种酷刑逼人招供。

⑥严子陵：即严光，字子陵，少时与刘秀是非常要好的朋友。刘秀当上皇帝后，严子陵因讨厌做官，隐居于山间。一次刘秀召严子陵入朝叙旧，彻夜长谈，共卧一榻，严子陵酣睡中将脚伸到刘秀的肚子上。第二天太史上奏说："客星犯御座甚急！"刘秀笑曰："朕故人严子陵共卧耳！"

⑦兹：此，这。郭子仪（697—781年）：华州郑县（今陕西华县）人，祖籍山西太原，唐代政治家、军事家。郭子仪在平定安史之乱中居功至伟，后官至宰相，享有崇高的威望和声誉，世人谓之"权倾天下而朝不忌，功盖一代而主不疑"。魏博节度使田承嗣曾向他下拜说："我的膝盖已有十年没弯曲了，今天是为宰相您才下拜。"

⑧陶渊明（352年或365—427年）：字元亮，又名潜，私谥"靖节"，世称靖节先生。浔阳柴桑人。东晋末至南朝宋初期伟大的诗人、辞

赋家。陶渊明曾为彭泽县令，郡里官员要来，按礼仪他须穿戴整齐行叩头拜见礼，陶渊明为人刚直，说："我岂能为了五斗米的官俸而折腰？"于是弃官回家，并且为此作了一篇《归去来辞》。吏胥（xū）：地方官府中掌管簿书案牍的小吏。

【译文】

自己的容貌虽然瘦了，却让天下百姓得到了利益，这是唐玄宗形容自己的话；口中说着甜蜜的话，肚子里却拔剑相向，这是人们形容奸相李林甫的为人。

刘备称赞赵子龙一身都是胆，周灵王刚出生时就长有胡须。

来俊臣把醋灌到囚犯的鼻子里，这是违法行凶的行为；严子陵睡梦中把脚伸到光武帝刘秀的肚子上，忘记了皇帝的尊贵。

田承嗣很少向别人下拜，却向贵为宰相的郭子仪屈膝跪拜；陶渊明不愿为五斗米的俸禄而向小吏屈膝，于是辞官归隐。

【原文】

断送老头皮，杨璞得妻送之诗①；新剥鸡头肉，明皇爱贵妃之乳②。

纤指如春笋，媚眼若秋波。

肩曰玉楼，眼名银海；泪曰玉箸，顶曰珠庭。

歇担曰息肩，不服曰强项③。

丁谓与人拂须，何其谄也④；彭乐截肠决战，不亦勇乎⑤。

剜肉医疮，权济目前之急⑥；伤胸扪足，计安众士之心⑦。

【注释】

①断送老头皮：指送命。杨璞：字契玄，郑州新郑人。北宋隐士。曾应宋真宗之召到京城，他不愿为官，在回答宋真宗问话时，诡称临行时其妻赠给他诗说："更休落魄耽杯酒，且莫猖狂爱咏诗。今日捉将官里去，这回断送老头皮。"宋真宗听后大笑，于是放他归隐。

②鸡头肉：即新鲜芡实，果实呈小圆球形，上尖端突起，形如鸡头。

喻指女性乳房。相传杨贵妃有次出浴后对镜梳妆，衣衫滑落，微露一乳，明皇扪弄曰："软温新剥鸡头肉。"安禄山在旁对曰："滑腻初凝塞上酥。"明皇笑曰："信是胡儿只识酥。"

③强项：强硬的脖子。刚正不为威武所屈。

④丁谓（966—1037年）：字谓之，后更字公言，长洲（今江苏吴县）人。他狡黠过人，善于揣摩人意。寇准任宰相时，他任参知政事，即副宰相。丁谓对寇准毕恭毕敬。一次吃饭时，有汤落在寇准的胡须上，丁谓起而为之揩拂，寇准笑曰："参政，国之大臣，乃为长官拂须耶？"说得丁谓既羞又恼，对寇准心生怨恨。诣：奉承巴结。

⑤彭乐：南北朝时著名将领，曾率东魏军与宇文泰的西魏军交战，被敌刺伤，肠子流出，他将肠子截断，继续冲战。

⑥剜肉医疮：比喻只顾眼前，用有害的方法来救急。

⑦伤胸扪足：楚汉战争时，刘邦与项羽在阵前对骂，项羽用箭射中刘邦胸部。刘邦为安定军心，捂住脚说："敌人射中了我的脚趾。"扪（mén）：

摸，捂。

【译文】

"断送老头皮"，这是宋代杨璞的妻子送给他的诗句；"新剥鸡头肉"，这是唐明皇形容杨贵妃乳房的用语。

女人的手指纤细，就像春天的竹笋一样；眼神妩媚，就像秋天的水波一样。

肩膀又称"玉楼"，眼睛又名"银海"；眼泪叫作"玉箸"，天庭名为"珠庭"。

把担子放下休息叫作"息肩"，不肯屈服于人叫作"强项"。

丁谓替寇准拂拭胡须上沾的汤，这是何其谄媚啊！彭乐把受伤露在外面的肠子截断继续与敌决战，这是何等英勇啊！

"剜肉医疮"，只能暂时缓解目前的窘境；"伤胸扪足"，这是刘邦使将士安心的计谋。

【原文】

汉张良蹑足附耳①，东方朔洗髓伐毛②。

尹继伦，契丹称为黑面大王③；傅尧俞，宋后称为金玉君子④。

土木形骸，不自妆饰；铁石心肠，秉性坚刚。

叙会晤曰得挹芝眉⑤，叙契阔曰久违颜范⑥。

请女客曰奉迓金莲⑦，邀亲友曰敢攀玉趾。

侏儒谓人身矮，魁梧称人貌奇。

龙章凤姿，廊庙之彦⑧；獐头鼠目，草野之夫⑨。

【注释】

①蹑足附耳：踩人足以示意，附耳说悄悄话。比喻暗中提醒。韩信平定齐国后，写信给刘邦，想要为齐代王，此时刘邦正被项羽围困，见信大怒，欲斥责使者，张良暗中踩了刘邦的脚，并在他耳边陈述利害，刘邦听从张良建议，直接封韩信为齐王。

②洗髓伐毛：清洗骨髓，削除毛发。比喻彻底涤除自身的污秽，有脱胎换骨的意思。相传东方朔曾遇见一位黄眉翁，黄眉翁称自己已有九千岁，每三千年洗一次骨髓，每两千年剥皮去一次毛。

③尹继伦：北宋大将，多次打败契丹人。因其面黑，契丹人称他为"黑面大王"。

④傅尧俞：北宋大臣，清直无私，直言朝政，人称金玉君子。

⑤挹（yì）芝眉：唐代隐士元德秀，字紫芝，风度飘逸。房琯（guǎn）曾赞赏说："见紫芝眉宇，使人名利之心都尽。"

⑥契阔：久别。颜范：赞美别人面容可以做人的模范。

⑦奉迓（yà）：迎接。金莲：古时称女子裹的小脚。

⑧龙章凤姿：蛟龙的文采，凤凰的姿容。比喻风采出众。章：文采。廊庙：朝廷。彦：有才学的人。

⑨獐头鼠目：脑袋像獐子那样又小又尖，眼睛像老鼠那样又小又圆。形容人相貌丑陋，神情狡猾。草野：形容粗俗鄙陋。

【译文】

汉代的张良曾经偷偷踩刘邦的脚，附耳为刘邦献计献策；东方朔曾经遇到的奇人黄眉翁，可以每三千年洗一次骨髓，每两千年剥皮去一次毛。

北宋大将尹继伦多次打败契丹人，契丹人称他为"黑面大王"；北宋大臣傅尧俞敢于直抨朝政，后人称他为"金玉君子"。

"土木形骸"，是形容人不刻意妆饰自己；"铁石心肠"，是形容人的性格坚毅刚强。

见面会谈叫作"得挹芝眉"，久别叙谈叫作"久违颜范"。

邀请女性宾客叫作"奉迓金莲"，邀请亲朋好友叫作"敢攀玉趾"。

"侏儒"是指人的身材矮小，"魁梧"是说人的相貌奇特。

"龙章凤姿"，是形容是朝廷中的杰出君子；"獐头鼠目"，是形容田野中的无用小人。

【原文】

恐惧过甚，曰畏首畏尾；感佩①不忘，曰刻骨铭心。

貌丑曰不扬，貌美曰冠玉。

足跛曰蹒跚②，耳聋曰重听。

欺欺艾艾，口讷之称③；喋喋便便，言多之状。

可嘉者小心翼翼，可鄙者大言不惭。

腰细曰柳腰，身小曰鸡肋。

笑人齿缺，曰狗窦④大开；讥人不决，曰鼠首偾事⑤。

口中雌黄，言事而多改移⑥；皮里春秋，胸中自有褒贬⑦。

【注释】

①感佩：感叹佩服；感激而钦佩。

②蹒跚（pán shān）：腿脚不灵便，走路缓慢、摇摆的样子。

③欺欺艾（ài）艾：形容口吃的人吐词重复，说话不流利。讷（nè）：不善于讲话；说话迟钝。

④狗窦：即狗洞。戏称齿缺状。

⑤鼠首偾事：坏了事情。比喻人办事没决断，就像胆小的老鼠，在出洞时头在洞口伸伸缩缩一样。败事，把事情搞砸。偾（fèn）：毁坏；败坏。

⑥口中雌黄：随口更改说得不恰当的话。形容言语前后矛盾，没有一定见解。雌黄：即鸡冠石，黄赤色，过去写字用黄纸，写错了就用雌黄涂抹后重写。

⑦皮里春秋：指藏在心里不说出来的言论。孔子编《春秋》，对历史人物和事件往往寓有褒贬而不直言，这种写法称为"春秋笔法"。晋代名士褚裒（póu），外表不露好恶，不肯随便表示赞成或反对，心中却存有褒贬，桓彝说他"有皮里春秋"。因晋简文帝之母名春，为了避讳，改"春"为"阳"，因此又叫"皮里阳秋"。

【译文】

过度的恐惧，叫作"畏首畏尾"；感恩不忘，叫作"刻骨铭心"。

相貌丑陋，叫作"不扬"；相貌俊美，叫作"冠玉"。

走路一瘸一拐，叫作"蹒跚"；耳聋之人，叫作"重听"。

"期期艾艾"，是形容不善言辞的样子，"喋喋便便"，是形容善于言辞的样子。

令人称赞的，是做事小心翼翼的人；令人鄙视的，是说话大言不惭的人。

形容腰肢纤细，叫作"柳腰"；形容身材瘦小，叫作"鸡肋"。

嘲笑别人缺少牙齿，称"狗窦大开"；讥讽别人犹犹豫豫，称"鼠首偾事"。

"口中雌黄"，是形容人口中说的事情经常改变；"皮里春秋"，是指人嘴上不说，但心里却有明确的褒贬。

【原文】

唇亡齿寒，谓彼此之失依；足上首下，谓尊卑之颠倒。

所为得意，曰吐气扬眉；待人诚心，曰推心置腹。

心荒曰灵台乱[①]，醉倒曰玉山颓[②]。

睡曰黑甜，卧曰偃息。

口尚乳臭[③]，谓世人年少无知；三折其肱，谓医士老成谙练[④]。

西子捧心，愈见增妍⑤；丑妇效颦，弄巧反拙。

慧眼始知道骨⑥，肉眼不识贤人。

【注释】

①灵台：心，心灵。

②玉山：形容人的品德仪容美好。晋代山涛称赞嵇（jī）康说，平时好像高峻独立的青松，喝醉了酒的时候，就像玉山摇摇欲倒的样子。

③乳臭：奶腥气。谓年幼。比喻人年少无知。

④肱（gōng）：胳膊由肘到肩的部分。谙（ān）练：熟习；熟练。

⑤西子：西施。妍：美丽。

⑥道骨：修道者的气质。

【译文】

"唇亡齿寒"，是形容两者相互失去依靠；"足上首下"，是形容颠倒了上下尊卑的次序。

所作所为非常得意顺心，叫作"吐气扬眉"；诚心诚意地对待别人，叫作"推心置腹"。

心里发慌，叫作"灵台乱"；喝酒醉倒，叫作"玉山颓"。

酣睡称作"黑甜"，躺下休息称作"息偃"。

"口尚乳臭"，是形容人年少无知；"三折其肱"，是形容医师经验老到。

西施捧心皱眉，越发增加了几分柔弱之美；东施仿效西施皱起眉头，反而弄巧成拙，显得更加难看了。

具有慧眼的人，才能分辨出得道的仙人；只有肉眼凡胎的人，自然分辨不出贤良之士。

【原文】

婢膝奴颜①，谄容可厌；胁肩谄笑②，媚态难堪。

忠臣披肝③，为君之药；妇人长舌，为厉之阶④。

事遂心曰如愿，事可愧曰汗颜。

人多言曰饶舌，物堪食曰可口。

泽及枯骨，西伯之深仁⑤；灼艾分痛，宋祖之友爱⑥。

唐太宗为臣疗病，亲剪其须⑦；颜杲卿骂贼不辍，贼断其舌⑧。

【注释】

①婢（bì）膝奴颜：即奴颜婢膝，形容谄媚讨好、卑躬屈膝的奴才相。

②胁肩谄笑：耸起肩膀，装出笑脸。形容极端谄媚的样子。

③披肝：即披肝沥胆。露出肝脏，滴出胆汁。比喻真心待人，倾吐心里话。也形容臣子非常忠诚。

④为厉之阶：成为祸害的阶梯。厉：祸。

⑤泽：恩惠。西伯：即周文王。传说周文王令人凿池沼时发现枯骨，他就让人把枯骨好好安葬。深仁：仁爱深厚。

⑥灼艾分痛：灼艾是古时一种治病的方法，就是用燃烧的艾草在人体的穴位上熨、灼，使热量通过穴位进入经络，达到疏通经络、祛寒疗疾、养身保健的作用。相传宋太祖赵匡胤与弟赵匡义友好，一次赵匡义病重，太祖去看他，亲自替他灼艾。赵匡义感到疼痛，于是太祖也取艾自灼，希望为他分痛。比喻兄弟友爱。

⑦亲剪其须：唐朝大将李勣（jī）病重，大夫说需要龙须入药，唐太宗就剪下自己的胡子给他熬药。比喻体恤下属。

⑧颜杲（gǎo）卿：唐代人，与我国著名书法家颜真卿是堂兄弟，官至常山太守。安史之乱中，镇守常山，拒不投敌，被俘后怒骂安禄山不绝口，被割断舌头，喷血而死。

【译文】

"婢膝奴颜"，谄媚的样子让人厌恶；"胁肩谄笑"，谄媚的姿态让人难以忍受。

忠臣披肝沥胆，是帝王治世的良药；妇人搬弄是非，是招致为祸的阶梯。

事情符合自己的心意叫作"如愿",做事情有愧于心叫作"汗颜"。

人说的话多了叫作"饶舌",食物合乎口味叫作"可口"。

"泽及枯骨",可见周文王宅心仁厚;"灼艾分痛",可见宋太祖对弟弟的友爱。

唐太宗为给大臣李勣治病,亲自剪下自己的胡须入药;颜杲卿被安禄山俘虏之后骂不绝口,反贼就割断了他的舌头。

【原文】

不较横逆,曰置之度外①;洞悉虏情,曰已入掌中。

马良②有白眉,独出乎众;阮籍作青眼,厚待乎人③。

咬牙封雍齿,计安众将之心④;含泪斩丁公,法正叛臣之罪⑤。

掷果盈车,潘安仁美姿可爱⑥;投石满载,张孟阳丑态堪憎⑦。

【注释】

①横逆:横流逆行,谓突破常规,指耍赖皮或无理取闹之人。

②马良(187—222年):字季常,襄阳宜城(今湖北宜城南)人,马谡之兄,三国时期蜀汉官员。马良眉中有白毛,故人称白眉马良。他们兄弟五人都有才名,而以马良为最高。乡谚曰:"马氏五常,白眉最良。"

③阮籍(210—263年):字嗣宗。陈留(今属河南)尉氏人。三国时期魏诗人,竹林七贤之一。青眼:青白眼,黑色的眼珠在眼眶中间。也表示对人的喜爱或重视、尊重。阮籍能为青白眼,遇喜欢或尊敬的人用青眼,即眼睛正视,眼珠在中间;遇讨厌或轻视的人用白眼,即眼珠向上或向旁边看。阮籍母亲去世,有礼俗之士来吊唁,他就以白眼对之。嵇康闻之,乃带酒挟琴来造访,阮籍大悦,乃见青眼。

④咬牙封雍齿:雍齿是刘邦的老乡,曾随刘邦起事,不服刘邦,几次反叛,最终归顺刘邦。汉初封侯时,众将争执不下,人心惶惶,刘邦

就采纳张良的建议,把他最痛恨的雍齿封为侯,才使众将安心。

⑤丁公:名固,秦朝末年薛县人,西汉大将季布的同母异父的弟弟,项羽帐下大将。丁公曾有机会斩杀刘邦,但听了刘邦劝说之辞,放他而去。项羽兵败后,丁公投奔刘邦,刘邦以他不忠于项羽之名将他斩首。

⑥掷果盈车:晋代潘安仁貌美,每次出车,妇人爱慕他,都向他扔水果,装满了车。潘安仁(247—300年):即潘岳,字安仁。巩县(今河南巩义)人,祖籍河南中牟县大潘庄。西晋著名文学家。

⑦投石满载:张孟阳奇丑,每次出门,妇人就往他车上扔石头。张孟阳:即张载,安平(今河北安平)人。生卒年不详。与其弟张协、张亢,都以文学著称,时称"三张"。

【译文】

不去计较强横无理的事,叫作"置之度外";清楚地了解了敌人的情况,叫作"已入掌中"。

马良眉中有白毛,在他的五个兄弟中才华最高;如果阮籍用青眼看人,就表明来者是他尊重的客人。

刘邦咬牙封雍齿为侯,这是为了让众将安心的计谋;刘邦含泪斩杀救过自己的丁公,这是依法惩治叛臣。

"掷果盈车"，形容潘安仁容貌俊美；"投石满载"，形容张孟阳容貌奇丑。

【原文】

事之可怪，妇人生须；事所骇闻，男人诞子。

求物济用，谓燃眉之急；悔事无成，曰噬脐何及①。

情不相关，如秦越人之视肥瘠②；事当探本，如善医者只论精神③。

无功食禄，谓之尸位素餐④；谫劣无能，谓之行尸走肉⑤。

老当益壮，宁知白首之心⑥？穷且益坚，不坠青云之志⑦。

一息尚存，此志不容少懈；十手所指，此心安可自欺⑧？

【注释】

①噬脐何及：像咬自己肚脐似的，够不着。比喻后悔也来不及。

②秦越人之视肥瘠：秦国和越国相隔很远，彼此毫无关系，所以两国的人对对方的肥瘦漠不关心。

③探本：追究本源。精神：精气与元神。

④尸位素餐：比喻空占着职位而不做事，白吃饭。尸：古代祭礼中代表神像端坐不用做任何动作的人。尸位：比喻一个有职位而不做任何工作的人。素餐：指白吃饭。

⑤谫（jiǎn）劣：浅薄低劣。行尸走肉：只有人的形体，不具备人最基本的感觉。比喻没有生活理想、糊里糊涂过日子的人。

⑥白首之心：指老年时的壮志。

⑦青云之志：指远大的志向。

⑧十手所指：被很多人的手指所指点。比喻个人的言论和行动总是在众人的监督之下，不允许做坏事，做了也不可能隐瞒。

【译文】

最奇怪的事情，莫过于妇女长出胡须；最骇人听闻的事情，莫过于男人生出孩子。

寻找应急用的东西，叫作解"燃眉之急"；后悔做事情没有成功，叫作"噬脐何及"。

形容两件事情毫不相关,就像越国人对秦国人的土地肥瘠毫不关心一样;事情应该探本究源,就像有经验的医生探究精气元神一样。

没什么功劳却吃着国家的俸禄,就叫作"尸位素餐";浅薄无能的人,就称为"行尸走肉"。

"老当益壮",难道不知道白首之人的心志吗?"穷且益坚",不能丧失青云直上的豪情壮志。

只要还有一口气,立下的志愿就不应松懈;一个人的言论和行动总处于众人的监督之下,岂能自欺欺人?

衣　服

【题解】

本篇中所讲的"衣服"是衣冠服饰的简称,不仅包括上衣、裤子、裙子等,还包括帽子及相关的装饰品。在古代,衣服不仅仅用于御寒、遮羞和装饰,还是区别贵贱等级的一种标志。不同身份地位的人的衣装服饰都有着严格的规定,违反者就要受到惩罚。本篇介绍了服饰的等级规定,各类服饰的称谓,以及相关的典故传说,反映了古代社会人与人之间的不平等,也赞扬了那些穷困不失其志的人。

【原文】

冠称元服,衣曰身章[①]。

曰弁曰冔曰冕,皆冠之号[②];曰履曰舄曰屣,悉鞋之名[③]。

上公命服有九锡④，士人初冠有三加⑤。

簪缨⑥缙绅，仕宦之称；章甫缝掖⑦，儒者之服。

布衣即白丁之谓⑧，青衿乃生员之称⑨。

【注释】

①元：头，首。章：纹饰，标志。

②弁（biàn）：古时的一种官帽，通常配礼服用。赤黑色布做的叫爵弁，是文冠；白鹿皮做的叫皮弁，是武冠。后泛指帽子。冔（xú）：商代的冠名。冕：古代帝王、诸侯及卿大夫所戴的礼帽。

③履：本义为行走，后用来指鞋子。舄（xì）：古时最尊贵的鞋，多为帝王大臣所穿。屣（xǐ）：一般的鞋子。

④上公：周代官爵分为九个等级，称九命。三公（太师、太傅、太保）的等级是八命，被加封为诸侯时加一命，称为上公。九锡：君王赐的九种物品，是最高礼遇的表示。

⑤初冠：古代男子年届二十岁，始行冠礼。三加：士人行冠礼先行戴缁布冠，再戴皮弁，最后戴爵弁，称为三加。

⑥簪缨：指世代做官的人家。簪：簪子，古人用来插定发髻或连冠于发的一种长针。缨：系在脖子上的帽带。缙绅：同"搢绅"，官宦的代称。

⑦章甫缝掖：孔子穿戴过章甫冠和缝掖衣，因此用章甫缝掖来指代儒生。章甫：古代冠名。缝掖：一种衣服。

⑧布衣：平民百姓所穿的最普通的廉价衣服。借指平民。白丁：原指平民百姓，也指没学问的人。

⑨青衿（jīn）：青色交领的深衣。古指读书人。生员：经本省各级考试入府、州、县学者，通名生员，习称秀才，亦称诸生。

【译文】

帽子称为"元服"；衣服称为"身章"。

弁、冔、冕，都是帽子的名称；履、舄、屣，都是鞋子的名称。

三公以上的命服有九等，皆君主所赐，叫作"九锡"；士人成年行冠礼，要换三次帽子，称为"三加"。

"簪缨""缙绅"，都是代称官员；"章甫""缝掖"，皆为读书人所戴的帽子和所穿的衣服。

"布衣"是对平民百姓的称呼，"青衿"是对诸生、秀才的称呼。

【原文】

葛屦履霜，诮俭啬之过甚①；绿衣黄里，讥贵贱之失伦②。

上服曰衣，下服曰裳；衣前曰襟，衣后曰裾。

敝衣曰褴褛，美服曰华裾。

襁褓③乃小儿之衣，弁髦④亦小儿之饰。

左衽⑤是夷狄之服，短后⑥是武夫之衣。

尊卑失序，如冠履倒置；富贵不归，如锦衣夜行。

狐裘三十年，俭称晏子；锦幛四十里，富羡石崇⑦。

【注释】

①葛屦履霜：穿着夏天的草鞋在霜雪上行走。比喻过分节俭吝啬。葛屦（jù）：草鞋。诮（qiào）：讥讽。

②绿衣黄里：古时以黄色为正色，绿为闲色。把低贱的绿色穿在外面，把高贵的黄色穿在里面。喻尊卑反置，贵贱颠倒。失伦：失去应有的条理次序。

③襁褓（qiǎng bǎo）：包裹婴儿的被子。

④弁髦：弁，黑色布帽；髦：童子眉际垂发。古代男子行冠礼，先加缁布冠，次加皮弁，后加爵弁，三加后，即弃缁布冠不用，并剃去垂髦，理发为髻。因以"弁髦"喻弃置无用之物。

⑤左衽（rèn）：衣襟开在左边。

⑥短后：后幅较短的上衣，便于行动。

⑦富羡石崇：晋代富豪石崇与王恺斗富，点燃蜡烛当柴烧饭。王恺

为遮蔽风尘,在大路上用绫罗作四十里步障,石崇则以五十里与之相抗。

【译文】

"葛屦履霜",是讥讽人俭朴吝啬得太过分了;"绿衣黄里",是讽刺人贵贱伦常颠倒了顺序。

上身的服装叫作"衣",下身的服装叫作"裳";衣的前幅称作"襟",后幅称作"裾"。

破旧的衣服称作"褴褛",华丽的衣服称作"华裾"。

"襁褓"是婴儿的服装,"弁髦"是孩童的帽子。

衣襟开在左边的是夷人的衣服,后幅短的上衣是武夫穿的衣服。

凡是不讲尊卑次序的人,好比"冠履倒置";发财显贵的人不回到家乡去,好比"锦衣夜行"。

一件狐皮袍穿了三十年,晏子的俭朴为人称道;王恺搭起四十里长的锦幛,石崇的豪富让人羡慕。

【原文】

孟尝君珠履三千客[1],牛僧孺金钗十二行[2]。

千金之裘,非一狐之腋;绮罗之辈,非养蚕之人。

贵者重裀叠褥[3],贫者裋褐[4]不完。

卜子夏甚贫,鹑衣百结[5];公孙弘甚俭,布被十年[6]。

南州冠冕,德操称庞统之迈众[7];三河领袖,崔浩羡裴骏之超群[8]。

【注释】

[1]孟尝君:名田文,战国时齐国宗室大臣,战国四公子之一,曾养食客数千人。珠履三千客:形容贵宾众多且豪华奢侈。珠履:鞋上以珠为装饰,富贵之人用之。

[2]牛僧孺(779—847年):字思黯,安定鹑觚(今甘肃灵台)人。唐穆宗、唐文宗时宰相。金钗十二行:指妻妾众多。

[3]重裀(yīn)叠褥:坐垫和褥子重重叠叠。

④裋褐（hè）：粗布衣服。

⑤卜子夏：名商，字子夏，孔门七十二贤之一。鹑衣百结：衣服上打满补丁，像挂着很多鹑鸟。

⑥公孙弘（公元前200—前121年）：字季，一字次卿，齐地菑（zī）川人（今山东寿光南纪台乡人）。西汉名臣。

⑦德操：汉末司马徽，字德操，善于知人，曾称赞庞统为"南州冠冕"，即南州人士的领袖。迈众：超过众人。

⑧三河：河东、河南、河内的合称，相当于今河南洛阳黄河南北一带。崔浩（？—450年）：北魏人，字伯渊，清河郡东武城（今山东武城）人。他仕北魏道武、明元、太武帝三朝，官至司徒，参与军国大计，对促进北魏统一北方起了积极作用。后人称其为"南北朝第一流军事谋略家"。裴骏：字神驹，北魏河东闻喜人。他弱冠时即通涉经史，官至北魏中书博士。

【译文】

孟尝君有三千门客，个个都穿着珍珠装饰的鞋子；牛僧孺姬妾众多，头戴金钗的女子就有十二排。

价值千金的皮袍，不是一只狐狸腋下之毛就能缝制而成的；身着绫罗绸缎者，都不是亲自养蚕的人。

富贵者的衣被铺盖用的都是重重叠叠的毯子、褥子，而贫苦人家有连粗布的衣衫都不完整。

子夏家贫，衣服上打满补丁，像挂着很多鹑鸟；公孙弘非常节俭，一床布被盖了十年。

"南州冠冕"，这是司马徽称赞庞统才华出众；"三河领袖"，这是魏太祖羡慕裴骏智能超群。

【原文】

虞舜制衣裳，所以命有德①；昭侯藏敝裤，所以待有功②。

唐文宗袖经三浣③,晋文公衣不重裘④。

衣履不敝,不肯更为⑤,世称尧帝;衣不经新,何由得故,妇劝桓冲⑥。

王氏之眉贴花钿,被韦固之剑所刺⑦;贵妃之乳服诃子,为禄山之爪所伤⑧。

【注释】

①命有德:任命有德行的人。

②昭侯藏敝袴:战国时韩昭侯曾命人将一条破裤子收起来,等待赏赐给有功之士。敝袴(kù):破裤子。

③三浣:唐文宗曾对臣下说自己穿的衣服已洗过三次,众臣皆贺他节俭,柳公权却说:"皇帝应该考虑大事,不应考虑洗衣服这样的小事。"

④衣不重裘:不穿厚的皮衣,表示节俭。

⑤更为:更换。

⑥妇劝桓冲:东晋时的桓冲不喜欢穿新衣服,妻子以"衣不经新,何由得故"劝他,他才穿上。

⑦王氏之眉贴花钿:传说东晋韦固曾遇到月下老人,老人告诉他姻缘天定。韦固问:"我的妻子在哪里?"老人说:"现在只有三岁,城北卖菜陈氏的女孩子就是。"韦固前去察看,见那个女孩子很丑,就让奴仆用剑刺伤女孩子的眉心。十四年后,相州刺史王泰将养女嫁给韦固,王氏女子眉心总贴着花钿,韦固问其中缘由,王氏回答说:"我原是郡守的女儿,父亲死在任上,小时候乳母靠卖菜养我,被贼人刺伤,伤痕还在。"花钿(diàn):古时妇女脸上的一种花饰。

⑧诃(hē)子:中国古代妇女的胸衣。杨贵妃曾被安禄山抓伤了乳房,就绣了一件胸衣罩在上面。

【译文】

虞舜制定衣裳的图案颜色等级,用它来任命有德之人;魏昭侯收藏破裤子,等待着赏给有功之人。

唐文宗的衣服洗了三次仍在穿，晋文公不同时穿两件皮衣。

衣服鞋子不穿到破得不能再穿，就不肯换新的，所以世人称颂尧帝俭朴；新做的衣服不穿用，哪里有旧衣可穿？这是桓冲的妻子劝桓冲的话。

韦固的妻子王氏眉心贴着花钿，是因为被丈夫刺伤；杨贵妃穿着胸衣，是因为她曾被安禄山抓伤了乳房。

【原文】

姜氏翕和，兄弟每宵同大被①；王章未遇，夫妻寒夜卧牛衣②。

缓带轻裘，羊叔子乃斯文主将③；葛巾野服，陶渊明真陆地神仙④。

服之不衷，身之灾也⑤；缊袍不耻，志独超欤⑥。

【注释】

①翕和：相处融洽、谐和。汉代姜肱兄弟三人友爱，虽然各自娶妻，仍做大被睡在一起。

②王章：汉代人，家贫，曾病卧于牛衣中，哭着与妻诀别，妻子说："城中的人，谁能比得上你，为什么不振作起来，反而哭呢？"于是王章发愤图强，汉成帝时王章被征为谏议大夫，后为京兆尹。成语"牛衣对泣"就从此来。牛衣：用麻或草织的给牛保暖的护被。

③缓带轻裘：形容穿衣闲适、斯文。羊叔子：晋代羊祜（hù），字叔子。任荆州都督时，穿着斯文。西晋时期，巨平侯羊祜都督荆州军事，被任命为征南大将军。他经常在军中穿着轻暖的皮衣，系着宽大的带子，仪态从容，没有武将的风度气质，很有雅士的风度，人称斯文主将。

④葛巾野服：陶渊明归隐后常头戴葛巾，身穿山里人的衣服，被人称为陆地神仙。

⑤服之不衷：穿的衣服与身份、环境不合。

⑥缊袍不耻：穿着旧袍子而不觉得羞耻。缊（yùn）：乱麻；旧絮。《论语》中说，子路穿着旧袍子，站在穿皮裘的人中间，不觉低人一等，孔子赞他志高。

【译文】

　　姜肱兄弟和睦，每晚都同盖一条大被睡在一起；王章未得到君王的赏识之前十分贫困，夫妻两人在寒冷的冬夜只能睡在草编的牛衣上。

　　缓带轻裘，世人称羊祜为"斯文主将"；葛巾野服，世人称陶渊明为"陆地神仙"。

　　衣服如果穿得不合自己的身份，会招来杀身之祸；身着旧袍子而不以为耻，其志向的确超越众人啊！

卷三

人　事

【题解】

此处讲的"人事",指的是为人处世的经验和智慧。人是生活在群体性中的,每个人都不能脱离社会而独立生存。在生活中,我们不可避免地要与其他人发生交往,可以说,"人事"是人与现实生活关系最密切的内容。本篇内容驳杂,包括对不同身份的人如何称呼,待人接物应该使用什么样的语言,如何处理人际关系,等等,为我们展现了人世百态。

【原文】

《大学》首重夫明新[1],小子莫先于应对[2]。

其容固宜有度[3],出言尤贵有章[4]。

智欲圆而行欲方,胆欲大而心欲小。

阁下足下,并称人之辞;不佞鲰生[5],皆自谦之语。

恕罪曰原宥，惶恐曰主臣⑥。

大春元、大殿选、大会状，举人之称不一⑦；大秋元、大经元、大三元，士人之誉多殊⑧。

大掾史，推美吏员⑨；大柱石，尊称乡宦⑩。

【注释】

①《大学》：《大学》原是《小戴礼记》第四十二篇，相传为曾子所作，实为秦汉时儒家作品，是一部中国古代讨论教育理论的重要著作。儒家"四书"之一。夫：语助词，无实义。明新：明德与新民，即做人的美德。

②小子：小学弟子。古人八岁时入小学，学习洒扫、应对等日常的礼节。十五岁时入大学，学习做人的道理。

③容：仪表。固：本来。度：法度。

④章：章法。

⑤不佞：不才，没有才能。鲰生：无知小人。鲰（zōu）：浅陋，愚昧。

⑥原宥（yòu）：宽容，饶恕，原谅。主臣：本谓君臣，后用来表示恭敬惶恐。

⑦大春元：科举考试取得第一名者都称"元"，大春元为春天会试第一名。大殿选：殿试一甲第一名。大会状：会元、状元兼得。

⑧大秋元：秋季乡试第一名。大经元：五经贡生第一名。大三元：解元、会元、状元，三元连中。

⑨掾史：汉代以后职权较重的长官有署吏，分曹治事，通称掾史。推美：推崇美德；推重赞美。亦指推广美称。吏员：泛指大小官员。

⑩柱石：支梁的柱子和承柱子的基石。比喻担当重任的人。乡宦：旧称乡村中做过官又回乡的人；泛指退休回到家乡的官宦之人。

【译文】

《大学》一开篇就强调"明德""新民"的重要性，小孩子首先要学

145

应对的话语和礼节。

人的仪容举止固然要适宜合度，说话言语尤应有条理、合乎文法。

智能要圆通广博，品行要端正；胆量要大，心思却要细腻谨慎。

"阁下"和"足下"，都是对人的尊称；"不佞"和"鲰生"，都是谦称自己的词语。

请求别人原谅说宽宥，自己惶悚恐惧叫主臣。

"大殿选""大会状""大春元"，都是对举人的不同美称；"大秋元""大经元""大三元"，是对读书人的赞美之词。

"大掾史"，是对属官吏员的美称；"大柱石"，是对退休回到家乡的官宦的尊称。

【原文】

贺入学曰云程发轫①，贺新冠曰元服加荣②。

贺人荣归，谓之锦旋；作商得财，谓之捆载③。

谦送礼曰献芹④，不受馈曰反璧⑤。

谢人厚礼曰厚贶⑥，自谦礼薄曰菲仪⑦。

送行之礼，谓之赆仪⑧；拜见之贽，名曰贽敬⑨。

贺寿仪曰祝敬，吊死礼曰奠仪。

【注释】

①云程发轫：比喻官运亨通，远大前程开始起步。发轫：本义为拿掉支住车的木头，使车启行。借指出发。比喻新事物或某种局面开始出现。轫（rèn）：支住车轮转动的木头。

②元服：古代男子成年开始戴冠的仪式。荣：荣誉。

③捆载：指满载。捆（kǔn）：用绳索捆束。

④献芹：谦言自己赠品菲薄或建议浅陋。

⑤反璧：退还璧玉。谓不受别人的馈赠。

⑥贶（kuàng）：赐，赠。

⑦菲仪：微薄的礼物。

⑧赆（jìn）仪：送给远行者的路费或礼物。

⑨赀（zī）：钱财。贽（zhì）敬：初次拜见时所送的礼物。

【译文】

祝贺别人入学读书说"云程发轫"，祝贺别人成年加冠说"元服初荣"。

祝贺别人荣耀归来谓之"锦旋"，祝贺别人经商发财称之"捆载"。

送人礼物自谦为"献芹"，不接受礼物的婉辞是"反璧"。

感谢别人赠与厚礼说"厚贶"，自谦所送之礼微薄言"菲仪"。

赠送给人的路费叫"赆仪"，初次求见人时的礼物名"赞敬"。

贺寿的礼品称"祝敬"，吊丧的礼品称"奠仪"。

【原文】

请人远归曰洗尘，携酒送行曰祖饯①。

犒仆夫，谓之旌使②；演戏文，谓之俳优③。

谢人寄书，曰辱承华翰④；谢人致问，曰多蒙寄声⑤。

望人寄信，曰早赐玉音；谢人许物，曰已获金诺。

具名帖，曰投刺⑥；发书函，曰开缄⑦。

思暮久曰极切瞻韩⑧，想望殷曰久怀慕蔺⑨。

相识未真，曰半面之识；不期而会，曰邂逅⑩之缘。

【注释】

①祖饯：古时出门远行要祭祀的路神称祖，后称设宴送行为"祖饯"，即饯行。

②旌：表彰。

③俳（pái）优：指古代以乐舞谐戏为业的艺人。

④华翰：对他人来信的美称。翰：毛笔。

⑤寄声：口头传达问候。

⑥名帖：拜谒时的名片。投刺：古时没有纸，字是刻刺在木片上的，所以叫投刺。

⑦缄（jiān）：书信封口；书信。

⑧瞻韩：唐代韩朝宗曾作荆州长史，喜拔用后进，为时人所重。后因以"瞻韩"为初见面的敬辞，意谓久欲相识。

⑨慕蔺：蔺相如为赵国相国，汉司马相如慕其为人，后因称慕贤为"慕蔺"。

⑩邂逅（xiè hòu）：不期而遇或者偶然相遇。

【译文】

宴请远方归来的人叫"洗尘"，带着酒送人远行叫"祖饯"。

犒赏仆役、随从叫作"旌使"，表演戏曲的人叫作"俳优"。

感谢别人寄来书信，说"辱承华翰"；感谢别人的问候，说"多蒙寄声"。

盼望对方寄信来，说"早赐玉音"；感谢人家许诺的事或物，说"已蒙金诺"。

备帖拜访他人，称为"投刺"，拆阅信函，称为"开缄"。

对他人思念长久，说"极切瞻韩"；想望很是殷切，说"久怀慕蔺"。

相识不深，了解并不真切，称为"半面之识"；没有约定而相遇，称为"邂逅之缘"。

【原文】

登龙门，得参名士①；瞻山斗，仰望高贤②。

一日三秋，言思慕之甚切③；渴尘万斛，言想望之久殷④。

暌违教命，乃云鄙吝复萌⑤；来往无凭，则曰萍踪靡定⑥。

虞舜慕唐尧，见尧于羹，见尧于墙⑦；门人学孔圣，孔步亦步，孔趋亦趋⑧。

曾经会晤，曰向获承颜接辞⑨；谢人指教，曰深蒙耳提面命⑩。

【注释】

①登龙门：比喻得到有名望、有权势者的援引而身价大增。

②瞻：仰慕。山斗：指泰山、北斗，比喻德高望重而为人所敬仰。

③一日三秋：意思是一天不见面，就像过了三个季度。比喻分别时间虽短，却觉得很长。形容思念殷切。三秋：三个季度。

④渴尘万斛：形容十分想念。渴尘：唐卢仝（tóng）《访含曦上人》诗："三入寺，曦未来。辘轳无人井百尺，渴心归去生尘埃。"喻访友不遇，思念殷切。后用为想望旧友之典。斛（hú）：中国旧量器名，亦是容量单位，一斛本为十斗，后来改为五斗。

⑤睽违：违背，差失；分离，别离。鄙吝：鄙吝，

庸俗。萌：发生。

⑥萍踪靡定：像浮萍、波浪一般无定。比喻到处漂泊，没有固定的住所。萍踪：萍生于水中，漂泊不定，所以把没有固定的行踪称作"萍踪"。靡：没有。

⑦虞舜慕唐尧：《后汉书·李固传》："昔尧殂之后，舜仰慕三年。坐则见尧于墙，食则睹尧于羹。"表示对死去前辈的追念。

⑧门人：指孔子弟子颜渊。亦步亦趋：你慢走我也慢走，你快走我也快走，你跑我也跑。原指尊重效仿，后比喻由于缺乏主张或为了讨好，事事模仿或追随别人。步：慢走。趋：快走。

⑨承颜接辞：承蒙见面谈话。

⑩耳提面命：附在耳旁指教，当面命令教诲。表示教诲的殷勤恳切。多指（长辈对晚辈、上级对下级）恳切地教导。

【译文】

"登龙门"，比喻拜谒名人得其援引而名声大震；"瞻山斗"，比喻倾慕仰望高士贤人。

"一日三秋"，形容思念之殷切；"渴尘万斛"，形容想望旧友之心切。

不能经常听到贤者的教诲，说"鄙吝复萌"；在外奔波来往没有依凭，叫"萍踪靡定"。

虞舜仰慕唐尧，尧去世三年后，饮食起居仍然处处想到他；颜渊效法孔子，亦步亦趋，事事仿效。

曾经与人会面，说"向获承颜接辞"；感谢他人指教，说"深蒙耳提面命"。

【原文】

求人涵容，曰望包荒①；求人吹嘘，曰望汲引②。

求人荐引，曰幸为先容③；求人改文，曰望赐郢斤④。

借重鼎言⑤，是托人言事；望移玉趾，是浼人亲行⑥。

多蒙推毂⑦，谢人引荐之辞；望作领袖⑧，托人倡首之说。

言辞不爽，谓之金石语；乡党公论，谓之月旦评⑨。

逢人说项斯⑩，表扬善行；名下无虚士，果是贤人。

【注释】

①包荒：包含荒秽。谓度量宽大。

②吹嘘：说好话。汲引：提拔，引荐。

③先容：先加以修饰，引申为事先介绍。

④郢斫（yǐng zhuó）：楚国郢都有一个巧匠，能运斧成风。比喻技艺高超。

⑤鼎言：像鼎一样重的语言，形容说话的作用很大。

⑥玉趾：脚，敬称。浼（měi）：请求。

⑦推毂：推车前进，比喻引荐人才。毂：车轮中心可插轴的圆木。

⑧领袖：衣服的领和袖，借指为人表率的人。

⑨爽：差错。金石语：说的话像金石一样坚硬，不可更改。月旦评：东汉许劭始创的一种评论人物的风俗。月旦：每月初一。评：品评人物。

⑩项斯：唐代人，以诗稿拜谒杨敬之，希望得到提携。

【译文】

请人包容原谅，就说"望包荒"；求人为己宣传，称为"望汲引"。

求人推荐引进，说"幸为先容"；请人修改文章说"恳请郢斫"。

"借重鼎言"，是请托有声望者为自己说一些好话，使事情容易办成；"乞移玉趾"，是请求别人亲自前往。

"多蒙推毂"，这是感谢别人引荐的言辞；"望为领袖"，是请别人出来当首领的言辞。

说过的话都算数，称为"金石语"；乡里人公正的评论，称为"月旦评"。

"逢人说项斯"，是指表扬人家的好处；"名下无虚士"，是感佩对方

151

果然有才能。

【原文】

党恶为非曰朋奸①，尽财赌博曰孤注②。

徒了事，曰但求塞责③；戒明察，曰不可苛求。

方命是逆人之言④，执拗是执己之性。

曰觊觎，曰睥睨，总是私心之窥望⑤；曰倥偬，曰旁午，皆言人事之纷纭⑥。

小过必察，谓之吹毛求疵⑦；乘患相攻，谓之落井下石⑧。

欲心难厌如溪壑⑨，财物易尽若漏卮⑩。

【注释】

①党恶：与恶人结党。朋奸：互相勾结作恶。

②孤注：倾其所有作赌注。

③塞责：抵塞罪责，指做事不认真负责。

④方命：违命。

⑤觊觎（jì yú）：非分的希望或企图。睥睨（pì nì）：斜着眼看，侧目而视，有厌恶或高傲之意。

⑥倥偬（kǒng zǒng）：事多而急迫。旁午：交错，纷繁。

⑦吹毛求疵：吹开皮上的毛寻疤痕。比喻故意挑剔别人的缺点，寻找差错。疵：小毛病。

⑧患：灾难。落井下石：看见人要掉进陷阱里，不伸手救他，反而推他下去，又扔下石头。比喻乘人有危难时加以打击、陷害。

⑨厌：满足。溪壑：溪谷河沟，用填不满的溪壑比喻贪得无厌。总结为成语就是"欲壑难填"。

⑩漏卮（zhī）：有漏洞的盛酒器。比喻国家利益外溢的漏洞，总结为成语就是"漏卮难满"。

【译文】

恶人结成党派，做非法的事，称作"朋奸"；把所有钱财拿去赌博，称作"孤注"。

只想马虎敷衍地结束一件事，则说"但求塞责"；劝阻别人细究深察事情的根底，则说"不必苛求"。

"方命"是指不听从别人的话，"执拗"是指坚持己见。

"觊觎""睥睨"，都是说非分的企图或窥视；"倥偬""旁午"，都是形容世事纷繁复杂。

对别人的小过失也要调查追究，叫作"吹毛求疵"；别人有急难不仅不救，反而乘机陷害，叫作"落井下石"。

欲望难以满足，如同河流深谷难以填平；财物容易流失，如同用有漏洞的酒器盛酒。

【原文】

望开茅塞①，是求人之教导；多蒙药石，是谢人之箴规②。

芳规芳躅③，皆善行之可慕；格言至言④，悉嘉言之可听。

无言曰缄默，息怒曰霁威⑤。

包拯寡色笑，人比其笑为黄河清；商鞅最凶残，尝见论囚而渭水赤。

仇深曰切齿，人笑曰解颐⑥。

人微笑曰莞尔⑦，掩口笑曰胡卢⑧。

大笑曰绝倒⑨，众笑曰哄堂。

【注释】

①茅塞：被茅草堵住，比喻思路闭塞，愚昧不懂事。

②药石：治病的药物和砭石，比喻规劝进言。箴（zhēn）规：劝告规谏。

③芳规芳躅（zhú）：贤人的准则和正直的行径。

④至言：恳切的言论。

⑤缄默：闭口不言。霁威：怒气消散。
⑥解颐：大笑，欢笑。颐：面颊。
⑦莞（wǎn）尔：微笑的样子。
⑧胡卢：喉间的笑声。
⑨绝倒：前仰后合地大笑。

【译文】

"茅塞顿开"，是请求别人开导；"多蒙药石"，是感谢别人规劝。

"芳规""芳躅"，都是说美好的品行值得效法、仰慕；"格言""至言"，都是指有益的言论值得听取牢记。

默默无语称为"缄默"，平息怒气就叫"霁威"。

包公难得有笑容，世人比喻说他的笑容像黄河水变清那样难得一见；商鞅最凶残，曾在渭水边处决囚犯七百多人，河水都被染红了。

仇恨到了极点称为"切齿"，开怀欢笑称为"解颐"。

微露笑容称为"莞尔"，掩住了口也忍不住笑叫作"胡卢"。

笑得前仰后倾叫作"绝倒"，所有的人同时大笑叫作"哄堂"。

【原文】

留位待贤，谓之虚左①；官僚共署，谓之同寅②。

人失信曰变幻，又曰食言；人忘誓曰寒盟，又曰反汗③。

铭心镂骨，感德难忘；结草衔环，知恩必报④。

自惹其灾，谓之解衣抱火⑤；幸离其害，真如脱网就渊⑥。

两不相入，谓之枘凿⑦；两不相投，谓之冰炭。

彼此不合曰龃龉⑧，欲进不前曰趑趄⑨。

【注释】

①虚左：古时以左为尊，空着左边的位置等待宾客。
②同寅：同僚。寅：恭敬。
③寒盟：背弃或忘却盟约。反汗：反悔，食言或收回成命。以汗出

而不能反喻令出不能收。

④铭心镂骨：形容感受极深，永记不忘。结草衔环：比喻感恩报德，至死不忘。结草：把草结成绳子，搭救恩人；衔环：嘴里衔着玉环。结草与衔环都是古代报恩的传说。前者讲一个士大夫将其父的爱妾另行嫁人，不使殉葬，爱妾已死去的父亲为替女儿报恩，将地上野草缠成乱结，绊倒恩人的敌手而取胜；后者讲有个儿童挽救了一只受困黄雀的性命，黄雀衔来白环四枚，声言此环可保恩人世代子子洁白，身居高位。后将二典故合成一句，比喻受人恩惠，定当厚报，生死不渝。

⑤解衣抱火：脱下衣服将火抱在身上。

⑥脱网就渊：鱼逃脱渔网，游进水深的地方。

⑦枘（ruì）凿："方枘圆凿"的略语。方榫（sǔn）头，圆榫眼，二者合不到一起。比喻两不相容。枘：榫头。凿：榫眼。

⑧龃龉（jǔyǔ）：牙齿上下对不上。比喻意见不合。

⑨趑趄（zī jū）：犹豫不前；脚步不稳，行走困难。

【译文】

留着首席等待贤者，叫作"虚左"；同在一个衙门里做官，叫作"同寅"。

失去信用叫"变幻"，又叫"食言"；忘记誓言盟约叫作"寒盟"，又叫"反汗"。

"铭心镂骨"，形容感恩戴德；"结草衔环"，比喻牢记恩德，必当图报。

自己招惹来的灾殃，叫作"解衣抱火"；侥幸免除祸患，叫作"脱网就渊"。

双方不能配合相通，叫作"枘凿"；双方不能相容，称为"冰炭"。

彼此合不来叫作"龃龉"，欲进而不前叫作"趑趄"。

【原文】

落落①，不合之词；区区②，自谦之语。

竣③者，作事已毕之谓；醵④者，敛财饮食之名。

赞襄⑤其事，谓之玉成；分裂难完，谓之瓦解。

事有低昂曰轩轾⑥，力相上下曰颉颃⑦。

凭空起事曰作俑，仍蹈前弊曰效尤⑧。

手口共作曰拮据，不暇修容曰鞅掌⑨。

手足并行曰匍匐，俯首而思曰低徊⑩。

【注释】

①落落：疏远。形容孤独的样子。

②区区：形容细小的样子。

③竣：退立，后引申为完毕。

④醵（jù）：凑钱饮酒。

⑤赞襄：协助，辅佐，帮助，成全。

⑥低昂：起伏；时高时低。轩轾（xuānzhì）：车子前高后低叫轩，前低后高叫轾。喻指高低轻重。

⑦颉颃（xié háng）：原指鸟上下翻飞，引申为不相上下，互相抗衡。

⑧作俑（yǒng）：为殉葬而制作木偶或陶人。后指创始，首开先例。多用于贬义，人们用"作俑"比喻首开恶例的人。蹈弊：跟着犯错误。蹈（zhǒng）：脚后跟。弊：弊病。效尤：效法坏的东西。尤，错误。

⑨拮据：原指辛勤劳作，后引申为经济状况紧张。鞅掌：劳苦而容

貌不整的样子。

⑩低徊：回味；低头不进的样子。

【译文】

"落落"，是形容孤独不合群的词语；"区区"，是谦称自己卑小微贱的词语。

"竣"，就是所做的事情已经完毕的意思；"醵"，就是大家凑了钱来吃喝的意思。

帮他人的忙，使他做事能成，叫作"玉成"；四分五裂，难以整合，叫作"瓦解"。

事情有高低起伏，就叫作"轩轾"；力量不相上下，叫作"颉颃"。

凭空弄出事端，叫作"作俑"；沿袭前人的弊端，称作"效尤"。

做事艰难辛苦，手口共作，称为"拮据"；劳碌繁忙，无暇修饰仪容称为"鞅掌"。

手脚一齐着地，慢慢向前爬行，称为"匍匐"；低头沉思回味，称为"低徊"。

【原文】

明珠投暗①，大屈才能；入室操戈②，自相鱼肉。

求教于愚人，是问道于盲③；枉道以干主，是衒玉求售④。

智谋之士，所见略同；仁人之言，其利甚溥⑤。

班门弄斧，不知分量；岑楼齐末，不识高卑⑥。

势延莫遏，谓之滋蔓难图⑦；包藏祸心，谓之人心叵测⑧。

作舍道旁，议论多而难成⑨；一国三公，权柄分而不一⑩。

【注释】

①明珠投暗：比喻有才能的人得不到重视。也比喻好东西落入不识货人的手里。

②入室操戈：进入我的房子里头，拿我的兵器来对我进行攻击。指

用对方的观点来批驳对方。也比喻求学已达到超过老师的程度。

③问道于盲：向瞎子问路。比喻求教于一无所知者没有助益。

④枉道：歪道。干：求。衒（xuàn。同"炫"）玉求售：比喻自夸其才以求任用或信任。同"炫玉自售"。

⑤溥（pǔ）：广，大。

⑥班门弄斧：在鲁班门前舞弄斧子。比喻在行家面前卖弄本领，不自量力。岑楼齐末：只比较末端，方寸的木头也可高过高楼。比喻不从本着手，则无法认清事实。形容不知高低。岑楼：又高又尖的楼。

⑦势延莫遏：任其顺势发展，不予遏制。延：伸展。滋蔓难图：野草滋生，难以消除。比喻势力扩大了再要消灭就很困难。滋：滋长；蔓：繁生、蔓延。

⑧包藏祸心：心里藏着害人的主意。人心叵测：人的心地不可探测。形容人心险恶。叵：不可。

⑨作舍道旁：在道路旁修房子。汉代有谚语曰"作舍道旁，三年不成"，比喻众说纷纭，事情难成。

⑩一国三公：一个国家有三个主持政事的人。比喻政出多门，权力不统一，使人无所适从。

【译文】

"明珠投暗"，比喻一个有才能的人大受压抑；"入室操戈"，比喻内部自相残杀。

向愚蠢的人请教，如同"问道于盲"；背弃道义以求得重用，好比"衒玉求售"。

有智慧谋略的人，见解大略相同；仁德之人说的话，能使很多人获益。

"班门弄斧"，是说人不知道自己几斤几两；"岑楼齐末"，是说人不识事物的高低贵贱。

形势一旦蔓延难以遏止，称作"滋蔓难图"；外表善良胸中怀着险恶，叫作"人心叵测"。

"作舍道旁"，是说众说纷纭，事情难成；"一国三公"，是指权力分散，让人难以适从。

【原文】

事有奇缘，曰三生①有幸；事皆拂意②，曰一事无成。

酒色是耽，如以双斧伐孤树③；力量不胜，如以寸胶澄黄河④。

兼听则明，偏听则暗，此魏征之对太宗；众怒难犯，专欲难成，此子产之讽子孔⑤。

欲逞所长，谓之心烦技痒⑥；绝无情欲，谓之槁木死灰⑦。

座上有江南，语言须谨⑧；往来无白丁⑨，交接皆贤。

【注释】

①三生：佛教语，指人托生三次，过去、现在、未来三世。

②拂意：不合心意；不如意。

③耽：沉溺。双斧伐孤树：《元史·阿沙不花传》："而惟曲蘖是耽，妃姬是好，是犹双斧伐孤树，未有不颠仆者。"意思是人贪酒色，身体就会像用双斧砍伐的树木一样垮下去。

④胜：经得住。寸胶澄黄河：极少的胶无法使黄河澄清。

⑤众怒难犯，专欲难成：春秋时郑国子孔当政，发布一项命令受到大臣们反对，子孔要杀掉反对的人。子产说："众怒难犯，专欲难成。"劝子孔收回成命，子孔于是烧掉了命令。专欲：个人的欲望。

⑥心烦技痒：一遇到机会就急于表现自己擅长的技艺。

⑦情欲：指人的欲望。槁木死灰：干枯的树木和火灭后的冷灰。比喻心情极端消沉，对一切事情无动于衷。

⑧座上有江南：意思是说话要注意，不要勾起别人的伤心事。古诗有"座中若有江南客，莫向春风唱《鹧鸪（zhè gū）》"。《鹧鸪》是一首江南的曲子，江南游子听了就容易引起乡思。

⑨白丁：指没有功名的人。

【译文】

事情有奇特的缘分，可说"三生有幸"；办事皆与本意相违，可说"一事无成"。

贪恋酒色，好比拿两把利斧砍一棵树，没有不毁坏的；力量太小，就像取一寸胶质，想去澄清黄河的水，是根本做不到的。

"兼听则明，偏听则暗"，这是魏征对唐太宗所说的话；"众怒难犯，专欲难成"，这是子产讽劝子孔的话。

想要炫耀自己擅长的技能，可说"心烦技痒"；没有任何嗜好或欲望，如同"槁木死灰"。

"座上有江南"，意思是说话要注意，不要勾起别人的伤心事；"往来无白丁"，即言所交的朋友皆为有名望的贤人。

【原文】

将近好处，曰渐入佳境①；无端倨傲，曰旁若无人。

借事宽役②曰告假，将钱嘱托曰夤缘③。

事有大利，曰奇货可居④；事宜鉴前，曰覆车当戒。

外彼为此曰左袒⑤,处事两可曰模棱。

敌甚易摧,曰发蒙振落⑥;志在必胜,曰破釜沉舟⑦。

曲突徙薪⑧无恩泽,不念豫防之力大;焦头烂额为上客,徒知救急之功宏。

【注释】

①渐入佳境:比喻境况逐渐好转或风景、情趣等逐渐深入而达到美妙的境地。晋代顾恺之吃甘蔗从尾部吃到根部,他说这样吃渐入佳境,意思是越吃越甜。

②宽役:暂停工作。

③夤缘:比喻拉拢关系,攀附权贵,向上巴结。夤(yín):攀附上升。

④奇货可居:指把少有的货物囤积起来,等待高价出售。也比喻拿某种专长或独占的东西作为资本,等待时机,以捞取名利地位。吕不韦曾认为在赵国做人质的秦国王子异人奇货可居,就帮助他逃回了秦国,后来异人做了庄襄王,生下儿子嬴政。

⑤外彼:见外,疏远。左袒:露出左胳膊。古代齐国有一个女子,两家来求亲,东家富而人丑,西家贫而人俊,父亲请女儿袒肩表示意愿,结果女儿袒左右肩,说:"愿意在东家吃饭而在西家睡觉。"

⑥发蒙振落:揭去蒙盖物,摇落树叶。形容威猛,办事轻而易举。

⑦破釜沉舟:把饭锅打破,把渡船凿沉。比喻不留退路,非打胜仗不可,下决心不顾一切地干到底。釜(fǔ):锅。

⑧曲突徙薪:把烟囱改建成弯的,把灶旁的柴草搬走。比喻对提出的预防意见不重视。有一个客人见主人家的烟囱直短而旁边有薪柴,建议将烟囱弯曲,薪柴移开,以防失火,但没有被采纳。后来果然发生火灾,主人将被烧得焦头烂额的救火人奉为上宾,却忘记了提建议的人。

【译文】

境况逐步好转,兴味渐渐浓厚,可说"渐入佳境";毫无来由地傲慢不恭，谓之"旁若无人"。

因事请免工作叫作"告假"，送钱给权贵求他引荐称为"夤缘"。

事情能够获得巨大的利益，叫作"奇货可居"；以往事为教训，叫作"覆车当戒"。

偏袒一方称为"左袒"，处理事情含糊其词不置可否叫作"模棱"。

轻而易举地摧毁敌人，如同"发蒙振落"；下定决心志在必胜，称为"破釜沉舟"。

建议弯曲烟囱移开柴草的人没有得到报答，因为主人没有意识到预防火灾的重要；参与救火而被烧得焦头烂额的人成了贵客，因为主人只知道他们救急的功劳很大。

【原文】

贼人曰梁上君子[1]，强梗曰化外顽民[2]。

木屑竹头[3]，皆为有用之物；牛溲马渤[4]，可备药石之资。

五经扫地，祝钦明自衰斯文[5]；一木撑天，晋王敦未可擅动[6]。

题凤题午，讥友讥亲之隐词[7]；破麦破梨，见夫见子之奇梦[8]。

毛遂片言九鼎，人重其言[9]；季布一诺千金，人服其信[10]。

【注释】

①梁上君子：躲在梁上的君子。窃贼的代称。比喻小偷，现在有时也指脱离实际的人。

②强梗：指蛮横无理的人。化外顽民：没有受过教化的愚顽的百姓。

③竹头木屑：比喻可利用的废物。晋代陶侃担任荆襄都督，把造船用剩的木屑竹头收藏留下，人们笑他迂，后来下雪初晴，他用木屑铺地，到桓温伐蜀时，又用竹头作钉装船，人们才知其用。

④牛溲（sōu）马渤（bó）：比喻虽然微贱但是有用的东西。牛溲：即牛遗，车前草的别名。马渤：一名马㪍，一名屎菰（gū），生于湿地及腐木的菌类。二者均可入药。

⑤五经：《诗》《书》《礼》《易》《春秋》五部儒家经典。祝钦明：唐睿宗时大臣，很有学问，长得很胖，在宴会上自请跳八风舞，丑态百出，斯文扫地。亵（xiè）：轻慢，亲近而不庄重。斯文：指很有涵养、文质彬彬，有礼貌、有教养。

⑥王敦（266—324年）：字处仲，琅玡临沂（今山东临沂北）人。为东晋丞相王导的堂兄。未可擅动：王敦想谋反，梦见一木撑天，请吴猛解梦，猛言："一木撑天为未，不可妄动。"后比喻时机还没有成熟。

⑦题凤：三国魏吕安和嵇康是好朋友，虽远隔千里，每当相思，便驾车相访。一次，吕安来访，嵇康出门未归，遇见其兄嵇喜，吕安讨厌嵇喜凡俗，在门上题写一个"凤"字而去。繁体"凤"字乃"凡鸟"二字组成，意含讥讽。题午：古时有个人去访问朋友，没有遇到，便在朋友家的门上写了"午"字走了。指讥讽朋友如"牛"不出头的意思。

⑧破麦：有一妇人兵乱中与夫及子分离，一天梦见磨麦，莲花落尽，一尼姑解梦说："磨麦见夫，莲花落而莲子出。"后来妇人果然见到丈夫和儿子。破梨：传说杨进贤担任南阳刺史时，一天登舟遇风，失掉了儿子。夫妇思念儿子心切，有一天梦见与儿子剖梨。第二天请友人圆梦，友人说剖开梨就见到了子，果然十天后就找到了儿子。

⑨片言九鼎：比喻说话力量大，能起很大作用。或指人说话十分守信。九鼎：古代国家的宝器，象征九州。战国时，秦围赵都邯郸，赵使平原君赵胜赴楚求救。毛遂自荐同往，他向楚王晓以利害，使之同意救赵。赵胜赞扬毛遂"一至楚而使赵重于九鼎大吕"。

⑩一诺千金：形容一个人很讲信用，说话算数。汉代曹丘称赞季布，说楚人有谚语："得黄金百斤，不如得季布一诺。"

【译文】

偷窃别人财物的人称为"梁上君子"，强硬顽固的人称为"化外顽民"。

竹头、木屑都是有用之物，牛尿、马渤也可作为治病的药物。

"五经扫地",说的是祝钦明在宴会上出尽洋相,自侮斯文;"一木撑天",说的是吴猛劝告准备谋反的王敦不可轻举妄动。

"题凤""书午",都是讥讽亲友的隐语;"破麦""分梨",是丈夫见到儿子的奇异梦兆。

毛遂的几句话重于九鼎,这是人们看重他的话;季布的一句诺言价值千金,这是人们佩服他的信用。

【原文】

岳飞背涅精忠报国①,杨震②惟以清白传家。

下强上弱,曰尾大不掉③;上权下夺,曰太阿倒持④。

当今之世,不但君择臣,臣亦择君;受命之主,不独创业难,守成亦不易。

生平所为皆可对人言,司马光之自信;运用之妙惟存乎一心,岳武穆⑤之论兵。

不修边幅⑥,谓人不饰仪容;不立崖岸⑦,谓人天性和乐。

【注释】

①涅:可以用来做黑色染料的一种矿石。此处指刺染、纹身。

②杨震（？—124年）：字伯起。弘农华阴（今陕西华阴东）人。东汉时期名臣。以清廉著称，不为后代置地产，人称"清白传家"。

③尾大不掉：比喻部属势力强大，不服从指挥调度。④太阿倒持：将太阿剑倒着拿在手上。比喻以把柄授与人，自身反面临危险或灾害。太阿：宝剑名。

⑤岳武穆：即岳飞（1103—1142年），字鹏举，宋相州汤阴县（今河南安阳汤阴县）人，南宋抗金名将，中国历史上著名军事家、战略家，民族英雄，位列南宋中兴四将之首。

⑥边幅：布的边缘，借指衣饰。

⑦立崖岸：站在山崖、岸边，指倨傲不合群。

【译文】

岳飞背上用黑色的染料刺有"精忠报国"的字样，大儒杨震一生廉洁，只把"清白"的好名声传给子孙。

臣下强盛，君上懦弱，称为"尾大不掉"；下属夺了上司的权柄，称作"太阿倒持"。

当今之世，不单是君王选择臣子，臣子也选择君王；不仅创业艰难，守业也不容易。

司马光自信光明正大，生平所做的事都可以对别人说，这是司马光的自信；运用兵法的奥妙诀窍，全在于凭智慧随机应变，这是岳飞论述兵法的观点。

"不修边幅"，是说人不注意修饰仪表容颜；"不立崖岸"，是说人的性格随和。

【原文】

蕞尔么么①，言其甚小；卤莽灭裂②，言其不精。

误处皆缘不学，强作乃成自然③。

求事速成曰躐等，过于礼貌曰足恭④。

假忠厚者谓之乡愿，出人群者谓之巨擘⑤。
孟浪由于轻浮⑥，精详出于暇豫⑦。
为善则流芳百世，为恶则遗臭万年。
过多曰稔恶⑧，罪满曰贯盈⑨。
尝见冶容诲淫，须知慢藏诲盗⑩。

【注释】

①蕞（zuì）尔：很小的样子。幺么：细小的，微不足道的。

②卤莽：也作"鲁莽"。冒失；粗疏。灭裂：轻率。

③误处皆缘不学：汉高祖刘邦平生犯错误的地方很多，后来有个名叫唐仲友的人评价说："误处皆缘不学，改处皆由敏悟。"缘：因为。强作：强行作出。

④躐等：逾越等级；不按次序。躐（liè）：逾越。足恭：巧言令色，过于恭敬。

⑤乡愿：指乡中貌似谨厚，而实与流俗合污的伪善者。巨擘（bò）：大拇指。比喻杰出人物；在某一方面居于首位的人物。

⑥孟浪：鲁莽；轻率。

⑦暇豫：从容考虑。

⑧稔（rěn）恶：积恶太多。

⑨贯盈：如穿钱的线，已经贯满，后指罪恶太多。

⑩冶容诲淫：装扮得太妖冶，是教人淫乱。慢藏诲盗：藏物不谨慎，如同教人为盗。成语"诲淫诲盗"即由此而来，意思是引诱别人做奸淫、盗窃的事。

【译文】

"蕞尔""幺么"，都是微少之意；"鲁莽""灭裂"，都是指轻率莽撞做事不精细。

人会做错事，都是因为没有好好地学习；勉强自己努力去做，久而久之习惯便成自然。

做事太讲求速成，叫作"躐等"；待人过分谦恭礼貌，称为"足恭"。

貌似忠厚伪善欺世者叫作"乡愿"，才华超出常人者称作"巨擘"。

"孟浪"大都由轻率浮薄里得来，"精详"则出于从容闲静，悠闲安逸。

做善事自然"流芳百世"，为非作歹者定然"遗臭万年"。

过错太多叫作"稔恶"，罪恶累累叫作"贯盈"。

容貌装扮得太妖冶，便会招惹别人产生淫乱的意图；物收藏不谨慎，等于怂恿盗贼来行窃。

【原文】

管中窥豹①，所见不多；坐井观天，知识不广。

无势可乘，英雄无用武之地②；有道则见，君子有展采之思③。

求名利达，曰捷足先得④；慰士迟滞⑤，曰大器晚成。

不知通变，曰徒读父书⑥；自作聪明，曰徒执己见。

浅见曰肤见⑦，俗言曰俚言。

识时务者为俊杰，昧先几者非明哲⑧。

村夫不识一丁⑨，愚者岂无一得。

【注释】

①管中窥豹：从竹管的小孔里看豹，只看到豹身上的一块斑纹。比喻眼光狭小，所见有限，或用做谦词。东晋的大书法家王献之年轻时聪明过人，有一次看其父王羲之的门生们樗蒲（一种博戏），见到胜负将分，不禁叫道："南风不竞。"诸门生轻视他是小孩子，说道："这小鬼头管中窥豹，只见一斑。"

②英雄无用武之地：比喻有才能却没地方或机会施展。曹操率大军南征荆州，刘琮投降曹操，刘备只好去东吴联合孙权。诸葛亮在柴桑劝说孙权，说刘备考虑同刘表的关系才落得英雄无用武之地，他希望孙权

167

能够与刘备联合起来共同对付曹操。

③见：同"现"。展：舒展。采：事业。

④捷足先得：比喻行动快的人先达到目的或先得到所求的东西。

⑤慰士：安慰士人。迟滞：成就得晚。

⑥通变：通晓变化之理。犹变通。不拘常规，适时变动。徒读父书：白读父亲的兵书。比喻人只知死读书，不懂得运用知识，加以变通。赵王任用赵奢之子赵括统兵，死守教条而不知道变通。蔺相如说："赵括徒读父书，不知通变。"

⑦肤见：比喻见解浅薄。肤：皮肤的表层。

⑧昧：不明白。几：细微的变化。

⑨一丁：一个字。

【译文】

"管中窥豹"，形容所看到的不是全部事物；"坐井观天"，形容眼界狭小见识不广。

没有适当的环境时机施展才能，常说"英雄无用武之地"；政治清明君子才会出来为国家成就一番

事业，常说"君子有展采之思"。

谋求功名顺遂人愿，叫"捷足先得"；安慰士人得名迟缓，叫"大器晚成"。

凡事死守教条不知变通，叫"徒读父书"；凡事自以为聪明，固守成见，称作"徒执己见"。

浅薄的见解叫作"肤见"，世俗常说的话叫作"俚言"。

洞识当前时势并作出正确的决定，才是英雄豪杰；看不出事物细微变化的先兆，不能说是明智的有识之士。

乡村的农夫不认识一个字，愚笨的人勤于思考，总会有所心得。

【原文】

拔去一丁，谓除一害[1]；又生一秦，是增一仇[2]。

戒轻言，曰恐属垣有耳[3]；戒轻敌，曰勿谓秦无人[4]。

同恶相帮，谓之助桀为虐[5]；贪心无厌，谓之得陇望蜀[6]。

当知器满则倾，须知物极必反[7]。

喜嬉戏名为好弄，好笑谑谓之诙谐[8]。

谗口交加，市中可信有虎[9]；众奸鼓衅[10]，聚蚊可以成雷。

【注释】

①一丁：指丁谓（966—1037年），字谓之，后更字公言，两浙路苏州府长洲县人。丁谓擅权，京城中歌谣云："欲得天下宁，拔去眼前丁。"

②又生一秦：秦末陈胜派武臣安抚赵地，武臣自立为王，陈胜想攻打他，相国房君说："秦未亡而攻打武臣，是又生出一个秦朝。"意思是又增加一个敌人。

③属垣有耳：有人靠着墙偷听。属垣：指墙。

④无人：没有人才。秦王赶走晋国上卿士会后，秦国大夫绕朝对士会说："不要说秦国无人，只是我的计策得不到采纳罢了。"

⑤助桀为虐：帮助夏桀行暴虐之事。比喻帮助坏人干坏事。桀：夏

朝最后一个君主，为暴君。虐：残暴，干坏事。

⑥得陇望蜀：得到了陇地，还希望得到蜀地，比喻贪得无厌。陇：指甘肃东部；蜀：指四川中西部。曹操在得到汉中后有"人苦无足，既得陇，复望蜀"之言。

⑦器满则倾：欹器满了就要倾倒，比喻人自满就要犯错误。器：指古代的欹（qī）器。物极必反：事物达到了极限，就会向相反的方面转化。⑧好弄：爱好游戏。笑谑（xuè）：开玩笑。诙谐：谈话富于风趣。

⑨交加：兼施齐下的意思。市中可信有虎："三人成虎"的意思，三个人谎报城市里有老虎，听的人就信以为真。比喻说的人多了，就能使人们把谣言当作事实。典出《战国策·魏策二》：庞葱要陪太子到邯郸去做人质，庞葱对魏王说："现在，如果有一个人说大街上有老虎，您相信吗？""魏王说："不相信。"庞葱说："如果是两个人说呢？"魏王说："那我就要疑惑了。"庞葱又说："如果增加到三个人呢，大王相信吗？"魏王说："我相信了。"庞葱说："大街上不会有老虎那是很清楚的，但是三个人说有老虎，就像真有老虎了。如今邯郸离大梁，比我们到街市远得多，而毁谤我的人超过了三个。希望您能明察秋毫。"魏王说："我知道该怎么办。"于是庞葱告辞而去，而毁谤他的话很快传到魏王那里。后来太子结束了人质的生活，庞葱果真不能再见魏王了。

⑩鼓衅：挑起事端。聚蚊成雷：许多蚊子聚到一起，声音会像雷声那样大。比喻说坏话的人多了，会使人受到很大的伤害。

【译文】

"拔去一丁"，意思是说除去一个大害；"又生一秦"，是说又添了一个仇人。

提醒大家说话谨慎，则说"恐属垣有耳"；告诫人们不要轻敌，就说"勿谓秦无人"。

帮助恶人做坏事，则说"助桀为虐"；是说贪求财利之心从来不懂知足，则说"得陇望蜀"。

必须晓得，容器装满了水一定会倾覆出来；必须明白，事物到了极端必然会转向反面。

喜欢嬉戏玩乐叫作"好弄"，好说笑话言语风趣谓之"诙谐"。

谣言诽谤在市井中到处流传，假的事也会变成真的，使人相言闹市中竟会有老虎；众多奸邪摇唇鼓舌所造成的声势，就像一大群蚊子聚集在一起，声音如同雷声一样大。

【原文】

萋斐成锦，谓谮人之酿祸①；含沙射影，言鬼蜮之害人②。

针砭所以治病③，鸩毒必至杀人④。

李义府阴柔害物，人谓之笑里藏刀⑤；李林甫奸诡谄人，世谓之口蜜腹剑。

代人作事，曰代庖⑥；与人设谋，曰借箸⑦。

见事极真，曰明若观火⑧；对敌易胜，曰势若摧枯⑨。

【注释】

①萋斐成锦：比喻花言巧语，罗织罪名，诬陷别人。萋斐：花纹错杂；锦：指贝锦，带有贝壳花纹的锦缎。《诗经》中有"萋兮菲兮，成是贝锦，彼谮人者，亦已太甚"的句子，意思是说花纹交错，织成像贝一样的锦，那些造谣者，真是太过分了。谮（zèn）：无中生有地说人坏话。

②含沙射影：传说中有一种叫蜮的动物，能含沙射人的影子，让人得病。比喻暗中攻击或陷害人。鬼蜮（yù）：指害人的鬼和怪物。比喻阴险的人。

③针砭（biān）：古代治病用的银针和砭石。比喻发现或指出错误。

④鸩毒：毒药，毒酒。鸩（zhèn）：传说中的毒鸟。后比喻用毒酒害人。

⑤李义府（614—666年）：瀛州饶阳（今河北饶阳）人，唐朝宰相，狡险忌刻之人。唐高宗时，李义府升任中书侍郎参知政事，成为掌握朝政

大权的高级官员。他表面上待人和蔼谦恭，和人说话脸上总是带着微笑，但心底里却偏狭阴险，冒犯过他或不顺从他的人，都会遭到他的迫害。因此大家称李义府"笑里藏刀"。阴柔：阴险狡诈。笑里藏刀：形容对人外表和气，内心却阴险毒辣。

⑥代庖：指代人做事。庖（páo）：厨师。

⑦借箸：借筷子，指代人筹划。张良在刘邦吃饭时，向刘邦献计曰："请借前箸，为大王筹之。"

⑧明若观火：明白清楚，好像看火一样。比喻观察事物明白透彻。

⑨势若摧枯：比喻腐朽势力或事物很容易被摧毁。摧：破坏。枯：枯草。

【译文】

"萋斐成锦"，是说诽谤中伤别人以致酿成大祸；"含沙射影"，是说恶人暗中攻击或陷害他人。

针砭可以用来治病，鸩毒足以致人死命。

李义府外表温和内心阴险，人人都说他"笑里藏刀"；李林甫奸诡谲诈，嘴上说得好听，却一肚子害人的诡计，世人称为"口蜜腹剑"。

暂时代替他人去办事叫作"代庖"，帮助他人筹划叫作"借箸"。

事理看得真切明亮，叫作"明若观火"；对付敌兵很容易战胜，叫作

"势若摧枯"。

【原文】

汉武内多欲而外施仁义,廉颇先国难而后私仇。

卧榻之侧,岂容他人鼾睡,宋太祖之语[1];一统之世,真是胡越一家,唐太宗之时[2]。

至若暴秦以吕易嬴,是嬴亡于庄襄之手[3];弱晋以牛易马,是马灭于怀愍之时[4]。

中宗亲为点筹于韦后,秽播千秋[5];明皇赐洗儿钱于贵妃,臭遗万代[6]。

【注释】

[1]卧榻之侧,岂容他人鼾睡:自己的床铺边,怎么能让别人呼呼睡大觉?比喻自己的势力范围或利益不容许别人侵占。南唐后主李煜派徐铉向宋太祖求缓兵,保全南唐。宋太祖说:"卧榻之侧,岂容他人鼾睡。"

[2]胡越一家:比喻居地远隔者聚集一堂。犹言四海一家。唐太宗在未央宫设宴,高祖命突厥可汗起舞、南蛮冯智戴咏诗,笑着说:"胡越一家,自古未有也。"

[3]以吕易嬴:以吕家的儿子换得嬴家的天下。吕不韦把一个怀了自己儿子的女子献给秦庄襄王生下嬴政,即后来的秦始皇。

[4]以牛易马:晋代琅玡王妃与小吏牛金私通生下司马睿,就是晋元帝。虽然姓司马,实际是姓牛,故曰以牛易马。怀愍(mǐn):西晋末晋怀帝与晋愍帝。

[5]秽播千秋:丑闻传至千年之后。唐中宗的皇后韦后与武三思私通,韦后与武三思赌钱,中宗亲自为她点筹码。

[6]臭遗万代:死后恶名流传,永远受人唾骂。唐明皇的妃子杨玉环认与自己私通的安禄山为干儿子,并于第三天在内宫为他举行洗儿礼,唐明皇竟赏赐贵妃洗儿钱。

【译文】

汉武帝内在欲望很大,外面却讲大仁大义;廉颇为国家大义考虑,把私人恩怨抛在脑后。

自己的床铺边,怎能让别人呼呼睡大觉?这是宋太祖的话;天下一统,四海一家,这是唐高祖之时的盛世。

至于残暴的秦国实际是吕氏取代了嬴氏,嬴氏的秦国在秦庄襄王手中就已经灭亡了;衰弱的东晋实际是牛氏取代了司马氏,司马氏的晋国早在晋怀帝、晋愍帝的时候就灭亡了。

韦后与奸夫玩游戏,中宗还亲自为韦后点筹码,丑闻传至千年之后;杨玉环认安禄山为干儿子,唐明皇竟赏赐她洗儿钱,这丑事已遗臭万年。

【原文】

非类相从,不如鹡鹊①;父子同牝,谓之聚麀②。

以下淫上谓之烝③,野合奸伦谓之乱④。

从来淑慝殊途,惟在后人法戒⑤;欺世清浊异品,全赖吾辈激扬⑥。

【注释】

①非类相从:不是同类的事物或人聚在一起。鹡鹊:即鹡鸰和喜鹊。鹡鸰雌雄紧紧相随,喜鹊群飞都互相追随。

②牝(pìn):雌兽。聚麀:本指兽类父子共一牝的行为。后以指两代的乱伦行为。麀(yōu):牝鹿。

③烝(zhēng):指娶父亲的妻妾及兄长的妻妾。

④野合:指不合礼仪的婚配。乱:淫乱。不正当的男女关系。

⑤淑:善。慝(tè):恶。法戒:效法,警戒。

⑥清浊:清水与浊水。比喻人事的优劣、善恶、高下等。激扬:指激浊扬清,冲去污水,让清水上来。比喻抨击坏人坏事,褒扬好人好事。

【译文】

不是同类的事物或人却聚在一起，这样的人不如鹳鹩和喜鹊；父子二人和同一个女人私通，叫"聚麀"。

晚辈与长辈淫乱叫"烝"，不合礼仪的婚配或乱伦叫"乱"。

自古以来善恶截然不同，只在于后世的人或效法或警戒；如今世人的品行清浊差异很大，全靠我们这些人去惩恶扬善。

饮 食

【题解】

古谚有云："民以食为天。"饮食是一个人赖以生存的基础。中国的饮食文化是中华文化中一道亮丽的风景，种类之多，花样之繁，琳琅满目。在中国古代文化中，饮食同服饰一样，也是衡量一个人身份、地位的标准之一。本篇从饮食的称谓、饮食的礼仪以及相关谚语、典故等方面，全方位介绍了中国古代的饮食情况，让我们充分领略到中国古代饮食文化的博大精深。

【原文】

甘脆肥浓，命曰腐肠之药①；羹藜含糗，难语太牢之滋②。

御食曰珍馐③，白米曰玉粒。

好酒曰青州从事，次酒曰平原督邮④。

鲁酒茅柴⑤，皆为薄酒；龙团雀舌⑥，尽是香茗。

待人礼衰，曰醴酒⑦不设；款客甚薄，曰脱粟⑧相留。

竹叶青，状元红⑨，俱为美酒；葡萄绿，珍珠红，悉是香醪⑩。

【注释】

①甘脆肥浓：泛指美味的酒食。甘脆：指味甜、松脆可口的食物；肥浓：肥美的肉食和浓郁的酒。腐肠：腐烂肠胃。

②羹藜含糗：泛指饮食粗劣。藜（lí）：野菜。糗（qiǔ）：炒熟米、麦等谷物。太牢：古代祭祀社稷时用的牛、羊、猪三牲。

③御食：皇帝食用的食品。珍馐（xiū）：珍奇美味的食物。

④青州从事、平原督邮：晋代桓温手下有位主簿把好酒叫作青州从事，次酒叫作平原督邮。因为青州有齐郡，齐与脐同音，好酒直下到脐下；平原有鬲县，鬲与膈同音，次酒只到膈下。青州：古代州名，在今山东东部；从事：古代官名。平原：古代地名，今山东省德州市平原县；督邮：古代官名。

⑤鲁酒：春秋时，楚国大

会诸侯，鲁国献的酒味道不浓。茅柴：指酒味道就像茅柴烧过一样。

⑥龙团、雀舌：古代茶叶的名称。

⑦醴（lǐ）酒：甜酒。

⑧脱粟：没有舂过的米。

⑨竹叶青、状元红：都是美酒名，竹叶青产于古苍梧，用竹叶掺和，故名；状元红来自古诗"持杯醉饮状元红"。

⑩葡萄绿、珍珠红：古代酒名。醪（láo）：醇厚的美酒。

【译文】

甘甜脆酥、浓醇肥美的食物和酒，吃多了便是腐烂肠胃的毒药；对于那些终日以粗粮野菜充饥的人，很难向他们描述牛、羊、猪这些佳肴的滋味。

皇帝吃的食品叫"珍馐"，白米又称"玉粒"。

"青州从事"是好酒的别名，"平原督邮"是劣酒的代称。

"鲁酒""茅柴"都是味道不醇厚的酒；"龙团""雀舌"都是上等的香茗。

待客的礼仪日渐衰微，称为"醴酒不设"；款待客人十分菲薄，叫作"脱粟相留"。

"竹叶青""状元红"，都是香甜的美酒；"葡萄绿""珍珠红"，都是醇厚的香醪。

【原文】

五斗解酲，刘伶独溺于酒①；两腋生风，卢仝偏嗜乎茶②。

茶曰酪奴，又曰瑞草③；米曰白粲，又曰长腰④。

太羹玄酒，亦可荐馨⑤；尘饭涂羹⑥，焉能充饿。

酒系杜康所造，腐乃淮南所为⑦。

僧谓鱼曰水梭花，僧谓鸡曰穿篱菜⑧。

临渊羡鱼，不如退而结网；扬汤止沸，不如去火抽薪⑨。

羔酒自劳，田家之乐；含哺鼓腹，盛世之风⑩。

【注释】

①五斗解酲：以五斗酒来解酒病。比喻非常荒谬。酲（chéng）：酒后神志不清。晋代刘伶嗜酒，故对妻子戏言："喝五斗酒才能解酒瘾。"

②两腋生风：形容好茶饮后，人有轻逸欲飞之感。唐代诗人卢仝（tóng）爱喝茶，曾说："喝过了茶就成两腋生风。"

③酪奴：茶的别名。瑞草：珍贵的草，茶的别名。

④白粲：白米。长腰：米名，形状狭长。

⑤太羹：不和五味（不加任何调料）的肉，又作"大羹"。玄酒：祭祀用的水。荐馨：用芬芳的气味祭祖敬神。荐：进献，祭献。

⑥尘饭涂羹：儿童游戏时用土做的饭和汤。

⑦杜康：传说中酿酒技术的发明者。腐：豆腐。据说是汉代淮南王刘安发明的。

⑧水梭花、穿篱菜：鱼和鸡。据《东坡志林》载，僧谓酒为般若汤，鱼为水梭花，鸡为穿篱菜。是一种僧人忌讳的说法。

⑨临渊羡鱼，不如退而结网：站在水边想得到鱼，不如回家去结网。比喻只有愿望而没有措施，对事情毫无好处。或者比喻只希望得到而不将希望付诸行动。扬汤止沸：把锅里开着的水舀起来再倒回去，使它凉下来不沸腾。比喻办法不对头，不能从根本上解决问题。

⑩含哺（bǔ）鼓腹：含着食物敲着肚子。形容太平盛世无忧无虑的生活。

【译文】

喝五斗酒才能解酒瘾，刘伶独自沉溺于酒中；卢仝特别喜好喝茶，喝了七杯茶以后觉得两腋习习生出清风。

茶又名"酪奴"，又称"瑞草"；米也称为"白粲"，又称"长腰"。

祭祀祖先不一定要丰馔美酒，只要恭敬诚心，即使用肉汁清水，也可以献祭；把灰尘泥土当作羹饭，哪能救人饥荒呢？

酒是杜康首先发明的，豆腐是淮南王刘安发明的。

僧人称鱼为"水梭花"，称鸡为"穿篱菜"。

站在水边想得到鱼，不如回家去结网；把锅里开着的水舀起来再倒回去，使它凉下来不沸腾，还不如抽掉锅底的柴火。

吃了羊羔美酒，这是种田人家自己慰劳自己，是农家生活的欢乐。口里含着食物，肚子吃得饱饱的，这是形容太平盛世的状况。

【原文】

人贪食曰徒餔啜，食不敬曰嗟来食①。

多食不厌，谓之饕餮②之徒；见食垂涎，谓有欲炙之色③。

未获同食，曰向隅④；谢人赐食，曰饱德⑤。

安步可以当车，晚食可以当肉⑥。

饮食贫难曰半菽不饱⑦，厚恩图报曰每饭不忘。

谢扰人曰兵厨之扰，谦待薄曰草具之陈⑧。

白饭青刍，待仆马之厚⑨；炊金爨玉，谢款客之隆⑩。

【注释】

①徒：只是。餔（pǔ）：吃。啜（bǔ）：喝。嗟来食：原指悯人饥饿，呼其来食。后多指侮辱性的施舍和用不正当的手段获得的财富。春秋时，齐国发生了一次严重的饥荒，黔敖摆设食物于路口，准备救济饥民。有个饥民走来，黔敖看到后，傲慢地喊道："嗟！来食！"那个饥民瞪着眼说："我正因为不吃'嗟来之食'，才饿成这个样子的！"嗟：不礼貌的招呼声，相当于现代汉语中的"喂"或"哎"。

②饕餮（tāo tiè）：古代汉族神话传说中的一种神秘怪兽，性好食。比喻贪吃，贪婪。

③欲炙之色：想吃肉的样子。炙：烤肉。晋代顾荣与同僚喝酒，看见送肉的人想吃肉的样子，就将自己的一份送给他吃了。

④向隅：对着墙角。

⑤饱德：饱受恩德。

⑥安步当车：以从容的步行代替乘车。形容轻松缓慢地行走。安：安详，从容。晚食：很晚才进食，指肚子饿了才吃。

⑦贫难：贫苦困难。半菽：吃的饭里有一半是豆子，指粗劣的饭食。菽（shū）：大豆。

⑧兵厨：代称储存好酒的地方。晋代阮籍嗜酒，听说步兵厨房里贮有三百斛酒，就申请当步兵校尉。草具之陈：装粗劣食物的餐具，指款待薄。《史记》载，项羽派遣使者到刘邦营中，陈平行反间计，开始上的是太牢之具，见到项羽的使者说："我还以为是范增的使者，原来是项羽派来的。"于是换上草具。

⑨刍：喂牲口的草。

⑩炊金爨玉：用金玉做饭。比喻食物精美，待客热情。炊、爨（cuàn）：烧火做饭。金、玉：比喻食物精美珍贵。隆：隆重。

【译文】

贪吃懒做的人，每天只知吃喝，叫作"徒餔啜"；带有轻视性的施舍，叫作"嗟来食"。

贪于饮食不知厌足，这是饕餮这一类的人；看见食物就垂涎三尺，一副很想吃的样子。

没有被邀请同食，叫作"向隅"；感谢主人殷勤款待，叫作"饱德"。

平和安稳地走路当作坐车子一样舒服，肚子饿了才进食，吃什么都像吃肉。

家境穷困时常吃不饱称为"半菽不饱"，受人厚恩常思报答称为"每饭不忘"。

"兵厨之扰"是表示叨扰酒食的谢意；主人自谦待客菲薄叫作"草具之陈"。

"白饭青刍"，由此可知主人待客及客人的马都很丰厚；"炊金爨玉"，是宾客感谢主人的隆重款待。

【原文】

家贫待客，但知抹月批风①；冬月邀宾，乃曰敲冰煮茗②。

君侧元臣，若作酒醴之曲蘖③；朝中冢宰，若作和羹之盐梅④。

宰肉甚均，陈平见重于父老⑤；戛羹示尽，邱嫂心厌乎汉高⑥。

毕卓为吏部而盗酒，逸兴太豪⑦；越王爱士卒而投醪，战气百倍⑧。

【注释】

①抹月批风：把风月当作菜肴，表示家贫无以招待客人。苏东坡有"家无以娱客，但知抹月批风"的诗句。抹、批：切菜的方式，细切为抹，薄切为批。

②敲冰煮茗：敲开冻冰，煮水泡茶招待客人。

③君侧元臣：君王身边的大臣。元臣：大臣。曲蘖（qǔ niè）：酿酒用的发酵剂，比喻大臣的辅佐作用。曲：同"曲"，酒母。蘖：植物的芽。

④冢（zhǒng）宰：官名。即太宰。和羹：调和制成的羹汤。盐梅：调味品。

⑤宰肉甚均：汉代陈平在乡中分肉非常平均，深得乡中父老的信任。

⑥戛羹示尽：刘邦到嫂子家，嫂子正在吃肉羹，见刘邦到来，就刮盆底假装没有了。刘邦因此怨恨嫂子，当皇帝后封侄儿为羹颉侯。戛（jiá）：刮。邱嫂：长嫂，大嫂。

⑦毕卓盗酒：晋代毕卓担任吏部郎，邻居家酿酒，他去偷喝，结果醉卧在酒瓮旁。

⑧越王投醪（láo）：越王勾践曾把酒倒在河上游，让士兵迎着河水饮酒，士兵因此感动，无不献身。

【译文】

"抹月批风"，是文人表示家贫，没有东西可以招待客人的戏言；"敲冰煮茗",是冬天邀请客人的雅称。

君王身边的重臣,就像是酿酒时的酒曲一样重要;朝廷中的宰相,就像是调和五位羹汤时的盐和梅子一样不可或缺。

陈平分肉十分公平,乡里父老都夸奖他;大嫂厌恶刘邦,在他来时故意敲锅子,表示羹已经吃完。

毕卓在吏部做官,夜里却到邻家偷酒喝,这种逸兴未免太过分;越王把酒倒在河水上游,让军士们都能喝到,军士们感激他的恩惠,因而士气大涨。

【原文】

惩羹吹齑,谓人惩前警后①;酒囊饭袋,谓人少学多餐②。

隐逸之士,漱石枕流③;沉湎之夫,藉糟枕曲④。

昏庸桀纣,胡为酒池肉林⑤;苦学仲淹,惟有断齑画粥⑥。

【注释】

①惩羹吹齑:被热汤烫过后吃凉菜也要先吹一吹。比喻受到过教训,遇事过于谨慎。惩:警戒,鉴戒。齑(jī):细切的冷食肉菜。

②酒囊饭袋:比喻只会吃,不会做事。讥讽无能的人。

③漱石枕流:晋代孙楚少年时想隐居,对王武子说:"当枕石漱流。"结果说成"漱石枕流",然后辩解说:"所以漱石,是为了磨砺牙齿;枕流,是为了洗耳。"后用此比喻士大夫隐居。

④沉湎(miǎn):沉溺,耽于。比喻潜心于某事物或处于某种境界或思维活动中,深深迷恋着,无法自拔。多形容陷入不良的生活习惯难以自拔,表达消极的感情色彩。藉糟枕曲:靠着酒糟,枕着酒曲。比喻嗜酒,醉酒。

⑤酒池肉林:形容穷奢极欲。商纣王是商朝的末代帝王,他整日胡作非为,不尽心朝政,是中国有名的暴君。为了惩罚那些反对他的人,他采用了很多酷刑。他还轻信宠妃妲己的谗言,过着荒淫无耻的生活。

不仅如此,纣王还大兴土木,建造了许多华丽的宫室。为了供自己玩乐,纣王还建造了宏伟的鹿台。鹿台高千尺,宽三里。按照姜子牙的预计,这个工程要完工需要三十五年,足见其工程之浩大。纣王命北伯崇侯虎监造鹿台,耗费了大量的人力、物力、财力,历时两年四个月。三十五年的工程,仅用两年四个月便完工,纣王搜刮民财之重可见一斑。纣王的生活越来越糜烂了,他还下令在沙丘平台用酒装满池子,把各种动物的肉割成一大块一大块挂在树林里,这就是所谓的"酒池肉林",以便一边游玩,一边随意吃喝。同时又叫裸体男女互相追逐嬉戏,生活靡烂荒淫至极。纣王的暴行终于得到了报应,最后商朝就在他手里灭亡了!成语"酒池肉林"就是从纣王的糜烂荒淫的生活引申出来的,形容荒淫腐化、极端奢侈的生活。

⑥断齑画粥:形容虽贫苦但努力学习。宋代大臣范仲淹小时候家里很穷,每天煮粥待凝固后划成四块,早晚可取两块,就着咸菜吃。

【译文】

"惩羹吹齑",是惩前戒后、过分小心的意思;"酒囊饭袋",是形容人不学无术,整天只知道吃喝。

隐逸山林之士"漱石枕流",是何等的清高;沉湎于酒中的人,如同靠着酒糟,枕着酒曲,每天活在醉乡之中。

昏庸无道的桀、纣,为什么要以酒为池,以肉为林,作长夜之饮呢?范仲淹刻苦求学,每天仅靠咸菜与粥度日。

宫 室

【题解】

《尔雅·释宫》记载："宫谓之室,室谓之宫。"可见宫和室是同义词。如果说区别,宫是总名,指整所房子,外面有围墙包着,室则指其中的一个居住单位。秦汉以后,宫室则特指帝王的宫殿。本篇所指的"宫室",包括各种层次的居住建筑,不仅介绍了宫室的创建、名称、功能,还延伸到与之相关的成语及典故,使我们在了解宫室知识的同时,也掌握与此相关的礼仪制度。

【原文】

洪荒①之世,野处穴居;有巢以后,上栋下宇②。

竹苞松茂,谓制度之得宜③;鸟革翚飞,调创造之尽善④。

朝廷曰紫宸⑤,禁门曰青琐⑥。

宰相职掌丝纶,内居黄阁⑦;百官具陈章疏,敷奏丹墀⑧。

木天署⑨,学士所居;紫薇省⑩,中书所莅。

【注释】

①洪荒:混沌、蒙昧的状态,一般指远古时代。

②有巢:即有巢氏,传说他发明了巢居的方法。栋:房屋的正梁。宇:屋檐。

③竹苞松茂:比喻根基稳固,枝叶繁茂。常用作祝寿或宫室落成时的颂词。苞:茂盛。制度:制作,规模。

④鸟革翚飞：如同鸟儿张开双翼，野鸡展翅飞翔一般。旧时形容宫室华丽。革：鸟张翅。翚（huī）：羽毛五彩的野鸡。创造：建造。

⑤紫宸：皇宫的代称。中国古代天文学家把天上的恒星分为三垣、二十八宿和其他星座。三垣包括太微垣、紫微垣、天市垣。紫微垣居中，位置永不变，因此代表了天帝的居所。皇帝自称天子，他所住的地方被比喻为天上的紫宫。宸：屋宇，深邃的房屋。

⑥禁门：宫门。青琐：装饰皇宫门窗的青色连环花纹。

⑦丝纶：帝王诏书。黄阁：汉代丞相、太尉和汉以后的三公官署厅门不用红色而用黄色，以区别于天子。

⑧陈：上言，呈送。章疏：旧时臣下向君上进呈的言事文书。敷奏：陈奏。丹墀（chí）：宫殿前的红色台阶及台阶上的空地。

⑨木天署：唐代秘书阁高大宽敞，称木天署。后代指翰

林院。

⑩紫微省：唐开元元年取紫微垣之义，改中书省为紫微省。后改回。

【译文】

上古时代，人们白天在荒野活动，夜晚则居住在山洞中；自从有巢氏发明搭建房屋并教会大家之后，世人才建起有梁柱的屋宇来。

"竹苞松茂"，是说这样的建筑合于体制，预示会兴旺发达；"鸟革翚飞"，形容房屋建造得高大华丽。

皇宫的前殿称作"紫宸"，宫门的别名叫作"青琐"。

宰相掌管帝王诏书，其官署又名"黄阁"；百官上朝，在"丹墀"下奏陈章疏。

"木天署"是翰林学士办公之所，"紫微省"是内阁中书办公的场所。

【原文】

金马玉堂，翰林院宇①；柏台乌府，御史衙门②。

布政司称为藩府，按察司系是臬司③。

潘岳种桃于满县，人称花县④；子贱鸣琴以治邑，故曰琴堂⑤。

潭府是仕宦之家，衡门乃隐逸之宅⑥。

贺人有喜，曰门阑蔼瑞⑦；谢人过访，曰蓬荜生辉⑧。

美奂美轮，《礼》称屋宇之高华⑨；肯构肯堂，《书》言父子之同志⑩。

【注释】

①金马：汉代的金马门，是学士待诏的地方。玉堂：玉堂殿，供待诏学士议事的地方。后代指翰林院或翰林学士。

②柏台、乌府：御史台的别称。汉代御史府中种植柏树，常有乌鸦栖息其上。

③布政司：明代把元代的行中书省改为承宣布政使司，简称布政司，长官为布政使，掌管一省的民政、田赋、户籍，又称藩司衙门。按察司：提刑按察使司的简称，是一省的司法和检察机关，又称臬司，长官为按

察使。

④花县：《晋书·潘岳传》记载：潘岳担任河阳尹时，百姓有负债的，就命其种一株桃树，而由官府代他还债。潘岳离任时，县里种满了桃树，因此有花县之称。

⑤琴堂：《吕氏春秋·察贤》记载：宓（mì）子贱曾担任单父这个地方的县宰，他讲究德治，每日在堂上弹琴，结果单父被治理得很好。后以琴堂代指县衙。

⑥潭府：指深邃的大宅。仕宦：指做官。衡门：用横木作为门，指简陋的房屋，借指隐者所居。

⑦门阑蔼瑞：门前笼罩着祥云。

⑧蓬荜生辉：使寒门增添光辉，多用作宾客来到家里，或赠送可以张挂的字画等物的客套话。蓬荜：编蓬草、荆竹为门，形容穷苦人家。

⑨美奂美轮：形容房屋高大华丽。现多作"美轮美奂"。奂：众多。轮：高大。《礼》：《礼记》。

⑩肯构肯堂：父亲要盖房子，儿子肯打地基，也肯构建房子。形容儿子能和父亲共创事业。《书》：《尚书》。同志：志向相同。

【译文】

"金马""玉堂"，都是翰林院的美称；"柏台""乌府"，都是御史台的别名。

布政司又称"藩府"，按察司也叫作"臬司"。

潘岳任河阳县令时，鼓励百姓种桃树，春天时遍地桃花，故有"花县"之称；宓子贱终日鸣琴就能治理好单父之地，故而其衙门有"琴堂"之名。

"潭府"是指做官而有财势的人家，"衡门"是指隐士的宅居。

祝贺别人家中有喜事，说"门阑蔼瑞"；感谢宾客来访，说"蓬荜生辉"。

"美奂美轮"，是《礼记》中形容房屋的华美高大。"肯构肯堂"，是《尚书》中说父子志趣相同、子承父业。

187

【原文】

土木方兴曰经始①,创造已毕曰落成②。

楼高可以摘星,屋小仅堪容膝。

寇莱公庭除之外,只可栽花③;李文靖厅事之前,仅容旋马④。

恭贺屋成曰燕贺,自谦屋小曰蜗庐⑤。

民家名曰闾阎,贵族称为阀阅⑥。

朱门乃富豪之第,白屋是布衣之家⑦。

客舍曰逆旅,馆驿曰邮亭⑧。

书室曰芸窗,朝廷曰魏阙⑨。

【注释】

①经始:开始营建,开始经营。

②落成:古代宗庙、宫室盖好时所行的祭礼。

③寇莱公:即寇准,北宋宰相,被封为莱国公。庭除:庭院。

④李文靖:即李沆,北宋宰相,谥号文靖。厅事:私人住宅的堂屋。仅容旋马:只有一匹马转身的地方,形容住宅狭小。

⑤燕贺:即燕雀相贺,燕雀因新居建成有栖身之地而相互庆贺。后多用来祝贺新房落成。蜗庐:狭小如蜗牛壳的房子。

⑥闾阎:借指平民。阀阅:有功勋的世家。阀:也作伐,指功劳。阅:经历。一说官宦人家门前有两根柱子,左边的叫阀,右边的叫阅,用来题写功业。

⑦朱门:古代王公贵族的住宅大门漆成红色,表示尊贵,此处指贵族豪富之家。白屋:指不涂色彩的房屋,一说是以白茅覆盖的房屋,为平民所居。

⑧客舍:供旅客投宿的地方。逆旅:旅馆。馆驿:驿站上设置的旅舍。邮亭:古时传递文书的人沿途休息的地方。亭:建筑得比较简单的小房子。

⑨芸窗：指书斋。魏阙：官门上巍然高出的观楼，其下常悬挂法令，后代指朝廷。

【译文】

开始测量建造房屋叫作"经始"，建筑工程完毕谓之"落成"。

楼高千丈，仿佛伸手就可以摘到星星；屋子狭小，仅能容下一人的双膝。

寇准家的庭院很小，只可以种几株花卉；李宰相的厅前也很狭窄，仅能掉转马头。

恭贺别人盖成新屋说"燕贺"，自谦屋子简陋狭小说"蜗庐"。

平民百姓居住的地方叫作"闾阎"，达官贵人的府第称作"阀阅"。

"朱门"是富人家的豪宅，"白屋"是平民百姓的住宅。

供旅客投宿的地方叫"逆旅"，驿站上设置的旅舍叫"邮亭"。

学子诵读诗书的书房称为

"芸窗"，朝廷宣布政令的处所叫作"魏阙"。

【原文】

成均辟雍，皆国学之号①；黉宫胶序，乃乡学之称②。

笑人善忘，曰徙宅忘妻③；讥人不谨，曰开门揖盗④。

何楼所市，皆滥恶之物⑤；垄断独登，讥专利之人⑥。

荜门圭窦，系贫士之居⑦；瓮牖绳枢，皆窭人之室⑧。

宋寇准真是北门锁钥⑨，檀道济不愧万里长城⑩。

【注释】

①成均：古代的大学，泛指官设的最高学府。辟雍：也叫璧雍，本为西周天子为教育贵族子弟设立的大学，校址圆形，围以水池，形状像璧环，因此而得名。雍：水雍塞而形成的池沼。

②黉（hóng）宫：学宫。胶序：商代的学校名序，周代的学校名胶，后用作学校的通称。乡学：指代地方学校，与"国学"相区别。

③徙宅忘妻：搬家忘记携带妻子，形容粗心、健忘。

④开门揖盗：开门请盗贼进来，比喻引入坏人，招来祸患。揖盗：向盗贼行礼作揖。

⑤何楼：宋代开封有何家楼，楼下设了一个市场，所出售的物品都是以次充好，后来就把虚伪欺诈的人叫作何楼。市：买卖。滥恶：质量低劣。

⑥垄断：原指站在市集的高地上操纵贸易，后引申为独占、专卖。专利：独占某种生产或流通以获得厚利。

⑦荜门：荆条竹木编的门，又称柴门，常用以喻指穷人的居室。圭窦：形状如圭的墙洞，借指微贱之家的门户。圭：古代的一种上尖下方的玉器。

⑧瓮牖：以破瓮为窗，指贫寒之家。瓮：一种盛水盛酒等的陶器。牖（yǒu）：窗子。绳枢：用绳作门轴，形容贫家房舍的简陋。枢：门轴。

窭（jù）人：穷苦人。

⑨北门锁钥：北宋名臣寇准自称为北城门上的锁和钥匙。比喻承担守卫某一要地的重任。

⑩檀道济：南朝宋名将，守卫国土有功，被陷害时曾说："这是朝廷在毁坏自己的万里长城。"万里长城：比喻国家所依赖的大将。

【译文】

"成均""辟雍"，都是京师国家学院的名号；"黉宫""庠序"，皆为地方学校的称谓。

嘲笑别人健忘，就说"徙宅忘妻"；讥讽他人不谨慎，就说"开门揖盗"。

"何楼"下面所卖的东西，都是伪劣虚假之物；"垄断独登"是讥讽那些独占某种生产或流通以获得厚利的人。

"荜门圭窦"，是贫寒之士居住的地方；"瓮牖绳枢"，这种房屋更是穷困潦倒之人所居住的。

宋代寇准抗击契丹进犯，算得是"北门锁钥"；南朝檀道济文武全才，不愧是保卫国家的"万里长城"。

器　用

【题解】

器用是指人们日常生活中常用的各类必需品。本篇介绍了古代各种日常生产生活所用的物品，包括与文士密切相关的文房四宝、剑、香炉，普通人的日常用具，如煤炭、镜子、雨具、舟船等，最后总结了与器用有关的成语和典故。通过这些，我们不仅可以了解古代器用的常识，还可以学到与此相关的历史知识和智慧。

【原文】

一人之所需，百工斯为备①。

但用则各适其用②，而名则每异其名。

管城子、中书君，悉为笔号③；石虚中、即墨侯，皆为砚称④。

墨为松使者⑤，纸号楮先生⑥。

纸曰剡藤，又曰玉版⑦；墨曰陈玄，又曰龙脐⑧。

共笔砚，同窗⑨之谓；付衣钵，传道之称⑩。

【注释】

①百工：各行各业的工匠。斯：就，乃。备：准备。

②各适其用：器物的用途各不相同。

③管城子：唐代韩愈曾写《毛颖传》，说毛颖被封在管城，叫"管城子"，后成为毛笔的代称。中书君：古代笔的别称。秦始皇封蒙恬于管城，并累拜中书之故，后人遂别称笔曰"管城子"或"中书君"。

④石虚中、即墨侯：砚的别名。《文房四谱·砚谱》引文嵩《即墨侯石虚中传》云："石虚中，字居默，南越人，因累勋绩，封之即墨侯。"于是"石虚中""居默""即墨侯"，便成了砚的雅号。

⑤松使者：墨是用松树的墨烟熏成的，故称松使者。传说唐玄宗用的墨叫龙香剂，一天看见墨上有像苍蝇那么大的小道士行走，就呵叱一声，小道士连呼万岁说："我是墨的精灵，松使者。"

⑥楮（chǔ）先生：楮树皮是造纸的原料，故称纸为楮先生。

⑦剡（shàn）藤：剡溪的藤，造出的纸极美。玉版：成都的浣花溪，造出的纸光滑，称为玉版。

⑧陈玄：墨的别称。墨色黑，存放年代越陈越佳，故称。唐代韩愈《毛颖传》："颖与绛人陈玄、弘农陶泓及会稽褚先生友善，相推致，其出

处必偕。"龙脐：古代皇家用墨，其上多刻画有龙形；宋时有名墨，名曰"龙髓"。由此可见，龙脐之名，"龙"取其吉祥，"脐"则取其形似。

⑨同窗：同学。

⑩付衣钵：衣钵是佛教僧尼的袈裟和乞食用的钵盂，以后泛指师传的学问、技能。传道：传授圣贤之道。

【译文】

凡是一个人生活中所使用的各种物品，需要具备各种技能的工匠才能制造出来。

但是因为每种物品都有其适用之处，所以名称则各不相同。

"管城子""中书君"，都是毛笔的别号；"石虚中""即墨侯"，都是砚台的不同称呼。

墨又称作"松使者"，纸称作"楮先生"。

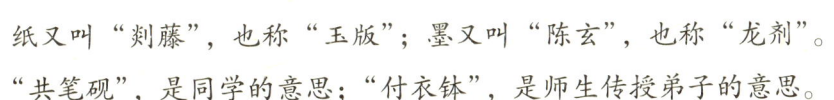

纸又叫"剡藤"，也称"玉版"；墨又叫"陈玄"，也称"龙剂"。

"共笔砚"，是同学的意思；"付衣钵"，是师生传授弟子的意思。

【原文】

笃志业儒，曰磨穿铁砚①；弃文就武，曰安用毛锥②。

剑有干将莫邪③之名，扇有仁风便面④之号。

193

何谓箑,亦扇之名;何谓籁,有声之谓⑤。

小舟名蚱蜢,巨舰曰艨艟⑥。

金根是皇后之车,菱花乃妇人之镜⑦。

银凿落原是酒器,玉参差乃是箫名⑧。

刻舟求剑,固而不通⑨;胶柱鼓瑟,拘而不化⑩。

【注释】

①业儒:以儒学为业。磨穿铁砚:磨穿了铁铸的砚台。形容立志不移,持久不懈。也形容笔墨功夫之深。五代时,桑维翰考进士,考官因其姓与"丧"同音,弃置不取。人们劝他不要再考了,另求其他门路做官。桑维翰不肯,慨然著《日出扶桑赋》以明志,并特地用铁铸了块砚,说:"什么时候把这铁砚磨穿了再改变仕进的想法。"后来果然中了进士。

②毛锥:毛笔。束毛为笔,形状如锥,故名。

③干将、莫邪:中国古代传说中造剑的名匠。干将,春秋时吴国人,曾为吴王造剑。后与其妻莫邪奉命为楚王铸成宝剑两把,一曰干将,一曰莫邪。

④仁风:仁德之风,本为古代赞美帝王或地方长官的阿谀之词,说其恩德如风之遍布,后来借指扇子。便面:用来遮面的扇状物,后以代称团扇、折扇。

⑤箑(shà):传说古代有一种吉祥草叫做箑,叶子自动扇风,后以箑指扇。籁(lài):从孔穴中发出的声音。亦泛指一般的声响。

⑥蚱蜢(zhà měng):一种昆虫,后足发达,善于跳跃。艨艟(méng chōng):中国古代具有良好防护的进攻性快艇,船体用牛皮保护。

⑦金根:以黄金为饰的车。菱花:古代镜子背面有菱花图案,故可代指镜。

⑧凿落:唐代称杯为凿落。玉参差:镶玉的排箫,后用玉参差代指箫。

⑨刻舟求剑：比喻拘泥成法，固执不知变通。《吕氏春秋·察今》记述一则寓言，说有个楚国人，坐船渡河时不慎把剑掉入河中，他用刀在船上刻下记号，说："这是我的剑掉下去的地方，一会到岸的时候我就在这跳下去找剑。"当船停下时，他沿着记号跳入河中找剑，遍寻不获。

⑩胶柱鼓瑟：柱被黏住，音调就不能换，比喻拘泥不知变通。柱：瑟上转动琴弦以调节声音高低的短木。瑟：一种古乐器。

【译文】

立定志向去钻研儒学，称作"磨穿铁砚"；丢弃文学去学习武艺，就说"安用毛锥"。

"干将""莫邪"都是宝剑的名称，"仁风""便面"都是扇子的别号。

何谓"箑"？就是扇子；何谓"籁"？就是声音。

小船别名"舴艋"，战舰叫作"艨艟"。

皇后乘坐的车子叫作"金根"，女子梳妆所用的镜子叫作"菱花"。

"银凿落"原来是酒杯的名字，"玉参差"就是排箫的别名。

"刻舟求剑"，这是讥讽那种一味固执愚笨、全然不知变通的人；"胶柱鼓瑟"，这是嘲笑那种固执拘泥不化的人。

【原文】

斗筲言其器小，梁栋谓是大材①。

铅刀无一割之利，强弓有六石之名②。

杖以鸠名，因鸠喉之不噎③；钥同鱼样，取鱼目之常醒④。

兜鍪系是头盔⑤，叵罗乃为酒器。

短剑名匕首，毡毯曰氍毹⑥。

琴名绿绮焦桐，弓号乌号繁弱⑦。

香炉曰宝鸭，烛台曰烛奴⑧。

龙涎鸡舌，悉是香茗⑨；鹚首鸭头，别为船号⑩。

【注释】

①斗、筲（shāo）：都是很小的容器。后来比喻人的见识短浅，器量狭小。梁栋：即栋梁，房屋的大梁，比喻担负国家重任的人。

②铅刀：用铅做成的刀，很软。石（dàn）：古代重量单位，一石合一百二十斤（约合今60斤）。

③杖以鸠名：古代手杖称为鸠杖，据说是因为鸠吃东西不会噎食，以提醒老人吃饭慢一点。

④钥同鱼样：古代的锁或钥匙和鱼外形一样，据说是取自鱼常睁着眼，以提醒人们注意的意思。

⑤兜鍪（móu）：古代战士戴的头盔。秦汉以前称胄，后叫兜鍪。叵（pǒ）罗：古代饮酒用的一种敞口的浅杯。

⑥氍毹（qú shū）：一种织有花纹图案的毛毯。

⑦绿绮：古琴名。焦桐：东汉时，有吴人烧桐来做饭，蔡邕听到火烈的声音知道所烧的是良木，就拿来做了琴，果然声音很美妙。因为琴尾是烧焦了的，当时人称之为焦尾琴。乌号、繁弱：都是古时良弓。

⑧宝鸭：鸭形的香炉。烛奴：雕刻成人形的烛台。后泛指烛台。

⑨龙涎：一种珍贵的香料。鸡舌：香名，可治口气。

⑩鹢（yì）首：古代船头上画着鹢鸟，故称船首为鹢首，亦指船。鸭头：指船首作鸭头状的大船。

【译文】

"斗筲"是说人的才识短浅气量狭小，"梁栋"是说才干出众的人。

用铅做的刀拿来切东西都不够锋利，强硬的弓有"六石"之称。

拐杖取名为"鸠杖"，是因鸠鸟吃食不噎，用以祝福老人饮食不噎；锁钥做成鱼的形状，是因为鱼昼夜都不闭眼，取它能常醒守护之意。

"兜鍪"俗名称作头盔，"叵罗"是饮酒的杯子。

短剑叫作"匕首"，毛织的地毯称为"氍毹"。

"绿绮""焦桐"都是名琴的别名，"乌号""繁弱"都是良弓的代称。

鸭形的香炉叫作"宝鸭"，人形的炉台作"炉奴"。

"龙涎""鸡舌"都是香料的名称；"鹢首""鸭头"都是船的名号。

【原文】

寿光客，是妆台无尘之镜[1]；长明公，是梵堂不灭之灯[2]。

桔槔[3]是田家之水车，袯襫[4]是农夫之雨具。

乌金[5]，炭之美誉；忘归[6]，矢之别名。

夜可击，朝可炊，军中刁斗[7]；《云汉》热，《北风》寒，刘褒画图[8]。

勉人发愤，曰猛着祖鞭[9]；求人宥罪，曰幸开汤网[10]。

【注释】

①寿光客：指镜子。

②长明公：指佛堂里的灯。佛堂燃灯供于佛前，昼夜不灭，所以叫长明公。梵堂：寺院。

③桔槔（jié gāo）：井上汲水的一种工具，也泛指吊物的简单机械。

④袯襫（bó shì）：古时指农夫穿的蓑衣之类防雨的衣服。

⑤乌金：煤炭对于普通百姓很贵重，所以称乌金。

197

⑥忘归：良箭名。以一去不复返，故称。

⑦刁斗：用铜制作的古代军队用具，夜间用来打更，白天做饭。

⑧刘褒画图：汉代刘褒画《云汉图》，观看的人都感到热；又画《北风图》，看到的人都感到凉快。

⑨猛着祖鞭：晋代刘琨与祖逖要好，曾给好友写信说："我立志驱除南犯的敌人，只恐祖逖的马鞭打到我的前面。"后用来勉励人努力进取。

⑩宥（yòu）：宽待。汤网：商汤看见有猎人捕鸟，四面用网围住，就说："这是夏桀的做法。"于是去掉三面，只留一面。诸侯听说了，赞叹说："商汤的仁慈兼及禽兽，真是德行高尚啊。"泛言刑政宽大。

【译文】

"寿光客"是梳妆台上不染尘埃的宝镜，"长明公"是佛堂里永不熄灭的油灯。

"桔槔"是种田人提水用的工具，"袯襫"是农夫遮雨的雨具。

"乌金"是炭的美名，"忘归"是箭的别称。

夜里巡更可以用来敲击，白天可以用来煮饭，这是军队中用的"刁斗"。画《云汉图》，看的人都会觉得热，画《北风图》，看的人都会觉得寒冷，这些都是东汉刘褒画图的神妙。

勉励他人发愤进取，说"猛着祖鞭"；请求别人宽恕自己的罪过，就说"幸开汤网"。

【原文】

拔帜立帜，韩信之计甚奇①；楚弓楚得，楚王所见未大②。

董安于性缓，常佩弦以自急③；西门豹性急，常佩韦以自宽④。

汉孟敏尝堕甑不顾⑤，知其无益；宋太祖谓犯法有剑⑥，正欲立威。

王衍清谈，常持麈尾⑦；横渠讲《易》，每拥皋比⑧。

【注释】

①拔帜立帜：用以比喻偷换取胜或战胜、胜利之典。韩信打仗时，

曾要求部下将敌人阵地的旗帜都换成自己的旗帜,结果敌人大败。

②楚弓楚得:比喻自己的东西虽然丢了,拾到它的人并不是外人。楚王的弓丢失了,手下人要去找,楚王说:"楚人丢失了弓,还不是楚人拾到了,何必去找呢?"后孔子讥笑楚王心胸不够大度:"不曰人遗弓,人得之乎?何必楚乎?"

③董安于:战国人,性情迂缓,所以常佩着弓弦以提醒自己保持紧张。弦:弓弦。

④西门豹:战国时人,性情急躁,常佩着牛皮以提醒自己不要性急。因弓弦是紧绷的,而牛皮比较柔韧。韦:牛皮。

⑤堕甑不顾:汉代孟敏曾把甑掉到地上,头也不回就走了,别人问他为什么,他说:"已经摔破了,看有何益?"比喻事情已经过去,虽有遗憾,但不做无益的惋惜。甑(zèng):古代汉族的蒸食用具。

⑥犯法有剑:比喻犯了法就要受到惩处。

⑦王衍:晋代人,终日清谈,常拿着拂尘。麈(zhǔ)尾:魏晋清谈家经常用来拂秽清暑,显示身份的一种道具。形如树叶,下部靠柄处则常为平直状。它有点像现代的羽扇,又不是扇。麈尾也不像拂尘,拂尘的形制、用途与麈尾大不相同。

⑧横渠:宋代张载,世称横渠先生。皋比:虎皮坐垫。

【译文】

"拔帜立帜",韩信所用的计谋甚为奇特;"楚弓楚得",楚王的见识还是不够远大。

董安于是个慢性子,经常佩带弓弦,以督促自己迅速一些;西门豹是个急性子,经常佩带熟牛皮,以提醒自己缓和一些。

汉代孟敏失手把甑掉在地上,并不再看它一眼,因为再看也无用;宋太祖说谁犯了法,我便用剑来制裁他,是想树立自己的威信。

王衍清谈时常拿着拂尘,横渠先生讲《易经》,常常坐在虎皮椅中。

【原文】

尾生抱桥而死，固执不通[1]；楚妃守符而亡，贞信可录[2]。

温桥昔燃犀，照见水族之鬼怪[3]；秦政有方镜，照见世人之邪心[4]。

车载斗量[5]之人，不可胜数；南金东箭[6]之品，实是堪奇。

传檄可定[7]，极言敌之易破；迎刃而解[8]，甚言事之易为。

以铜为鉴[9]，可整衣冠；以古为鉴，可知兴替。

【注释】

[1]尾生：古代传说坚守信约的人。尾生一生特别信守诺言，只要说过的话就一定要做到。一天他与一个心爱的女子相约在桥下相见，该女子没有按期来。突然天降暴雨，水漫到他的腰间，他还是痴心等待，信守他的诺言，结果水把他淹死了。贞信：正直诚实。录：记载。

[2]楚妃守符：楚昭王出游时，将夫人留在渐台，和她约定说，一定派人拿着信符来接她。当楚王派人来接时，使者忘记带信符，夫人不敢随往，结果涨水被淹死。

[3]温峤（qiáo）燃犀：传说晋代人温峤任都督江州军事时，过牛渚桥，相传桥下有怪物，温峤点燃犀角照桥下，怪物一会儿就覆灭了。

[4]秦政有方镜：传说秦始皇有一面方镜，能照见人的肝胆。秦政：秦王嬴政。

[5]车载斗量：形容数量众多，而质量一般。

[6]南金东箭：古代东南地区竹箭很好，西南地区的金矿很好，称为南金东箭。晋代顾荣、纪瞻等人品行很好，被誉为南金、东箭。

[7]传檄可定：只传檄文就可平定。比喻不待出兵，只要用一纸文书，就可以降服敌方，安定局势。韩信曾说，三秦地区传一道檄文就可以平定了。

[8]迎刃而解：碰到刀刃就分解开来。比喻主要问题解决了，其他的问题就很容易解决。或比喻处理事情、解决问题很顺利。晋代杜预进攻吴国时说："现在的形势就像是劈竹子，破开数节后，就可以迎刃而解了。"

⑨鉴：镜子。

【译文】

尾生信守诺言等候女子，结果遇到洪水被淹死，真是不知变通；楚妃在渐台上等符，水淹台塌而亡，其坚贞诚信值得载入史册。

温峤曾经燃犀，照见了水族中的奇异怪兽；秦始皇有一方镜，能洞察世人的邪恶之心。

"车载斗量"，是说那些平庸的人数也数不清楚。"南金东箭"，都是非常珍奇的物品。

"传檄可定"是说能够轻易战胜敌人，"迎刃而解"是说事情非常容易解决。

用铜做镜子，可以对镜整理衣冠；以历史作为镜子，能够知道王朝兴衰得失的缘由。

珍　宝

【题解】

珍宝即贵重珍奇的珠玉宝石等，泛指极有价值的物品。珍，强调物品的精美；宝，强调物品的贵重。因此，古人常用珍宝来形容那些对自己而言称得上珍贵和有价值的人。本篇首先介绍了各类宝物的名称，之后列举了相关的成语典故。本文旨在告诉我们一个道理：有形的珍宝尽管美好，却不如无形的珍宝如品格、道德、朋友等更加可贵。

【原文】

山川之精英，每泄为至宝①；乾坤之瑞气，恒结为奇珍②。

故玉足以庇嘉谷③，明珠可以御火灾。

鱼目岂可混珠？碔砆④焉能乱玉？

黄金生于丽水⑤，白银出自朱提⑥。

曰孔方，曰家兄⑦，俱为钱号；曰青蚨，曰鹅眼⑧，亦是钱名。

【注释】

①精英：精华。泄：排出。玉、明珠：古代认为珠玉等是山川精华泄露出来的，可以防灾得福。

②恒：长久。结：凝结，凝聚。

③嘉谷：五谷的总称。

④碔砆（wǔ fū）：像玉的石头。

⑤丽水：指金沙江，出产金沙。

⑥朱提：朱提山，在四川西部，出产白银。

⑦孔方、家兄：晋代鲁褒曾写《钱神论》，称钱"亲如家兄，字曰孔方"。

⑧青蚨（fú）：《搜神记》中记载的一种虫子，据说捉住母虫，子虫就飞来；捉住子虫，母虫就飞来。将母虫和子虫的血分别涂在八十一文钱上，买东西时花去其中一种钱留下另一种，则花去的钱都会复飞回来。鹅眼：南朝宋沈庆通家私铸的钱，一千文穿起来还不到三尺长，被称为鹅眼钱。

【译文】

名山大川所蕴藏的精粹英华，每每泄露出来而成为奇珍至宝；天地之间的祥瑞灵气，长期凝聚便成为奇珍。

所以玉石可以庇护五谷不受水旱之灾，珍珠可以防御火灾。

鱼目虽然很像珍珠，但是怎么能和真正的珍珠混在一起去冒充珍珠呢？碔砆虽然很像玉，但是怎能冒充真玉呢？

丽水中出产金沙，朱提郡出产白银。

"孔方兄""家兄"，都是钱的别称；"青蚨""鹅眼"，也是对钱的称呼。

【原文】

可贵者明月夜光之珠，可珍者璠玙琬琰之玉①。

宋人以燕石为玉，什袭缇巾之中②；楚王以璞玉为石，两刖卞和之足③。

惠王之珠，光能照乘④；和氏之璧⑤，价重连城。

鲛人泣泪成珠⑥，宋人削玉为楮⑦。

贤乃国家之宝，儒为席上之珍⑧。

王者聘贤，束帛加璧⑨；真儒抱道，怀瑾握瑜⑩。

【注释】

①明月：明月珠，其光晶莹似月。夜光：夜光珠，夜里能发光。璠玙（fán yú）：美玉名。后泛指珠宝，引申比喻美德贤才。琬琰（wǎn yǎn）：美玉名。引申比喻品德或文词之美。

②燕石为玉：宋国有一个人把燕石当作玉，用十重橘红色的丝巾包藏起来。什：即十。袭：重叠。缇（tí）巾：橘红色的丝巾。

③璞（pú）玉：包在石中而尚未雕琢之玉。比喻尚未为人所知的贤才。卞和：楚国人，他得到一块璞玉献给楚王，结果楚厉王和楚武王都认为是欺骗自己，先后砍去了他的双足，后来文王相信了卞和，剖开璞玉，果真得到一块美玉，起名为"和氏璧"。刖（yuè）：古代的一种酷刑，把脚砍掉。

④惠王之珠：战国时魏惠王，曾吹嘘自己有玉能照亮前后十二乘车。

⑤和氏之璧：和氏璧被赵国得到后，秦国说愿意用十五座城池换取它。

⑥鲛人：传说中居于海底的人鱼。泣泪成珠：《博物志》载，水国鲛

人的泪滴可以变成珍珠。

⑦削玉为楮（chǔ）：传说宋国有人用玉刻削成楮树叶，放在真楮叶中很难分辨真假。

⑧贤乃国家之宝：秦国需要攻打楚国，派人去楚国看看有什么宝贝。楚国大将昭奚恤对秦国使者说："楚国最宝贵的就是贤人，请随便看吧。"儒为席上之珍：这是孔子曾经说过的话，意思是说儒者就像席上的珍宝一样等待人来聘用。这句话意思就是圣贤和儒家文化都很高尚，对国家、对个人都很有益处。

⑨王者聘贤：汉武帝派人带束帛和玉璧请申公到朝廷来任职。束帛：捆为一束的五匹帛。古代用为聘问、馈赠的礼物。

⑩抱道：坚持真理。怀瑾握瑜：怀里拥着瑾，手中握着瑜。瑾、瑜：都指美玉。

【译文】

值得珍惜的是"明月"和"夜光"那样的珍珠，值得珍视的是"璠瑜""琬琰"那样的美玉。

宋人把燕石当成宝玉，用十层橘红色的丝巾箱匣重重叠叠地包裹密藏；楚王则将璞玉当作石头看待，两次砍下卞和的脚。

魏惠王的宝珠，光芒可以照亮前后车二十余乘；和氏璧的价值很高，可以用它来换取十五座城池。

鲛人哭泣的眼泪化成了珍珠，宋人以玉雕琢成楮叶真假难辨。

贤能的人如同国家的宝贝，读书人如同席上的珍品。

古时君王聘请贤士，要以束帛加美玉为聘礼；真正的儒者坚守道义，如同"怀瑾握瑜"，品德高洁。

【原文】

雍伯多缘，种玉于蓝田而得美妇①；太公奇遇，钓璜于渭水而遇文王②。

剖腹藏珠，爱财而不爱命③；缠头作锦，助舞而更助娇④。

孟尝廉洁，克俾合浦还珠⑤；相如忠勇，能使秦廷归璧⑥。

玉钗作燕飞，汉宫之异事⑦；金钱成蝶舞，唐库之奇传⑧。

广钱固可以通神⑨，营利乃为鬼所笑⑩。

【注释】

①雍伯：应为伯雍。相传古时有一个叫杨伯雍的年轻书生，家境欠佳，性至孝，父母死，即以葬地为家。有一仙人给他一斗石头，说："种之可以产玉，且获美妻。"数年后玉子生石上，后又在玉田中得白璧五双。后闻徐氏女美，往求婚，徐家索白璧一双为聘，伯雍乃娶徐女为妻。

②太公：即姜子牙。钓璜：垂钓而得玉璜。喻臣遇明主，君得贤相。周文王访贤者，遇姜太公垂钓于野。太公向文王进言，说："以饵取鱼，鱼可杀；以禄取人，人可竭，君王只有不惜爵禄网罗人才，才能使天下归之。"文王遂拜太公为师。

③剖腹藏珠：破开肚子把珍珠藏进去。比喻为物伤身，惜物伤生，轻重颠倒。唐太宗曾经问侍臣："听说西域商人得美珠，剖身以藏，有这

种事吗?"侍臣说:"有的。"太宗说:"商人的行为的确很荒谬,但是,有的人为了贪污而失去性命;有些皇帝为了追求享乐就断送国家的未来。他们的行为不就和那个商人一样笨吗?"

④缠头作锦:舞女缠在头上的装束,也指赠给舞女的锦帛及钱财。

⑤克:能够。俾:使。合浦还珠:广西合浦产珍珠,因太守贪欲无度,珍珠都迁移走了,后来孟尝担任太守,十分廉洁,珍珠慢慢又迁回来了。比喻东西失而复得或人去而复回。

⑥秦廷归璧:秦昭王得知赵惠王得到和氏璧,想假装以十五座城池与他交换来骗取和氏璧。赵惠王派蔺相如前去交易,秦王拿到和氏璧后却不谈城池交换事宜。蔺相如设计骗回和氏璧,并派人连夜将和氏璧送回赵国。

⑦玉钗作燕飞:汉武帝时有两仙女赠玉钗,汉武帝送给赵飞燕。宫人想打碎玉钗,结果玉钗变成白燕飞天而去。

⑧金钱成蝶舞:唐穆宗时,宫中牡丹花开放,有黄色、白色的蝴蝶数万只在花间飞舞。皇帝命令张网捕捉,得到数百只,仔细一看,原来是府库的金钱。

⑨广钱通神:唐代张延断案,有人送他一万钱,请他不要过问此事,张延不理会。第二天,有人又送十万钱,张延说:"十万钱可以通神灵,我担心遭受灾祸,不能不停止了。"广:多。

⑩为鬼所笑:南朝刘伯龙担任官职,家中很穷,想赚点钱,旁边有一个鬼拍手大笑,刘伯龙叹息说:"贫穷是命,今天竟被鬼所笑话。"于是断了这个念头。

【译文】

杨雍伯机缘很好,在蓝田种玉,又以所收获之玉为聘礼,娶了美貌的妻子;姜太公有奇遇,在渭水钓得璜玉,而后遇见周文王,辅佐文王建立了周朝。

剖开肚子来藏珍珠,这种人只知爱财而不知爱惜生命;把锦缎裹在头上，既助舞姿更添娇容。孟尝廉洁，能够使已迁住他处的珍珠又返回合浦；蔺相如忠勇，终于使秦国归还了和氏璧。

玉钗化为燕子飞去，这是汉代宫廷的异事；金钱变作蝴蝶飞舞，这是唐朝国库的传奇。

钱财多了，连神明都可通达；经营谋利，连鬼都会耻笑。

【原文】

以小致大，谓之抛砖引玉①；不知所贵，谓之买椟还珠②。

贤否罹害，如玉石俱焚③；贪得无厌，虽锱珠必算④。

崔烈以钱买官，人皆恶其铜臭⑤；秦嫂不敢视叔，自言畏其多金⑥。

熊衮父亡，天乃雨钱助葬⑦；仲儒家窘，天乃雨金济贫⑧。

汉杨震畏四知而辞金⑨，唐太宗因惩贪而赐绢⑩。

【注释】

①抛砖引玉：抛出砖去，引回玉来。比喻用自己不成熟的意见或作品引出别人更好的意见或好作品。相传唐代诗人赵嘏（gǔ）至吴，常建欲得其诗，知他必游灵岩寺，乃先题诗两句于寺壁。赵嘏游寺见后，补上两句以成一绝。常建诗不及赵嘏，时人乃谓常建之举是抛砖引玉。

②买椟还珠：买来装珍珠的木匣退还了珍珠。比喻没有眼力，取舍不当，次要的东西比主要的还要好。楚国有个商人到郑国去卖珍珠，为了生意好，他用木兰做成装珍珠的匣子，用桂椒熏过，缀着珠玉，插着玫瑰，再以翡翠装饰。郑人买下椟，而把珍珠还给卖主。椟（dú）：匣子。

③否：指不贤的人。罹（lí）害：指遭受苦难或不幸。玉石俱焚：美玉和石头一样烧坏。比喻好坏不分，同归于尽。

④锱珠必算：指对很少的钱或很小的事，都十分计较。形容非常小气，也比喻气量狭小。锱（zī）：古代一两的四分之一。铢（zhū）：古代一两的二十四分之一。二者都是古代很小的重量单位。

⑤崔烈以钱买官：汉代人崔烈，用五百万钱买了一个司徒的官职，结果儿子崔均说："外面的人都说你有铜臭味。"

⑥秦嫂不敢视叔：传说苏秦潦落时，嫂子不给他做饭。受到赵王重用后，嫂子跪在地上不敢抬头见他，苏秦问她为何，嫂子说："因为你地位高，钱非常多。"

⑦熊衮（gǔn）：唐代御史，奉公守法，家无积蓄。父亲死后，上天降下十万钱帮他安葬。雨钱：下雨钱。

⑧仲儒：翁仲儒家贫，上天降下十斛金给他家，因此他可以与王侯比富。雨金：下金雨。

⑨杨震：汉代人，曾经推荐王密为邑令，王密晚上带着金子赠给他，说："黑夜无人知道。"杨震说："天知地知，你知我知，何谓无知。"

⑩惩贪而赐绢：唐代长孙顺德接受别人贿赂的绢，事情被发觉后，唐太宗又赐给他绢十匹，使他羞愧难当。

【译文】

拿小的价值较差的东西，引来较大较好的东西，这种方式称为"抛砖引玉"；只看外观不知实际的价值，这钟贪贱失贵的行为叫作"买椟还珠"。

好人坏人一同遭祸，称之为"玉石俱焚"；贪得无厌的人，称为"锱铢必算"。

崔烈用钱财买来官位，人们都厌恶他身上的铜臭味；苏秦佩了相印以后，他的嫂子不敢正眼看他，自称是害怕苏秦地位高又有钱。

熊衮清廉，父亲死了而无钱安葬，天上降下钱币来帮助他办理丧事；翁仲儒家境贫穷，天上落下金子周济他的贫困。

汉代杨震害怕"天知、地知、你知、我知"，而拒绝别人赠送的金钱；唐太宗为整治贪污受贿，故意赐给长孙顺德绢帛，使他羞愧难当。

【原文】

晋鲁褒作《钱神论》，尝以钱为孔方兄①；王夷甫口不言钱，乃谓钱为阿堵物②。

然而床头金尽，壮士无颜；囊内钱空，阮郎羞涩③。

但匹夫不可怀璧④，人生孰不爱财？

【注释】

①鲁褒：西晋文学家。生卒年不详。字元道。南阳（今属河南省）人。著有《钱神论》。

②王夷甫：阿堵物：晋时，王衍一生从不谈论钱或说"钱"字，他的妻子故意将钱放在房中，挡住他走路，想逼他说出一个"钱"字。谁知王衍看见了钱，因钱堵住走路，就教他妻子把阿堵物拿开，就是不说出一个"钱"字。阿堵物：这个东西。即钱。

③阮郎羞涩：指手头无钱。晋代阮孚带一个包囊游会稽（kuài jī，一为山名，在浙江省绍兴县东南；一为郡名，今江苏省东部及浙江省西部地区），有人问他包中是何物，阮孚说："只有一文钱看包，恐怕它羞涩。"

④匹夫怀璧：同"匹夫无罪，怀璧其罪"，比喻有才能、有理想而受害。匹夫：古代指平民中的男子；泛指平民百姓。怀璧：身藏璧玉。比喻多财招祸或怀才遭忌。

【译文】

西晋鲁褒作《钱神论》，曾经称钱为"孔方兄"；王衍一生厌恶谈钱，把钱说成是"阿堵物"。

一旦床头的黄金用完了，即使是大丈夫，也会觉得颜面无光；口袋里没有钱的时候，阮孚也会感到有些羞涩。

虽说平常百姓不可以私藏宝玉，但人生在世谁不喜爱钱财？

贫　富

【题解】

中国古代是以农业为主的社会，贫富程度主要取决于土地占有的多少。本篇着重讲述那些家庭贫穷之人却仍然努力学习从而改变自己命运的故事，也对那些富可敌国却肆意浪费的人表示鄙夷。作者的目的是用这些故事教育儿童要有"贫贱不能移，富贵不能淫"的精神，即使是处在困境，也不要怨天尤人，一蹶不振，而是要通过努力改变自己的境况。作者对于金钱的态度，即使放在今天，仍有着非常积极的教育意义。

【原文】

命之修短①有数，人之富贵在天。

惟君子安贫，达人知命②。

贯朽粟陈，称羡财多之谓③；紫标黄榜，封记钱库之名④。

贪爱钱物，谓之钱愚⑤；好置田宅，谓之地癖⑥。

守钱虏，讥蓄财而不散⑦；落魄夫，谓失业之无依⑧。

贫者地无立锥⑨，富者田连阡陌⑩。

【注释】

①修短：长短。

②安：安于。达人知命：心胸豁达的人，安于命运。达人：通达事理的人。

③贯朽粟陈：钱串子断了，谷子烂了。比喻极富有。贯：穿钱的

绳子。

④紫标黄榜：梁武帝爱钱，每百万为一堆，挂上黄榜；每千万为一库，挂上紫标。

⑤钱愚：晋代和峤担任太傅，富比王侯，但是吝啬，杜预称他为"钱愚"。

⑥地癖：唐李恺善于置办田产，人称地癖。

⑦守钱虏：汉代马援发财后，将其钱财全部分给亲朋好友，说："挣了钱，贵在能施舍予人，否则只是守钱奴罢了。"虏：奴隶，奴仆。

⑧落魄：穷困不得意。

⑨立锥：插锥子，形容地方小。

⑩田连阡陌（qiān mò）：形容田地广袤，接连不断。阡陌：田间纵横交错的小路。

【译文】

人寿命的长短自有定数，人的富贵全取决于天意。

只有君子才能安贫乐道，乐观的人才能了解命运顺其自然。

"贯朽粟陈"，是羡慕别人财多的说法。"紫标黄榜"，是封闭钱库、标明钱数的标记。

贪爱钱财的人叫做"钱愚",喜欢买地置田的人叫"地癖"。

"守钱虏"是讥讽财富多而又吝啬的人,"落魄夫"是指贫困失业无所依靠的人。

贫穷的人连块锥尖大小的土地都没有,富人的田地则南北相连非常广阔。

【原文】

室如悬磬①,言其甚窘;家无儋石②,谓其极贫。

无米曰在陈,守死曰待毙③。

富足曰殷实,命蹇曰数奇④。

苏涸鲋⑤,乃济人之急;呼庚癸⑥,是乞人之粮。

【注释】

①室如悬磬:屋里就像挂着石磬一样。形容穷得什么也没有。悬:悬挂。磬:石制或玉制的乐器,很光滑,中空。

②家无儋石:形容家里没有存粮。比喻家境困难。儋(dàn):同"担",古代容量单位。一石是十斗,两石为一担。

③在陈:指孔子周游列国,在陈被困之事。楚国派人聘请孔子,孔子前往楚国,经过陈蔡时,被陈蔡出兵包围,断粮七天。待毙:等死。

④蹇(jiǎn):艰阻,不顺利。数奇:命数单而不偶合,指命运不好。

⑤苏涸鲋:喻处于困境、亟待救援的人或物。苏:苏醒,复生。涸(hé):失去水而干枯。鲋(fù):鲫鱼。指小鱼。庄周学问很大,但家贫,向监河侯借粮,监河侯说:"等秋后我的采邑税金收上来,借给你三百金。好不好?"庄周很生气地说:"昨天,在我回这里的路上,有条陷入干涸车辙里的鲋(fù)鱼,向我求升斗之水以活命。我说:'等我去引西江水来救你。'鲋鱼说:'如果这样,不如早一点到卖干鱼的市场找我吧。'"

⑥呼庚癸:表示请求接济粮食。庚癸:古时军中粮食的隐语。庚:西方,主谷物;癸:北方,主水。春秋时,吴国的申叔仪向公孙有山氏

借粮，公孙有山氏回答说："细粮没有了，只有粗粮。如能登上首山高呼'庚癸'，就可得到粮食。"

【译文】

"室如悬磬"，是形容生活极为窘迫；"家无儋石"，是形容人穷困到了极点。

断绝了粮米叫"在陈"，坐着等死叫"待毙"。

家境富裕钱粮充足称为"殷实"，命运不佳遇事不顺称作"数奇"。

"苏涸鲋"是指援助危难中的人，"呼庚癸"是指向人借贷钱粮。

【原文】

家徒壁立，司马相如之贫[1]；㸑廖为炊，秦百里奚之苦[2]。

鹄形菜色，皆穷民饥饿之形[3]；炊骨爨骸，谓军中乏粮之惨[4]。

饿死留君臣之义，伯夷叔齐[5]；资财敌王公之富，陶朱猗顿[6]。

石崇杀妓以侑酒，恃富行凶[7]；何曾一食费万钱，奢侈过甚[8]。

【注释】

①家徒壁立：家中空有四面墙壁。形容家中贫穷，一无所有。汉代司马相如路过临邛（qióng），爱上了新寡的卓文君，卓文君夜奔相如。两人回到成都，家中全无资财，空有四面墙壁。

②㸑廖为炊：指用门闩烧火做饭。比喻十分贫困。㸑廖（yǎn yí）：门闩。春秋时，秦国大夫百里奚原为虞国大夫，虞亡时被晋所俘虏作为陪嫁之臣送给秦国。后来百里奚又逃亡到楚国，被楚国扣押。秦穆公听说他贤能，用五张黑羊皮把他赎回来。后来一个下人在洗衣服时唱道："百里奚，五羊皮，忆别时，烹伏雌，炊㸑廖，今日富贵忘我为。"百里奚询问，原来是自己离散的妻子。

③鹄形菜色：形容面黄肌瘦的样子。鹄（hú）：天鹅，面瘦颈长。菜色：形容因五谷不收，人只吃菜，所以脸色呈菜色。

④炊骨爨（cuàn）骸：指军队没有粮食，只好拿人马的骨骸来

做饭。

⑤伯夷叔齐：商代末年，商的属国孤竹国君的两个儿子伯夷和叔齐，因都不愿继承国君之位而出走。后来武王灭商建立周朝，两个人又以食周粟为耻，隐于首阳山采薇而食，后皆饿死。

⑥敌：相当。陶朱：指范蠡，曾积累财产百万，自号陶朱公。猗顿：山东的贫士，听说陶朱公致富，前往请教致富之术，后来按陶朱公的指点去做，很快致富。

⑦杀妓以侑酒：晋代石崇让美人劝王敦饮酒，王敦不喝，结果石崇杀掉了两个美人。侑（yòu）酒：劝酒。

⑧一食费万钱：晋代何曾一顿饭花费万钱，还说无处下筷。

【译文】

"家徒壁立"，是说司马相如如此贫穷；"庾廪为炊"，是说百里奚的生活曾经极为困苦。

"鹄形菜色"，是形容穷人饥饿的模样；"炊骨爨骸"，是形容军中缺粮时的惨状。

伯夷、叔齐宁愿饿死也不食周粟，以留君臣大义；陶朱、猗

顿善于经营，资产比得上王公贵族之富有。

石崇以美女向客人劝酒，客人不饮便将歌妓杀死，这是富豪横蛮的做法；一顿饭吃下来花费万金，实在是过分奢侈。

【原文】

二月卖新丝，五月粜新谷，真是剜肉医疮①；三年耕而有一年之食，九年耕而有三年之食，庶几遇荒有备②。

贫士之肠习藜苋，富人之口厌膏粱③。

石崇以蜡代薪，王恺以饴沃釜④。

范丹釜中生鱼，破甑生尘⑤；曾子捉襟见肘，纳履决踵，贫不胜言⑥。

子路衣敝缊袍，与轻裘立⑦；韦庄数米而炊，称薪而爨，俭有可鄙⑧。

总之饱德之士，不愿膏粱⑨；闻誉之施，奚图文绣⑩？

【注释】

①粜（tiào）：本意为卖米。引申为卖出之意。剜肉医疮：比喻只顾眼前，用有害的方法来救急，不顾日后的困苦。剜（wān）：用刀掏挖。

②庶几：希望，但愿。

③藜苋（lí xiàn）：藜藿（huò）和苋菜。泛指贫者所食之粗劣菜蔬。膏粱：肥肉和细粮。泛指美味的饭菜，代指富贵生活。

④以蜡代薪：晋代石崇曾用蜡代替木柴。以饴（yí）沃釜：晋代王恺曾用饴糖洗锅。

⑤范丹：东汉时人范丹，家贫，时常断炊，但却不以为意，言笑自若。乡里人作歌谣讥笑他说："甑中生尘范史云，釜中生鱼范莱芜。"釜中生鱼，破甑生尘：表明经常断炊。后形容生活贫困，也比喻官吏清廉自守。鱼：指小虫子。

⑥捉襟见肘：拉一拉衣襟就露出臂肘。形容衣服破烂，处境困难。也比喻顾此失彼，穷于应付。纳履决踵：穿鞋时往上一提，鞋后跟就裂开了。比喻穷困、窘迫。纳：穿。履：鞋。决：破裂。踵（zhǒng）：脚后跟，引

申为鞋后跟。相传曾参在卫国时，生活极端贫困，竟至一连几天无法生火烧饭，饿得脸浮肿；十年不做衣服，理一下衣襟，臂肘就露出来，穿着没有后跟的鞋。

⑦子路：即仲由，字子路，又字季路，春秋末鲁国人。孔子得意门生，以政事见称。性格爽直率真，有勇力才艺，敢于批评孔子。孔子了解其为人，评价很高，曰："衣敝缊袍，与衣狐貉者立而不耻者，其由也与？'不忮（zhì 嫉妒，忌恨）不求，何用不臧？'"缊（yùn）袍：用乱麻旧棉做絮的袍，是贫穷的人穿的。轻裘：轻暖珍贵的狐皮袍子。

⑧韦庄：唐朝时期，著名诗人。韦庄出身贫寒，成名后还保持俭朴的生活。经常数着米粒来做饭，用秤称好柴禾来烧火，经常被人耻笑。数米而炊：先数米粒再做饭。称薪而爨：称了柴草煮饭。原指只注意小事，不从大处着眼。后也形容生活贫困或极其吝啬。

⑨饱德：心中充满仁德。

⑩奚：何必。图：贪图。文绣：刺绣华美的丝织品或衣服。

【译文】

二月蚕尚未吐丝就已预先出售，五月稻谷尚未成熟便已出卖，真是"剜却心头肉，医得眼前疮"；耕种三年的田地，就可以积蓄一年的粮食，耕种九年就可储备三年的粮食，这样即使遇到灾荒，也可以有备无患。

贫寒之人的肠胃习惯了野菜粗食，富贵人家吃腻了肥肉细粮。

石崇以蜂蜡当柴火烧，王恺用饴糖洗锅。

范丹穷困断炊，锅里可以用来养鱼，饭盆落满灰尘；曾子安贫乐道，衣服破损得提整衣襟就会露出手肘，鞋子破得露出脚后跟，其贫寒的样子无法用语言来形容。

子路穿着破袍子，与穿着珍贵皮衣的人站在一起；韦庄做饭要数着米粒下锅，柴薪要称了分量才拿去烧火，节俭到这种程度就让人鄙视了。

总而言之，富于仁义德行的人，不羡慕美味佳肴；名望声誉卓著的人，怎么会去贪图锦衣华服呢？

疾病死丧

【题解】

由于古代科学水平低下，古人在疾病面前往往无能无力。古人对死亡及死后世界极为恐惧，因此他们更加重视死丧之礼。丧礼是中国古代"五礼"之一，在记载古代礼俗的儒家经典《仪礼》中，关于丧礼的部分就有四篇，占了全书的四分之一。因此，本篇虽名为"疾病死丧"，重点则是对"死丧"特别是丧礼部分的介绍。本文的目的是让儿童从小就要懂得应慎重地对待丧事，虔诚地祭祀祖先，以获得祖宗的庇佑。

【原文】

福寿康宁，固人之所同欲；死亡疾病，亦人所不能无。

惟智者能调①，达人自玉②。

问人病曰贵体违和③，自谓疾曰偶沾微恙④。

罹病者，甚为造化小儿所苦⑤；患病者，岂是实沈台骀⑥为灾？

病不可疗，曰膏肓⑦；平安无事，曰无恙。

【注释】

①调：调理，调养。

②玉：珍重，爱护。

③违和：不协调；失常。身体失于调理而不适。

④微恙：小毛病。

⑤罹（lí）：遭遇。造化：命运。小儿：小子，轻蔑的称呼。这是对

于命运的一种风趣说法。

⑥实沈、台骀（dài）：传说中的参宿之神、汾（fén）水之神，能使人生病。

⑦膏肓：形容病情险恶无法医治。膏：指心下的部位。肓（huāng）：指膈上薄膜。

【译文】

幸福、长寿、健康、安宁，是人人所期望的；死亡、疾病，也是人们所不可避免的。

只有聪明的人才会调养自己，通情达理的人才会珍爱自己。

询问别人的病情，说是"贵体违和"；称自己有病，说"偶沾微恙"。

遭疾病困扰，就说生病的人深受造化小儿的折磨；患了疾病，说难道是实沈、台骀作怪？

病情严重到无法治疗，叫做"病入膏肓"；平安无事，称为"无恙"。

【原文】

采薪之忧①，谦言抱病；河鱼之患②，系是腹疾。

可以勿药，喜其病安；厥疾勿瘳，言其病笃③。

疟不病君子，病君子正为疟耳④；卜所以决疑，既不疑复何卜哉？

谢安梦鸡而疾不起，因太岁之在酉⑤；楚王吞蛭而疾乃瘳，因厚德之及人⑥。

将属纩，将易箦，皆言人之将死⑦；作古人，登鬼箓⑧，皆言人之已亡。

亲死则丁忧⑨，居丧则读礼⑩。

【注释】

①采薪之忧：病了不能打柴。自称有病的婉辞。亦称"负薪之忧"。

②河鱼之患：腹泻的病。因为鱼腐烂是从内至外，故用河鱼之患指

腹泻。

③厥：那个。瘳（chōu）：病愈。病笃：病重。

④疟不病君子：晋朝有一小儿的父亲得了疟疾，有人问他："你父亲是有品德的君子，怎么会得疟疾呢？"小儿说："正因为它是让君子患病，所以才叫疟疾。"疟：指疟疾，一种由于蚊虫叮咬所引起的虫媒传染病，发病时全身忽冷忽热，俗称打摆子、寒热病。

⑤谢安梦鸡：晋代谢安梦见乘坐桓温的车子走了十六里，看见一只白鸡就停下来了，不知何意。后来谢安接替桓温任宰相，过了十六年忽然得病，谢安才悟到："原来十六里意味着十六年；见到白鸡而停止，意味着酉年，我将一病不起了。"不久果然病死。太岁：太岁神的简称，乃道教值年神灵之一，一年一换，当年轮值的太岁神叫值年太岁（流年太岁）。太岁神在所有神中影响力最大，素有年中天子之称，掌管人世间一年的吉凶祸福。

⑥楚王吞蛭：楚王吃饭时吃出一条水蛭来，想吐掉又怕厨师因此获罪，就勉强吞进去而得病。令尹知道其中的缘由，就对楚王说："大王有这样的德行，此病不会有什么伤害。"后来果然好了。蛭（zhì）：水蛭，俗称蚂蟥。环节动物。体一般长而扁平，略似蚯蚓，前后各有一个吸盘。生活在淡水或湿润处，能吸人畜的血。

⑦属纩：将新绵放在临死人的鼻下，检查是否断气。属：瞩目，观察。纩（kuàng）：本意是新丝棉，后泛指丝棉。易：更换。簧（kuì）：竹席。

⑧鬼箓：亦作"鬼录"，迷信者所谓阴间死人的名簿。箓（lù）：簿籍。

⑨丁忧：遭遇忧伤，指居丧。原指遇到父母或祖父母等直系尊长等丧事，后多指官员居丧。根据儒家传统的孝道观念，朝廷官员在位期间，如若父母去世，则无论此人任何官何职，从得知丧事的那一天起，必须辞官回到祖籍，为父母守制二十七个月。

⑩读《礼》：《礼记》中载，死者未葬时读葬礼，既葬则读祭礼。

【译文】

"采薪之忧"，是患病者的自谦之语；"河鱼之患"，是指得了腹泻。

"可以勿药"，是为病将痊愈而高兴；"厥疾勿瘳"，是说病得很重。

传说疟疾不敢侵犯君子，既然君子得了疟疾，那就是它在作"疟"；占卜是为了解决疑惑的事，既然没有疑问又何必占卜呢？

谢安病中梦行路十六里遇鸡而停止，悟到自己鸡年将会重病不起；楚惠王待人有厚德，虽然吞吃了蛭而生病，但不久便痊愈了。

"将属纩""将易箦"，都是说人将死亡的意思；"作古人"和"登鬼箓"，都是指人已经死亡了。

父母亲去世应当辞官居丧，居丧时应当阅读祭礼。

【原文】

在床谓之尸，在棺谓之柩①。

报孝书曰讣，慰孝子曰唁②。

往吊曰匍匐③，庐墓曰倚庐④。

寝苫枕块，哀父母之在土⑤；节哀顺变，劝孝子之惜身⑥。

男子死曰寿终正寝，女人死曰寿终内寝⑦。

天子死曰崩，诸侯死曰薨，大夫死曰卒，士人死曰不禄，庶人死曰死，童子死曰殇⑧。

【注释】

①柩（jiù）：装有尸体的棺材。

①讣（fù）：讣告，报丧的文书。

②唁（yàn）：吊丧，慰问死者家属。

③吊：吊丧，吊唁。匍匐：爬行，指前往吊唁。

④庐墓：指古人于父母或师长死后，服丧期间在墓旁搭盖小屋居住，守护坟墓。倚庐：古代在父母墓边搭小屋居住以守墓，称为倚庐。

⑤寝苫枕块：古代礼教，子从父母之丧起至入葬期间，不能住寝室，要睡在草席上，以土块为枕。苫（shān）：草席。块：土块。在土：埋在土中。

⑥节哀顺变：抑制哀伤，顺应变故。用来慰唁死者家属的话。节：节制；变：事变，变故。

⑦正寝：正屋。内寝：内室。古代男子将要死时，就移到正屋东首，以候气绝。如果是女子则仍然躺在内室。

⑧薨（hōng）：古代称诸侯或有爵位的大官死去。殇（shāng）：没有到成年就死去。

【译文】

人死后停于灵床称为"尸"，已盛入棺材叫作"柩"。

报丧的文书叫作"讣"，到丧家去安慰孝子叫作"唁"。

去丧家吊唁叫作"匍匐"，居于建在墓旁守墓的屋子称为"倚庐"。

"寝苫枕块"，是哀悼父母即将入土；"节哀顺变"，是劝慰丧家要爱惜身体。

男子死，称为"寿终正寝"；女子死，称为"寿终内寝"。

天子死叫"崩"，诸侯死叫"薨"，大夫死叫"卒"，士人死叫"不禄"，平民百姓死叫"死"，未成年人死叫"殇"。

【原文】

自谦父死曰孤子，母死曰哀子，父母俱死曰孤哀子；自言父死曰失怙，母死曰失恃，父母俱死曰失怙恃①。

父死何谓考②？考者成也，已成事业也；母死何谓妣？妣者媲也，克媲父美也③。

百日内曰泣血④，百日外曰稽颡⑤，期年曰小祥⑥，两期曰大祥⑦。

不缉曰斩衰，缉之曰齐衰，论丧之有轻重；九月为大功，五月为小功，言服之有等伦⑧。

【注释】

①怙（hù）、恃（shì）：都是依赖的意思。

②考：称已经死去的父亲。

③妣（bǐ）：称已死去的母亲。克：可以。媲（pì）：匹配，比得上。

④泣血：无声痛哭，泪如血涌。形容极度悲伤。

⑤稽颡：叩头。稽（qǐ）：古时叩头的敬礼。颡（sǎng）：额头。

⑥期（jī）年：整一年，一周年。期（jī）：一周年，一整月。小祥：父母死后周年的祭礼称小祥。

⑦大祥：父母死后两周年的祭礼叫大祥。

⑧缉：本意把麻析成缕连接起来。后指一种缝纫方法，一针对一针地缝。衰：古代丧服，用粗麻布制成。丧服有五种，即斩衰、齐衰、大功、小功、缌麻，按与死者的不同关系穿用。穿的时间也有长短，大功要穿九个月，小功要穿五个月，缌（sī）麻要穿三个月。斩衰：不缝边的丧服。齐衰：缝边的丧服。

【译文】

父亲死了自己谦称"孤子"，母亲死了自谦为"哀子"，父母俱亡自称为"孤哀子"；自言父亲去世说"失怙"，母亲去世说"失恃"，父母皆不在则说"失怙恃"。

为什么称呼已去世的父亲为"考"？因为"考"有"成就"的意思，

取父亲创业有成之义；为什么称呼已去世的母亲为"妣"？因为"妣"通"媲"，是说母亲能媲美父亲的德行事业。

父母去世后百日之内的哭泣叫"泣血"，百日之外居丧者答谢宾客的跪拜礼节称"稽颡"，周年祭礼叫作"小祥"，两周年的祭礼称为"大祥"。

用粗麻布做孝服且不缝边的谓之"斩衰"，用粗麻布做孝服且缝边的叫作"齐衰"，这是表示丧礼有轻重的等级；服丧九个月所穿的丧服叫"大功"，五个月的丧服叫"小功"，亲疏不同所穿丧服及丧期也有不同。

【原文】

三月之服曰缌麻①，三年将满曰禫礼②。

孙承祖服，嫡孙杖期③；长子已死，嫡孙承重④。

死者之器曰明器⑤，待以神明之道；孝子之杖曰哀杖⑥，为扶哀痛之躯。

父之节在外，故杖取乎竹；母之节在内，故杖取乎桐。

以财物助丧家，谓之赙⑦；以车马助丧家，谓之赗⑧；以衣殓死者之身，谓之禭⑨；以玉实死者之口，谓之琀⑩。

【注释】

①缌麻：丧服名，用细麻布制成。

②禫（dàn）礼：指除去丧服的祭礼。

③杖期：旧时服丧礼制，祖父母死了，嫡孙要服一年丧，手中拿着丧杖，称为杖期。

④承重：长子死了，由嫡孙代替服丧，称为承重孙，即承担重任的意思。

⑤明器：陪葬的器物。

⑥哀杖：古代按照男主外，女主内的礼制，居父丧时，用粗糙的竹

杖，居母丧时用桐木杖。

⑦赙（fù）：以财物助人办丧事。

⑧赗（fèng）：助葬用的车马。

⑨殓（liàn）：给尸体穿衣下棺。襚（suì）：给死者赠送衣被。

⑩实：充实，填塞。琀（hán）：通"唅"，含在死者口中的珠、玉、贝的通称。

【译文】

穿用细麻布做的丧服服期三个月叫"缌麻"，服丧满三年要举行除丧服的礼节叫"禫礼"。

孙子为祖父母服丧，嫡孙执哀杖，为期一年；长子已死，嫡长孙要承担丧祭和宗庙的重任。

死者随葬的器物叫作"明器"，因为要用对待神明的办法来对待死人；孝子所执之杖称为"哀杖"，为的是扶持因丧亲而哀痛衰弱的身体。

父亲的节操在外，所以父死哀杖用竹子制作；母亲的节操在内，所以母亲死哀杖用桐木制作。

送财物给丧家，叫作"赙"；以车马帮助丧家办丧事，称为"赗"；将衣服送给死者，谓之"襚"；放在死者口中的玉，叫作"琀"。

【原文】

送丧曰执绋，出柩曰驾輀①。

吉地曰牛眠地，筑坟曰马鬣封②。

墓前石人，原名翁仲③；柩前功布，今日铭旌④。

挽歌始于田横，墓志创于傅奕⑤。

生坟曰寿藏，死墓曰佳城⑥。

坟曰夜台，圹曰窀穸⑦。

已葬曰瘗玉，致祭曰束刍⑧。

春祭曰礿，夏祭曰禘，秋祭曰尝，冬祭曰烝⑨。

【注释】

①绋(fú):古代出殡时拉棺材用的大绳。辊(ér):丧车,载运灵柩的车。

②牛眠地:晋陶侃遭父丧未葬,家中老牛也忽然不见了。有一老者告诉他:"前岗有一条牛睡在泥污中,以该地为葬地,将来必位极人臣。"马鬣封:坟墓上封土的一种形状。鬣(liè):动物颈上的长毛。

③翁仲:传说秦代阮翁仲身高异于常人,秦始皇命他出征匈奴,死后铸铜像立于咸阳宫外。

④功布:古代丧礼中用以迎神或引柩(jiù)之布。铭旌:竖在柩前以表明死者官职、姓名的旗幡。

⑤挽歌:送葬时所唱的哀歌。田横(?—前202年):秦末群雄之一,原为齐国贵族,在陈胜吴广大泽乡起义后,田横与兄田儋、田荣也反秦自立,兄弟三人先后占据齐地为王。后汉高祖刘邦统一天下,田横不肯称臣于汉,率五百门客逃往海岛,刘邦派人招抚,田横被迫乘船赴洛,在途中距洛阳三十里地的首阳山自杀。海岛五百部属闻田横死,亦全部自杀。墓志:放在墓里的刻有死者生平事迹的石刻。傅奕(555—639年):唐初学者。唐相州邺(今河南省安阳市)人。精于天文历数。著名的反佛斗士。

⑥生坟、寿藏:给活人修的坟。死墓、佳城:给死人修的墓。

⑦夜台：指坟墓。因为闭于坟墓，不见光明，所以称为夜台，后来也用来指代阴间。圹（kuàng）：墓穴，亦指坟墓。窀穸（zhūn xī）：墓穴。

⑧瘗玉：古代祭山礼仪，治礼毕埋玉于坑。此处借指埋葬死者。瘗（yì）：埋葬。束刍（chú）：将青草捆成束放在灵前。《后汉书·徐稚传》云："生刍一束，其人如玉。"

⑨禴（yuè）、禘（dì）、尝、烝（zhēng）：古代宗庙四时的祭名。

【译文】

送葬时牵引灵柩叫"执绋"，运出灵柩叫作"驾輀"。

吉祥的葬地名为"牛眠地"，封土筑成的坟墓叫作"马鬣封"。

坟前所立的石像原名为"翁仲"，丧葬时灵柩前竖的旗幡如今叫作"铭旌"。

"挽歌"始于汉初田横的去世，"墓志"由唐代傅奕始创。

生前预建的坟墓叫作"寿藏"，死后才挖的坟墓叫作"佳城"。

坟墓又称"夜台"，墓穴又名"窀穸"。

死者已埋葬叫"瘗玉"，到坟前祭奠叫"束刍"。

天子诸侯四时宗庙之祭，春祭名"禴"，夏祭称"禘"，秋祭叫"尝"，冬祭谓"烝"。

【原文】

饮杯棬而抱痛，母之口泽如存①；读父书以增伤，父之手泽未泯②。

子羔悲亲而泣血，子夏哭子而丧明③。

王裒哀父之死，门人因废《蓼莪》诗④；王修哭母之亡，邻里遂停桑柘社⑤。

树欲静而风不息，子欲养而亲不在，皋鱼增感⑥。

与其椎牛而祭墓，不如鸡豚之逮存，曾子兴思⑦。

故为人子者，当思木本水源，须重慎终追远⑧。

【注释】

①桊（quān）：曲木制成的饮器。口泽：口中的气息。

②手泽：犹手汗。后遂以"手泽"指称先人或前辈的遗墨、遗物等。泯：泯灭，消失。

③子羔：春秋时齐国人高柴，字子羔。孔子弟子。子夏：春秋末年卫国人卜商（前507年—？），字子夏，尊称"卜子"或"卜子夏"。"孔门十哲"之一。

④王裒（bāo）哀父：晋代人王裒一读到怀念父母的《蓼莪》诗就悲痛欲绝，他的学生因此不再读这首诗。蓼莪（lù é）：《诗经·小雅·谷风之什》的一篇。全诗以充沛情感表现孝敬父母之美德，对后世影响很大。

⑤王修：三国魏人，生卒年不详，字叔治，北海郡营陵人，先后侍奉孔融、袁谭、曹操。为人正直，治理地方时抑制豪强、赏罚分明，深得百姓爱戴，官至大司农郎中令。桑柘社：社祭，社日活动。桑柘：指桑木与柘木，另一指农桑之事。

⑥皋（gāo）鱼增感：齐国人皋鱼曾对孔子说："树欲静而风不止，儿子想赡养双亲已不在。"后来痛哭而死。

⑦椎牛：杀牛。逮存：活着的时候。

⑧慎终追远：谨慎地对待父母的去世，追念久远的祖先。

【译文】

拿着杯子喝水时不禁悲从中来，因为母亲的气息还留在杯子上；读父亲遗留下的书籍更增添忧伤，因为书中满是父亲的墨迹手印。

子羔悲悼逝去的双亲而泣血，子夏痛失爱子而哭瞎了眼睛。

王裒父亲死后，每当他读到《蓼莪》诗中的句子时，都要痛哭流涕，学生们便不再去读这首诗；王修母亲死于社日，每年一到社日王修思母极为悲哀，邻里们便停止了这个社祭活动。

树想静止而风并不停息，儿子想奉养父母而双亲已谢世，皋鱼为此悲伤不已；与其父母死后杀牛到坟前祭奠，不如当他们健在时以鸡猪之肉尽心奉养，这是曾子读丧礼时的感想。

所以说为人子女的，应当想到木有本、水有源，不要忘记父母对自己有养育之恩；必须慎重地按照礼仪办理父母的丧事，虔诚恭敬地祭祀自己的祖先。

卷四

文 事

【题解】

所谓"文事",即是与文化有关的事情。古人十分重视文化的学习和修养,"万般皆下品,唯有读书高",可见古人对文化人的重视。本篇列举了中国古代重要典籍的名称,以及与文人读书学习、写诗作文相关的词语和典故。作者目的是让儿童从小就要以文学大家为榜样,养成热爱读书、勤于思考的习惯,从而逐步提升自己的文化修养。

【原文】

多才之士,才储八斗①;博学之德,学富五车②。

《三坟》《五典》,乃三皇五帝之书③;《八索》《九丘》,是八泽九州之志④。

《书经》载上古唐虞三代之事,故曰《尚书》⑤;《易经》乃姬周文王周公所系,故曰《周易》⑥。

二戴曾删《礼记》,故曰《戴礼》⑦;二毛曾注《诗经》,故曰《毛诗》⑧。

【注释】

①才储八斗:才学储备比八斗还多。比喻人富有才华。

②学富五车:形容读书多,学问大。五车:指五车书。

③《三坟》《五典》:传说中我国最古老的书籍。后人附会《三坟》为伏羲、神农、黄帝三皇之书,《五典》为少昊、颛顼(zhuān xiàng)、

高辛、尧、舜五帝之书。

④《八索》《九丘》：古书名，今已亡佚。八泽：我国古代的八大水泽。即大泽、大渚、元泽、浩泽、丹泽、泉泽、海泽、寒泽。九州：古代中国人将全国划分为九个区域，即所谓的"九州"。根据《尚书·禹贡》的记载，九州分别是：冀州、兖州、青州、徐州、扬州、荆州、豫州、梁州和雍州。

⑤《尚书》：关于上古时代的政事史料的汇编。"尚"即"上"，《尚书》即上古之书。

⑥姬周：因周朝统治者为姬姓，故称周为姬周。《周易》：儒家经典之一，相传伏羲画八卦，再将八卦重叠演变为六十四卦。周文王为六十四卦做卦辞，周公做解释每一爻（yáo）的爻辞。

⑦二戴：指西汉戴德、戴圣叔侄二人。戴德将《礼记》分为八十五篇，戴圣又将《礼记》删减为四十九篇。《礼记》：中国儒家经典之一，是战国至汉初儒家礼仪论著的总集。

⑧二毛：指汉代的毛亨、毛苌二人，曾为《诗经》作注。《诗经》：中国古代第一部诗歌总集，收集了周朝初年到春秋中期的诗歌305篇。

【译文】

才华横溢的士人，称为"才储八斗"；学识广博的儒士，称为"学富五车"。

《三坟》《五典》，是记载三皇五帝事迹的历史书；《八索》《九丘》，是记载八泽九州的地理志。

《书经》是记载上古时期尧、舜和夏、商周三代的政事，所以叫《尚书》；《易经》是由周文王、周公所编纂的，所以叫《周易》。

戴德、戴圣删减《礼记》，所以《礼记》又叫作《戴礼》；毛亨、毛苌曾经注解《诗经》，故而《诗经》又名《毛诗》。

【原文】

孔子作《春秋》，因获麟而绝笔，故曰《麟经》①。

荣于华衮，乃《春秋》一字之褒②；严于斧钺，乃《春秋》一字之贬③。

缣缃黄卷，总谓经书④；雁帛鸾笺，通称简札⑤。

【注释】

①《春秋》：编年体史书名，相传为孔子据鲁国史书修订而成。获麟而绝笔：鲁哀公十四年（前481年）春，鲁人打猎时捕获了麒麟。麒麟是仁兽却被捕获，孔子很感伤，就不再继续编订《春秋》了。

②华衮（gǔn）：帝王与权臣的华丽礼服。

③斧钺（yuè）：古代酷刑中的一种，意思是用斧钺劈开头颅，致人死。

④缣缃（jiān xiāng）：供书写用的浅黄色细绢。也代指书册。黄卷：指道书或佛经，因佛道两家写书用黄纸。经书：指儒经，即儒家经典著作。

⑤雁帛：汉昭帝在上林苑中射得一只大雁，雁脚上系着帛书，上面是苏武（西汉大臣，出使匈奴时被扣留）等人的消息。后指代书信。鸾笺：一种十分珍贵的信纸。简札：用以书写的竹简木札。代指文书、书信。

【译文】

孔子修《春秋》，至鲁哀公十四年因捕获麒麟而停笔，因此《春秋》别名《麟经》。

《春秋》上一个字的褒扬，如同华衮的荣耀；《春秋》上一个字的贬斥，如同斧钺的严厉。

"缣缃"和"黄卷"，都是经书的总称；"雁帛"和"鸾笺"，皆为书信的别名。

【原文】

锦心绣口,李太白之文章①;铁画银钩,王羲之之字法②。

雕虫小技,自谦文学之卑③;倚马可待,羡人作文之速④。

称人近来进德,曰士别三日,当刮目相看⑤;羡人学业精通,曰面壁九年,始有此神悟⑥。

五凤楼手,称文字之精奇⑦;七步奇才,羡天才之敏捷⑧。

誉才高,曰今之班马⑨;羡诗工,曰压倒元白⑩。

【注释】

①锦心绣口:比喻优美的文思,华丽的辞藻。李太白:即唐代诗人李白,字太白。

②铁画银钩:形容书法家的点画既刚劲又柔媚。王羲之:东晋著名书法家,有"书圣"之称。

③雕虫小技:比喻微小的技能。也用来谦称自己写的诗作或文章。文学:文章与学问。

④倚马可待:东晋袁宏靠着马写诏书,手不停笔,很快就写成七篇。形容才思敏捷,写文章顷刻而成。

⑤进德:增进道德。士别三日,当刮目相看:《三国志·吴书·吕蒙传》记载,三国时期吴国的鲁肃曾看不起吕蒙。有一次他与吕蒙讨论天下大事,听到吕蒙的见解后非常惊奇地说:"你如今的才干谋略,已不再是过去的吕蒙了!"吕蒙说:"对于有志向的人,分别了数日后,就应当擦亮眼睛重新看待他的才能。"三:约数,指多日。

⑥面壁九年,始有此神悟:《五灯会元》记载:达摩祖师在少林寺面对墙壁静坐修炼九年后才开始有所领悟。

⑦五凤楼手:《类说》记载,唐代和五代后梁都在洛阳城修筑过五凤楼,此楼高大雄伟。后来比喻那些文学造诣极高的人为五凤楼手。

⑧七步奇才:指三国时期曹魏著名文学家曹植,他曾在七步之内完

成了一首诗的创作。

⑨班马：指汉代两位史学家班固和司马迁。

⑩元白：指唐代两位著名诗人元稹（zhěn）和白居易。

【译文】

"锦心绣口"，是用来形容李白的诗文辞藻华丽，文思优美；"铁画银钩"，是用来比喻王羲之的书法笔力刚健，生动圆润。

"雕虫小技"，是自谦文才卑下；"倚马可待"，是称美别人写作神速。

赞扬别人进步神速，就说"士别三日当刮目相看"；称赞别人学业精通，就说"面壁九年，始有此神悟"。

"五凤楼手"，是赞他人文字精奇；"七步奇才"，是颂扬他人才思敏捷。

称誉人家才学高尚，便说是"今之班马"；称美别人善于写诗，可说是"压倒元白"。

【原文】

汉晁错多智，景帝号为智囊①；王仁裕多诗，时人谓之诗窖②。

骚客即是诗人，誉髦乃称美士③。

自古诗称李杜，至今字仰钟王④。

白雪阳春，是难和难赓之韵⑤；青钱万选，乃屡试屡中之文⑥。

惊神泣鬼，皆言词赋之雄豪⑦；遏云绕梁，原是歌音之嘹亮⑧。

涉猎不精，是多学之弊⑨；咿唔咕毕，皆读书之声⑩。

【注释】

①晁错（公元前200—前154年）：颍川（今河南禹县）人，西汉政治家、文学家。智囊：古人用来形容聪明智慧之士，后来称足智多谋的人。

②王仁裕（880—956年）：字德辇，五代著名政治家、文学家、诗人。诗窖：喻指满腹诗才、作诗很多的诗人。

③骚客：战国时期楚国诗人屈原作《离骚》，后代诗人仿效他，所以称诗人为骚人、骚客。誉髦：指有名望的英俊之士。誉：美名。髦：英俊之士。

④李杜：指唐代的大诗人李白和杜甫。钟王：指三国时期魏国大书法家钟繇和东晋大书法家王羲之。

⑤白雪阳春：也称"阳春白雪"，古代楚国的歌曲名，属于高级的音乐，后用以比喻高深的文艺作品。和：唱和。赓：继续，连续。

⑥青钱万选：青铜钱是铜钱中高级的一种，可以万选万中。后比喻科举中文辞出众，一定能被选中的文章。

⑦惊神泣鬼：可使鬼神震惊并落泪，形容词赋十分感人。雄豪：雄壮，豪壮。

⑧遏云绕梁：歌声优美，使游动的浮云为之停下来静听，又好似余音绕梁，三日不绝。

⑨涉猎不精：读书治学或学习其他技能，只作肤浅的阅览或探索，不求深入的研究和掌握。

⑩咿唔：象声词，多形容吟诵声。呫（chè）毕：指老师看着经典教人诵读，后泛指诵读。

【译文】

汉代晁错很有智慧，汉景帝称他为"智囊"；王仁裕写诗万篇，时人称他为"诗窖"。

"骚客"就是诗人，"誉髦"是俊士的美名。

自古以来论诗者推崇李白、杜甫，迄今为止书法界最敬仰的是钟繇、王羲之。

"白雪阳春"，是指最难以唱和、难以接续的高雅之曲；"青钱万选"，是形容屡试屡中的好文章。

"惊神泣鬼"，是说人诗文词赋雄健豪放；"遏云绕梁"，是说人歌声优美嘹亮。

涉猎广泛不求精深，是学习贪多求全的弊病；"咿唔咕毕"，都是勤苦诵读的声音。

【原文】

连篇累牍，总说多文[1]；寸楮尺素，通称简札[2]。

以物求文，谓之润笔[3]之资；因文得钱，乃曰稽古[4]之力。

文章全美，曰文不加点[5]；文章奇异，曰机杼一家[6]。

应试无文，谓之曳白[7]；书成绣梓，谓之杀青[8]。

袜线之才，自谦才短[9]；记问之学，自愧学肤[10]。

【注释】

[1]连篇累牍：形容文字冗长啰唆。连：连接。篇、牍：古代写字用的竹、木简。累：重叠、堆积。

[2]寸楮（chǔ）：短的书信。楮：纸的代称。尺素：小幅的绢帛，古人多用以写信或文章。

[3]润笔：毛笔泡水这个动作叫"润笔"，后来指请人家写文章、写字、作画的报酬。

[4]稽古：考察古代的事迹，以明辨道理是非、总结知识经验，从而于今有益、为今所用。

⑤全美：完美。文不加点：文章一气呵成，无须修改。形容文思敏捷，写作技巧纯熟。点：涂上一点，表示删去。

⑥机杼（zhù）一家：指文章能独立经营，自成一家。机杼：比喻文学创作中的构思布局。机：织机。杼：机梭。

⑦曳白：卷纸空白，只字未写。形容考试交白卷。

⑧绣梓：将写成的书稿刻在木板上。杀青：把竹简放到火上炙烤，除去竹青中的油水成分，起到刻字方便且防虫蛀的作用，这个工序叫杀青。后来指古人校书，先写到竹简上，改定后再写到绢帛上。后泛称写成定本或校刻付印为"杀青"。

⑨袜线之才：五代韩昭对于琴、棋、书、算、射法都有所涉猎，当时有人评价说："韩尚书学习技艺，就像拆袜子线一样，没有一条是长的。"后形容技艺多但没有一样精通的人。

⑩记问：只是记诵书本，以资谈助或应答的学问。指对学问不能融会贯通，不成体系。肤：肤浅。

【译文】

"连篇累牍"，是形容冗长累赘的文章；"寸楮尺素"，都是信札的通称。

请人作诗文书画的酬劳称为"润笔"的费用，因为教书而得到钱财称之为"稽古"的功劳。

文思敏捷一气呵成，无须修改，谓之"文不加点"；文章新奇，有自己的特色风格，称为"机杼一家"。

参加考试的人做不出文章而交白卷，叫作"曳白"；著作完成之后镌刻在梓木上，叫作"杀青"。

自谦才华不足，谓之"袜线之才"；自惭学浅，只有书本知识而无见解，称之"记问之学"。

237

【原文】

裁诗曰推敲①，旷学曰作辍②。

文章浮薄，何殊月露风云③；典籍储藏，皆在兰台石室④。

秦始皇无道，焚书坑儒⑤；唐太宗好文，开科取士⑥。

花样不同，乃谓文章之异⑦；潦草塞责，不求辞语之精⑧。

邪说曰异端，又曰左道⑨；读书曰肄业，又曰藏修⑩。

【注释】

①裁：设计，选择。推敲：指斟酌字句。唐代诗人贾岛曾经因为琢磨一句诗是用"推"还是"敲"不小心冲撞了韩愈的出行队列，韩愈帮他定下来用"敲"字。

②旷学：荒废学业。作辍：时作时停。

③浮薄：轻薄，不朴实。月露风云：比喻无用、华而不实的文字。

④典籍：指古今图书。兰台：汉代宫廷藏书之地。石室：古代收藏图书档案的地方。

⑤焚书坑儒：公元前213年，秦始皇下令除历史、医药、卜筮（shì）等书外，民间所藏《诗》《书》和诸子百家之书一律焚毁。公元前213年，下令活埋儒生四百六十余人。

⑥开科取士：指举行科举考试以选取优秀的士人。科：科举考试。

⑦花样不同：本来指纺织物不同的花纹式样，后来泛指事物的不同式样或种类。

⑧潦草：草率，不认真。塞责：对自己应尽的责任敷衍了事。

⑨邪说：荒谬有害的言论。异端：自认为正统的人对不同于自己的思想、理论的称呼。左道：邪门歪道。多指非正统的巫蛊、方术等。

⑩肄业：修习课业。藏修：专心学习。

【译文】

斟酌字句反复考虑叫作"推敲"，荒废学业叫作"作辍"。

文章浮浅言之无物，如同"月露风云"；古代典籍图书的储藏，都在"兰台石室"。

秦始皇暴虐无道，焚烧书籍，活埋儒生；唐太宗网罗人才，开科取士。

"花样不同"，是说文章风格各异；"潦草塞责"，是说草率马虎语辞不求精详。

不合正统的学说叫作"异端"，又叫"左道"；专心学业叫作"肄业"，又叫"藏修"。

【原文】

作文曰染翰操觚①，从师曰执经问难②。

求作文，曰乞挥如椽笔③；羡高文，曰才是大方家④。

竞尚佳章，曰洛阳纸贵⑤；不嫌问难，曰明镜不疲⑥。

称人书架曰邺架⑦，称人嗜学曰书淫⑧。

白居易生七月，便识之无二字⑨；唐李贺才七岁，作《高轩过》一篇⑩。

【注释】

①染翰：以笔蘸墨。指作诗文、绘画等。翰：笔。操觚（gū）：原指执简写字，后指写文章。觚：古代书写用的木简。

②执经问难：手里拿着经书向老师提问。

③乞：求。如椽笔：即"如椽巨笔"。晋代王珣梦到仙人给了他一支如同椽木一般长的笔，醒来后他告诉别人："应该会有很多文章需要我来写。"后指重要的文字，也比喻高超的写作才能。

④大方家：即"大方之家"，原指懂得大道理的人，后泛指见识广博或学有专长的人。

⑤尚：崇尚，推崇。洛阳纸贵：比喻著作广泛流传，风行一时。晋朝左思写出《三都赋》后，洛阳城内的纸因为被太多的传抄者购买而纷

纷涨价。

⑥明镜不疲：明亮的镜子不因频繁地被人照而感到疲劳，比喻人的智慧不会因为使用而受损害。

⑦邺架：唐代人李泌（bì）被封为邺侯，家中藏书三万册。后形容藏书之多。

⑧书淫：旧时称嗜书成癖、好学不倦的人。

⑨便识之无：《新唐书·白居易传》记载，唐代诗人白居易从小聪慧过人，生下来七个月的时候，乳母教他认之和无两个字。他虽然不知道怎么念，但已记在心中，乳母每次测试都毫无差错。

⑩《高轩过》：唐代诗人李贺七岁就能作诗，韩愈和皇甫湜（shí）不信，亲自到他家查验真假，李贺提笔写下一首诗，并名之为《高轩过》。

【译文】

写字作文称为"染翰操觚"，拜师学习叫作"执经问难"。

请人写文章，就说"乞挥

如椽笔"；称赞别人文章高妙，要说"才是大方家"。

文章得到大家推崇广泛流传，称为"洛阳纸贵"；有学问的人不厌烦别人请教，称为"明镜不疲"。

称赞他人书多便说"邺架"，赞美嗜书成癖好学不倦的人便称"书淫"。

白居易出生才七个月，便认识了"之""无"这两个字；李贺七岁就有文名，作了《高轩过》这首诗。

【原文】

开卷有益，宋太宗之要语①；不学无术，汉霍光之为人②。

汉刘向校书于天禄，太乙燃藜③；赵匡胤代位于后周，陶谷出诏④。

江淹梦笔生花，文思大进⑤；扬雄梦吐白凤，词赋愈奇⑥。

李守素通姓氏之学，敬宗名为人物志⑦；虞世南晰古今之理，太宗号为行秘书⑧。

茹古含今，皆言学博⑨；咀英嚼华，总曰文新⑩。

【注释】

①开卷有益：打开书本就会有所得益。常用以勉励人要勤奋学习。

②不学无术：原指没有学问因而不明白大道理，现指没有学问，没有本领。这是班固在《汉书》中对霍光的评价。

③天禄：即天禄阁，存放档案和重要图书典籍的地方。太乙燃藜（lí）：传说西汉刘向校书时，天神太乙手持藜杖来拜访，并吹燃杖端为他照明。后指夜读或者勤奋学习。

④陶谷出诏：北宋太祖赵匡胤担任后周殿前都点检时发动兵变，准备即皇帝位，但是没有后周恭帝的禅位诏书。当时担任翰林学士的陶谷早就看出赵匡胤的野心，就将暗中写好的诏书从衣袖中拿出来宣读，于是赵匡胤顺利即位。

⑤梦笔生花：南朝梁文学家江淹少年时梦到有人给他五色神笔，从

此他文思大有长进。唐代李白梦见自己的毛笔笔头上开出花来。后比喻写作能力大有进步，也形容文章写得很出色。

⑥梦吐白凤：《西京杂记》记载，西汉扬雄写《太玄经》时，梦到自己吐出一只白凤落在《太玄经》这部书上。

⑦人物志：李守素（？—约628）赵州（今河北赵县）人，世代为山东名族。十八学士之一。《旧唐书·列传第二十二》载：守素尤工谱学，自晋宋已降，四海士流及诸勋贵华戎阀阅，莫不详究，当时号为"行谱"。尝与虞世南共谈人物，言江左、山东，世南犹相酬对；及言北地诸侯，次第如流，显其世业，皆有援证，世南但抚掌而笑，不复能答，叹曰："行谱定可畏。"许敬宗因谓世南曰："李仓曹以善谈人物，乃得此名，虽为美事，然非雅目。公既言成准的，宜当有以改之。"世南曰："昔任彦升美谈经籍，梁代称为'五经笥（sì）'；今目仓曹为'人物志'可矣。"

⑧行秘书：《大唐新语·聪敏》记载，唐初大臣虞世南博学多才。有一次唐太宗出行，有人请示是否要带着书箱随行，太宗说："不用，虞世南在这里，就相当于会行走的秘书监（皇家图书馆）了。"后比喻博闻强识的人。

⑨茹古含今：比喻博学多闻，通晓古今。茹：吃。

⑩咀英嚼华：比喻读书吸取其精华。咀，细嚼，引申为体味。英、华，指精华。

【译文】

只要翻开书本就有益处，这是宋太宗身体力行的话；不知学习没有道术，是班固对霍光的评语。

汉代的刘向在天禄阁校书时，太乙星精点燃青藜杖为他照明；赵匡胤取代后周做皇帝，陶谷代替后周皇帝拟成禅位诏书从袖里捧出。

南朝梁代的江淹梦见笔上生出五彩缤纷的花朵，以后文才大有进步；汉代扬雄梦见自己口里吐出白凤来，再作词赋更加奇丽。

唐代李守素精通姓氏的学问，许敬宗称他为"人物志"；虞世南通晓古今之事，唐太宗称他为"行秘书"。

"茹古含今"，是对人学问渊博、通晓古今的称赞；"咀英嚼华"，是赞许他人文章的新奇。

【原文】

文望尊隆，韩退之若泰山北斗①；涵养纯粹，程明道如良玉精金②。

李白才高，咳唾随风生珠玉③；孙绰词丽，诗赋掷地作金声④。

【注释】

①文望：善为文的声望。韩退之：即韩愈，字退之，唐代文学家。泰山北斗：泰山和北斗星，比喻德高望重或有卓越成就而为人们所尊重敬仰的人。

②程明道：程颢，号明道，北宋著名理学家。

③咳唾随风生珠玉：形容出口即成佳句的本领。

④孙绰：东晋诗人、书法家。诗赋掷地作金声：形容作品文辞优美、声韵铿锵。

【译文】

韩愈文章声望尊隆，世人景仰他如"泰山北斗"；程颢涵养纯粹，世人比之为"良玉精金"。

李白诗才极高，出口便是珠玉之句；孙绰博学善文，词赋华丽，掷地有金石之声。

科　第

【题解】

以科举制度考选官吏后备人员时，分科录取，每科按成绩排列等第，所以称科第。科举制度创立于隋代，此后历经宋元明清，不断完善。较之此前的九品中正制，科举制度让更多的人获得了做官和改变命运的机会。当时的普通读书人或为了改变命运，或为了报效国家，只有通过此途，许多人不惜为此奋斗一生。本篇列举了与科举有关的称谓、成语及典故，目的是让儿童从小努力学习，立志科举，将来能出人头地，光宗耀祖。

【原文】

士人入学曰游泮，又曰采芹①；士人登科曰释褐，又曰得隽②。

宾兴即大比之年③，贤书乃试录之号④。

鹿鸣宴，款文榜之贤⑤；鹰扬宴，待武科之士⑥。

文章入式，有朱衣以点头⑦；经术既明，取青紫如拾芥⑧。

【注释】

①泮（pàn）：指学校。古代学宫前有泮水，故称学宫为泮宫。

②释褐：脱去粗布制的衣服，即进士及第授官。得隽：应试及第。

③宾兴：《周礼》中指选择贤能的人。科举时代，地方官设宴招待应举之士，亦指乡试。大比：每三年举行一次的科举考试。

④贤书：登录贤才的书簿、名榜。试录：考试录取。

⑤鹿鸣：《诗经》中宴请宾客的篇名，后指皇帝招待录取者的宴会。

⑥鹰扬：《诗经》曾用来赞颂吕尚的气度，意为如鹰之飞扬，指武科乡试后的宴会。

⑦入式：合乎程式。也指科举考试中式。朱衣以点头：欧阳修作贡举考官，阅卷时，觉得有红衣老人在旁边点头，文章就合格，于是写诗云："文章自古无凭据，惟愿朱衣暗点头。"

⑧经术：经学。取青紫如拾芥：穿上青紫色的官服就像拾取芥草一样容易。

【译文】

读书人进入学宫学习叫作"游泮"，又叫作"采芹"；士人应考登了进士科称为"释褐"，又叫"得隽"。

"宾兴"是指三年一次的乡试；"贤书"是乡试取中者的名单。

"鹿鸣宴"，是款待文举进士的宴会；"鹰扬宴"，是款待武举进士的宴会。

文章符合要求入选，有朱衣老人在暗中示意；经书弄明白了，获取官职就像拾取芥草一样容易。

【原文】

其家初中，谓之破天荒①；士人超拔，谓之出头地②。

中状元，曰独占鳌头③；中解元，曰名魁虎榜④。

琼林赐宴，宋太宗之伊始⑤；临轩问策，宋神宗之开端⑥。

同榜之人，皆是同年⑦；取中之官，谓之座主⑧。

应试见遗，谓之龙门点额⑨；进士及第，谓之雁塔题名⑩。

【注释】

①破天荒：唐代荆州每年解送的举人都不及第，当时人称作是"天荒"。唐宣宗大中四年（850年），荆南应试的考生中终于有个叫刘锐的考中了，总算破了"天荒"。

②超拔：提升，提拔；高出一般，出众。出头地：指高人一等。形容德才超众或成就突出。北宋嘉祐年间，四川的苏轼到京城汴梁参加进士考试，主考官欧阳修看到苏轼的试卷以为是自己朋友的，为了避嫌，将本应取第一名的只给其第二名。苏轼考取进士后给欧阳修写了一封感谢信，欧阳修感叹他的才华，说应该给他出人头地的机会。

③独占鳌头：原指科举时代考试中了状元。现泛指占首位或第一名。古代进士觐见皇帝，状元正好站在雕刻着巨鳌的地方。

④魁：为首的，居第一位的。虎榜：龙虎榜的简称，即进士榜。

⑤琼林赐宴：从宋太宗开始在琼林苑宴请进士。

⑥临轩问策：皇帝亲自策问考试。

⑦同年：科举考试中同年入考并在同一榜上录取的人。

⑧座主：进士对主考官的称呼。

⑨龙门点额：喻指仕路失意或科场落第。传说黄河的鲤鱼到三月则渡龙门，得渡的化为龙，否则点额而还。

⑩雁塔题名：古代科举制度中，进士及第的代称。唐代自中宗神龙年间以后，举子进士及第，朝廷宴罢，皆集于慈恩寺塔下题名。雁塔：指唐代长安（今西安）大慈恩寺内的大雁塔。

【译文】

某家第一次有人考中进士，称作"破天荒"；读书人出类拔萃，称作

"出头地"。

考中状元，叫"独占鳌头"；考中解元，称"名魁虎榜"。

皇帝在琼林苑赐宴新考中的进士，这是从宋太宗才开始有的；皇帝亲临殿前提问应试的新进士，这是从宋神宗才开始的。

同榜取中之人互称为"同年"，进士举人称自己的主考官为"座主"。

应试没有取中，称为"龙门点额"；进士及第，称为"雁塔题名"。

【原文】

贺登科，曰荣膺鹗荐①；入贡院，曰鏖战棘闱②。

金殿唱名曰传胪③，乡会放榜曰撤棘④。

攀仙桂，步青云，皆言荣发⑤；孙山外，红勒帛，总是无名⑥。

【注释】

①鹗（è）荐：汉代孔融曾向皇帝推荐祢衡，称赞他为鹗鸟。

②贡院：古代会试的考场，即开科取士的地方。鏖（áo）战：与人激烈的战斗。棘闱：考场。古代考试时，有时用棘木将考场围起，故称棘闱。

③传胪（lú）：科举制中，殿试以后由皇帝宣布登第进士名次的典礼。即唱名。

④放榜：亦作"放牓"。考试后公布被录取者名单。撤棘：撤除考场四周的围棘，即考试结束。

⑤攀仙桂：指科举登科。仙桂，神话传说月中的桂树。步青云：指科举中试。青云：指高官厚禄。荣发：荣耀发达。

⑥孙山外：苏州滑稽才子孙山和同乡之子一同去参加考试，乡人之子落选。回家后，乡人问孙山其子考得如何，他说："解名尽处（谓榜末最后一名）是孙山，贤郎更在孙山外。"红勒帛：宋代刘几写文章常说过头话，欧阳修十分厌恶，用红笔将其文章打一个大横杠，全部抹掉。后因称用红笔涂抹文章为红勒帛。

【译文】

祝贺别人考中登科，称作"荣膺鹗荐"；进入贡院应试，称作"鏖战棘闱"。

殿试后金銮殿上传唱新科进士名次的典礼，叫作"传胪"；乡试会试到发榜期，叫作"撤棘"。

"攀仙桂""步青云"，都是说人进士及第而荣耀发达；"孙山外""红勒帛"，都是说人榜上无名，没有考中。

【原文】

英雄入吾彀，唐太宗喜得佳士①；桃李属春官，刘禹锡贺得门生②。

薪，采也，槱，积也，美文王作人之诗，故考士谓之薪槱之典③；汇，类也，征，进也，是连类同进之象，故进贤谓之汇征之途④。

赚了英雄，慰人下第⑤；傍人门户，怜士无依⑥。

虽然有志者事竟成，伫看荣华之日；成丹者火候到，何惜烹炼之功。

【注释】

①英雄入吾彀：指人才被笼络网罗。入彀：进入弓箭射及范围之内。彀（gòu）：弓。圈套、罗网。隋唐时期开始实行科举制。唐太宗于贞观初发榜日，曾经登上端门，看到新进士一个个从榜下走出，高兴地说："天下英雄，入吾彀中矣。"

②桃李属春官：唐代刘禹锡曾写"满城桃李属春官"的诗句庆贺得到门生。桃李：教师百年"树人"所得的硕果，往往比喻老师辛勤栽培的学生。春官：古官名，颛顼氏时的五官之一，春官以大宗伯为长官，掌理礼制、祭祀、历法等事。

③薪槱之典：指考试。薪槱（yǒu）：喻贤良的人才或选拔贤良的人才。

④连类：同类。汇征：指进用贤者。

⑤赚了英雄：是安慰士人落第的话。唐代曾有人作诗："太宗皇帝真

长策，赚得英雄尽白头。"下第：落榜。

⑥傍人门户：指投靠权贵，不能自立。

【译文】

"英雄入吾彀"，这是唐太宗看到新科进士时的喜悦之感；"桃李属春官"，这是刘禹锡道贺礼部侍郎选拔了一批新门生。

"薪"，指采木作柴，"樵"，指堆积聚集，这是赞美周文王善于培育人才，因此后世就把读书人参加科举考试叫作"薪樵之典"；"汇"，指聚集同类，"征"，指进取，这是连类同进的卦象，所以后人把举荐人才称作"汇征之途"。

"赚了英雄"，是对落第人的安慰；"傍人门户"，是对读书人无依无靠的怜惜之词。

虽然这样，但是有志者事竟成，终有荣华富贵的日子；火候到了仙丹自然就能炼成，千万不能吝惜修炼的工夫。

制 作

【题解】

本篇中所说的"制作",相当于现在的发明、发现与创造,属于古代科技的范畴。正如文中所说:"凡今人之利用,皆古圣之前民。"本篇详细介绍了当今所用之物的名称与来源,以及与之相关的各类典故。古人认为人们认识事物要"知其然",更要"知其所以然",本文的目的就是要让我们从小养成溯本寻源的学习态度。

【原文】

上古结绳记事,苍颉①制字代绳。

龙马负图,伏羲因画八卦②;洛龟呈瑞,大禹因列九畴③。

历日是神农④所为,甲子乃大挠所作⑤。

算数作于隶首,律吕造自伶伦⑥。

甲胄舟车,系轩辕之创始⑦;权量衡度,亦轩辕之立规⑧。

【注释】

①仓颉:传说中黄帝的史官,创制了文字。

②龙马负图:传说龙马背着图在黄河中出现,背上有五十五个阴阳点,伏羲氏因此画出八卦。

③洛龟呈瑞:相传大禹治水时,有神龟负文出现在洛河上。九畴:指传说中天帝赐给禹治理天下的九类大法,即《洛书》。畴(chóu):类。

④历日：历书、历法。神农：传说中远古帝王名，即炎帝。

⑤甲子：指用十天干、十二地支计时的方法，传说是黄帝的大臣大桡创制。

⑥算数：计数的方法。隶首、伶伦：传说都是黄帝手下的大臣。律吕：音乐术语。"六律""六吕"的合称，即十二律。

⑦胄：盔，古代战士戴的帽子。轩辕：即黄帝。

⑧权：秤锤。衡：秤杆。量：计量物体多少的容器。度：计量长短的标准。

【译文】

上古的时候，人们用在绳子上打结的方法记载事件，到黄帝时史官仓颉才创造出文字，从而取代了结绳。

伏羲时有龙马背负太极图自黄河中浮出来，伏羲依据图上的图案画成八卦；神龟负文出现在洛河上，大禹按照龟背上的文字识别出治理天下的九类大法。

历法节气是神农所创，甲子记时为大桡发明。

计算方法由隶首所作，音乐律吕是伶伦所创。

铠甲、头盔、船只、车辆，都是黄帝发明的；计量物品的轻重、多少、长短的各种工具，也是由黄帝首先规定的。

【原文】

伏羲氏造网罟，教佃渔以赡民用①；唐太宗造册籍，编里甲以税田粮②。

兴贸易，制耒耜③，皆由炎帝；造琴瑟，教嫁娶，乃是伏羲。

冠冕衣裳④，至黄帝而始备；桑麻蚕绩，自元妃⑤而始兴。

神农尝百草，医药有方；后稷播百谷，粒食攸赖⑥。

燧人氏钻木取火，烹饪初兴⑦；有巢氏构木为巢，宫室始创。

251

【注释】

①罟（gǔ）：网的总称。佃（tián）：狩猎。赡：供养。

②册籍：指户籍和田亩册。里甲：州县的基层组织。

③贸易：交换、买卖活动。耒耜：指农具。

④冠冕衣裳：帽子衣服。

⑤绩：把麻搓捻成线或绳。元妃：黄帝的妃子。

⑥后稷：姬姓，名弃，黄帝玄孙，帝喾嫡长子，母姜嫄（yuán），尧舜时期掌管农业之官，周朝始祖。攸赖：所依赖。

⑦燧（suì）人氏：三皇之首，风姓，简称燧人，尊称燧皇。

【译文】

伏羲氏造了网，教导民众打猎捕鱼，使得人们食用富足；唐太宗造户籍登记人口和田地，设置里甲等基层组织来征收田粮税。

实行货物交易，制出耒耜等农器，创始的都是炎帝；造出琴瑟来调五音，教导婚姻礼仪，创始的都是伏羲。

帽子衣裳，至黄帝时才趋完备；种植桑麻养蚕织布，从黄帝元妃时兴起。

神农尝遍百草，始有医药医方；后稷教民众种五谷，人们吃的粮食才有了保证。

燧人氏钻木取火，烹饪的方法自此才开始；有巢氏构木为巢，人们才开始建造房屋。

【原文】

夏禹欲通神祇，因铸镛钟于郊庙①；汉明尊崇佛教，始立寺观于中朝②。

周公作指南车，罗盘是其遗制；钱乐作浑天仪③，历家始有所宗。

育王得疾，因造无量宝塔④；秦政防胡⑤，特筑万里长城。

叔孙通制立朝仪⑥，魏曹丕秩序官品⑦。

周公独制礼乐，萧何造立律条⑧。

尧帝作围棋，以教丹朱⑨；武王作象棋，以象战斗⑩。

【注释】

①神祇（qí）：泛指神。"神"指天神，"祇"指地神。镛（yōng）钟：大钟。郊庙：古帝王祭天地的郊宫和祭祖先的宗庙。

②汉明：汉明帝刘庄（公元28—公元75年），初名刘阳，光武帝刘秀第四子，母光烈皇后阴丽华，东汉第二位皇帝，公元57—公元75年在位。中朝：指中原、中国。

③浑天仪：我国古代观测天体位置的仪器，为东汉张衡所造，宋元嘉中召太史令钱乐重铸。

④无量宝塔：古印度阿育王，传说他得病后，搜罗佛舍利，分诸鬼神在一天一夜造成八万四千座宝塔。佛家称阿育王所建佛塔为无量塔。

⑤胡：指匈奴。

⑥叔孙通制立朝仪：汉高祖废去秦朝繁苛的仪法，结果群臣饮酒争

功，拔剑喧哗，不成体统。叔孙通向高祖自荐，杂用古礼与秦仪制定朝仪，凡朝会不遵守礼仪的都叫他出去。从此再也没有喧哗失礼的人。

⑦秩序官品：即施行九品中正制，又称九品官人法，是魏晋南北朝时期重要的选官制度，是魏文帝曹丕为了拉拢士族而采纳吏部尚书陈群的意见，于黄初元年（220年）命其制定的制度。

⑧萧何：汉初名相。律条：律例科条，即法令。

⑨丹朱：尧的儿子，因为荒淫无度，尧便制作围棋以陶冶他的性情。

⑩象：象征。

【译文】

夏禹想与天地神灵沟通，因而铸了一口大钟置放于郊庙中；汉明帝尊崇佛教，在中国大兴土木兴建佛寺。

周公发明了指南车，后来的罗盘就是它遗留下来的样式；钱乐重铸浑天仪，后世的历法家观察天象才有了依据。

阿育王得病，因而建造了无量宝塔；秦始皇为防止胡人入侵，特意修筑了万里长城。

汉朝初建叔孙通制定朝廷礼仪，魏曹丕制定九品中正法，确定了选拔才士任官的等次。

周公特别制定了礼乐制度，萧何制立了法律条文。

尧帝发明了围棋，为的是教育儿子丹朱；周文王发明了象棋，用来象征两军对垒时的进退攻守。

【原文】

文章取士，兴于赵宋①；应制以诗，起于李唐②。

梨园子弟，乃唐明皇作始③；《资治通鉴》，乃司马光所编。

笔乃蒙恬所造，纸乃蔡伦所为。

凡今人之利用，皆古圣之前民④。

【注释】

①文章取士：宋神宗从王安石之议，更改科举法，罢诗赋、帖经、墨义，专以经义策论试士。

②应制以诗：奉皇帝之命作诗。

③梨园子弟：唐明皇选乐工、宫女数百人，在梨园亲自教他们乐曲，故称梨园子弟。

④前民：开创的前人。

【译文】

用文章策论选拔人才，开始于赵氏的宋朝；用诗赋选拔人才，开始于李氏的唐朝。

梨园子弟，是从唐明皇开始的；《资治通鉴》，是由司马光所编纂的。

毛笔由蒙恬所造，纸系蔡伦所制。

大凡当今人们所用之物，都是古圣先贤发明创造的。

技 艺

【题解】

在古代社会，奇技淫巧被视为不入流的技能，遭到人们的轻视，但那些与人们生活息息相关的手工技艺则是被社会肯定的。本篇列举的技艺主要包括医术、占卜、游艺等，其中不乏神话传说。作者所要表达的观点是："奇技似无益于人，而百艺则有济于用。"今天看来，除了封建迷信的占卜之艺，许多技艺对国人的影响都是深远的。

【原文】

医士业岐轩之术,称曰国手①;地师习青乌之书,号曰堪舆②。

卢医扁鹊,古之名医③;郑虔崔白,古之名画④。

晋郭璞得《青囊经》,故善卜筮地理⑤;孙思邈得龙宫方,能医虎口龙鳞⑥。

【注释】

①岐轩之术:中医学。岐轩:岐伯与轩辕的合称。岐伯为传说中的古代名医,相传曾与轩辕讨论医术并作成《内经》,所以后世称医药学和医术为"岐轩之术"。国手:一个国家中艺能出众的人。

②地师:风水先生。青乌之书:相传汉代有青乌子精堪舆之术,著《相冢书》,后人奉以为祖。因此,后来人们称相地术为"青乌术"。堪舆:堪舆即"风水",迷信的一种,指住宅基地或坟地的形式,也指相宅、相墓之法。堪为高处,舆为低地。

③卢医扁鹊:泛称良医。卢医:一代名医"扁鹊"的别称。扁鹊(公元前407—前310年):姬姓,秦氏,名缓,字越人,春秋战国时期名医。中医学的开山鼻祖,世人敬他为神医,创造了望、闻、问、切的诊断方法,奠定了中医临床诊断和治疗方法的基础。

④郑虔:唐代画家,字弱斋,郑州荥阳人(今属河南),与李白、杜甫为酒朋友,爱弹琴,善书画。崔白:北宋画家,字子西,濠梁人(今安徽凤阳东),擅画花竹、禽鸟,尤工秋荷凫(fú)雁,也画人物、佛道、鬼神、走兽、山林。

⑤郭璞:东晋文学家,训诂学家,字景纯,河东闻喜人(今属山西)。好古文奇字,喜阴阳卜筮之术。《青囊经》:有关天文卜筮的书,原题《九天玄女青囊海角经》,传为郭璞序。

⑥孙思邈:唐代医学家,京兆华原人(今陕西耀县)。著有《千金要方》《千金翼方》。段成式《酉阳杂俎》记载孙思邈曾经为虎拔去口中金钗,为龙点鳞医病。

【译文】

中医师善用岐黄之术，称为"国手"；风水先生研习青乌子的书，称为"堪舆"。

卢医、扁鹊，都是古代的名医；郑虔、崔白，都是古时的名画家。

晋代郭璞得到《青囊经》，所以精于天文卜筮；唐代孙思邈得到龙宫药方，能够医好被骨头哽住咽喉的老虎和有病的龙。

【原文】

善卜者，是君平、詹尹之流①；善相者，即唐举、子卿之亚②。

推命之士即星士，绘图之士曰丹青③。

大风鉴④，相士之称；大工师⑤，木匠之誉。

若王良，若造父，皆善御之人⑥；东方朔，淳于髡，系滑稽之辈⑦。

称善卜卦者，曰今之鬼谷⑧；称善记怪者，曰古之董狐⑨。

称诹日之人曰太史，称书算之人曰掌文⑩。

【注释】

①君平：严君平，名遵（一说"尊"），四川成都人。西汉隐士，以

占卜为业。一生不愿做官，为当时著名的文学家扬雄所敬仰。詹尹：郑詹尹，战国时为楚国的卜筮官之长（太卜）。

②唐举：也作唐莒（jǔ），战国时梁人，擅长相术。子卿：春秋时赵国相士，姓姑布，字子卿。传为孔子看过相。亚：辈。

③推命：推算命运，算命。星士：给人占卜算命的人。丹青：中国古代的绘画经常用朱红、青色，所以称"丹青"。有时候也泛指绘画艺术。民间则称画工是"丹青师傅"。

④大风鉴：意为迅速而明确。

⑤工师：官名，主要掌管百工和官营手工业，后世则用它称木匠。

⑥王良：战国时人，曾为赵简子驾车。造父：周穆王时人。因善御而被宠幸。御：驾车。

⑦东方朔：汉武帝时文学家，平原厌次人（今山东陵县），一生有很大抱负，但终未为武帝重用。其性格诙谐，言辞敏捷，滑稽多智，常在武帝前谈笑取乐，言政治得失。淳于髡（kūn）：战国时齐国人，滑稽，博学，善辩。滑稽：能言善辩，言辞流利。

⑧鬼谷：鬼谷子。传为战国时楚人，隐于鬼谷，所以号鬼谷子或鬼谷先生。长于养性持身和纵横捭阖之术。著《鬼谷子》一卷。

⑨董狐：春秋时晋国史官。

⑩诹（zōu）：咨询，询问。诹日：选择黄道吉日。书算：书写计算。掌文：古代官名，掌管文书记载。

【译文】

善于卜卦的，有君平、詹尹之流；善于相术的，有唐举、子卿之辈。按照星相推算命运吉凶的人叫作"星士"，绘画的人称为"丹青"。

"大风鉴"是相士的别名，"大工师"是木匠的美称。

王良、造父，都是古代善于驾车的人；东方朔、淳于髡，皆是能言善辩的滑稽之辈。

称赞善于卜卦的人，说他是当代的鬼谷子；赞美善记怪异之事者，说他是古代的董狐。

善于选择吉日的人为"太史",善于书写计算的人叫作"掌文"。

【原文】

掷骰者,喝雉呼卢①;善射者,穿杨贯虱②。

樗蒲之戏,乃云双陆③;橘中之乐,是说围棋④。

陈平作傀儡,解汉高白登之围⑤;孔明造木牛,辅刘备运粮之计⑥。

公输子削木鸢,飞天至三日而不下⑦;张僧繇画壁龙,点睛则雷电而飞腾⑧。

然奇技似无益于人,而百艺则有济⑨于用。

【注释】

①骰(tóu):骨制的赌具,俗称"色(shǎi)子"。喝雉呼卢:也作"呼卢喝雉"。形容旧时赌场上赌徒兴奋的丑态。雉、卢:红点、黑点。古代用五种木头做成骰子,称为枭、卢、雉、犊、塞。

②穿杨:《战国策·西周策》里楚国养由基的事情。在百步之外射穿选定的某一片杨柳的叶子,以此形容射箭技术很高明。贯虱:《列子·汤问》中纪昌学射之事。箭能从虱心穿过,形容其射技十分高明。

③樗(chū)蒲:古代的博戏。起于汉魏,盛于晋。以掷骰决定胜负,看掷得的骰色而定。双陆:又称"双六"。古代的博戏,局如棋盘,左右各有六路。子称"马",黑白各十五枚。两人游戏,骰子掷采行马,白马从右到左,黑马反之,先走完者胜。大概始于西竺,在曹魏时期流行。

④橘中之乐:相传古时巴邛有一户人家的橘园秋后结了两个比斗还大的橘子,剖开后,里面竟然有两位老人在下象棋,谈笑自若。其中一老人还说:"橘中之乐不减商山。"后遂称象棋游戏为"橘中戏"。

⑤陈平:汉初阳武人(今河南原阳东南)。初投靠魏王咎,为太仆。后跟随项羽入关,任都尉。再后来投靠刘邦,担任护军中尉。汉朝建立,

259

被封为曲逆侯。相传曾为刘邦六出奇计。汉七年（公元前200年）汉高祖伐韩王信于代，至平城白登山，为匈奴冒顿（mò dú）单于（chán yú）匈奴人对他们部落联盟首领的专称）围困七天七夜。其中冒顿妻阏（è）氏兵在一侧，陈平查之阏氏性妒，于是作木偶美人舞于城上。阏氏望见，以为是真人，害怕攻破城后冒顿会纳其为妾，于是退军，白登之围旋即被解。傀儡（kuǐ lěi）：原指木偶，如傀儡戏。后比喻不能自主、受人操纵的人或组织。

⑥孔明：诸葛亮，字孔明，三国时期蜀汉杰出的政治家、军事家。传说诸葛亮六出祁山伐魏，作木牛流马运粮。《事物纪原》卷八："木牛即今小车之前有前辕者；流马即今独推者是，而民间谓之江州车子。"

⑦公输子：古代著名工匠，又称鲁班，姓公输，名般，春秋时鲁国人。传说他曾经用木头制成像鸟的飞行器，即木鸢，用来窥视宋城，在天上能飞三日而不掉下来。鸢（yuān）：古书上说是鸱（chī）一类的鸟；也有人说是一种凶猛的鸟，外形与鹰略同。也有风筝的意思。

⑧张僧繇：南朝梁画家，吴郡人（今江苏苏州）。传说他特别擅长画龙，曾在金陵安乐寺墙上画龙，画了四条栩栩如生的龙，但却都没有点眼睛。众人怂恿他点上龙眼，他刚刚点了两条龙的眼睛，顿时闪电四起，两条龙腾空而去。

⑨济：有益，有利。

【译文】

善于掷骰子赌博的称作"喝雉呼卢"，善于射箭者能"穿杨贯虱"。

"樗蒲之戏"，就是后来的双陆；"橘中之乐"，说的是下象棋。

陈平曾经造了一个木偶美人，化解了汉高祖白登之围的危机；诸葛亮造了木牛流马，是帮助刘备运送军粮的巧妙计策。

公输般削竹木为鸢，飞上天空三日还没有落下；张僧繇在安乐寺壁上画龙，点了龙睛后雷电交加，龙便飞腾而去。

虽然技艺过于奇巧对世人并没有好处，但日常所需的各种工艺技能还是可供人利用而有所助益的。

讼　狱

【题解】

所谓"讼狱"，包含两个意思：讼，就是打官司；狱，就是坐牢，引申为刑罚。以儒家为正统的中国社会主张德治，不提倡诉讼和刑罚。《论语·为政》记载："道之以政，齐之以刑，民免而无耻；道之以德，齐之以礼，有耻且格。"说的就是这个道理。在本篇中作者先后列举了与诉讼、刑狱有关的词汇、谚语和历史事件，其目的有两个：一是呼吁统治者应该慎用刑罚，谨慎断案；二是告诫儿童，刑罚是残酷的，从小就该注意自律，不可做违法之事。

【原文】

世人惟不平则鸣①，圣人以无讼为贵②。

上有恤刑之主，桁杨雨润③；下无冤枉之民，肺石风清④。

虽囹圄便是福堂⑤，而画地亦可为狱⑥。

与人构讼，曰鼠牙雀角之争⑦；

罪人诉冤，有抢地呼天之惨⑧。

【注释】

①不平则鸣：指受到委屈和压迫就要发出不满和反抗的呼声。

②无讼为贵：意思为人世间没有官司可以打，这才是可贵的。

③恤刑：指古代中国用刑慎重不滥。桁杨雨润：本意为桁杨像细雨润物，后比喻贤明的君主慎用刑，而使罪犯被感化向善，犹如细雨滋润万物。桁（háng）杨，古代的一种刑具，枷在犯人的脚上或脖子上。

④肺石风清：肺石很冷清，用来形容没有受冤而告状的人。肺石：传说为古代放在朝廷门外的石头，百姓可以站在石头上面控诉地方官员，因为色赤并且如肺形所以得名肺石。

⑤囹圄：牢狱。福堂：幸福的地方。

⑥画地为狱：上古的时候民风淳朴，相传在地上画个圈就可以作为牢狱。

⑦构讼：造成诉讼。鼠牙雀角：原意是因为强暴者的欺凌而引起争讼。后比喻打官司的事。鼠、雀：比喻强暴者。

⑧抢地呼天：以头碰地，以口呼天。形容状况极为凄惨。

【译文】

世人如果遇到不公平的事情就会发出不满的呼声，圣明的人认为人世间没有官司可打才是最宝贵的。

上面有慎用刑法的君主，而使罪犯被感化向善，犹如细雨滋润万物；下面没有被冤枉的百姓，用来喊冤的肺石则冷冷清清。

只要弃恶从善，牢狱可能就是福堂；上古的民风淳朴，在地上画一个圈也能成为监狱。

和人结怨打官司，可以说是"鼠牙雀角"的争斗；犯人诉讼冤情，则有"抢地呼天"的惨状。

【原文】

狴犴猛犬而能守，故狱门画狴犴之形①；棘木外刺而里直，故听讼在棘木之下②。

乡亭之系有岸，朝廷之系有狱，谁敢作奸犯科③？死者不可复生，刑者不可复续，上当原情定罪④。

囹圄是周狱，羑⑤里是商牢。

桎梏⑥之设，乃拘罪人之具；缧绁⑦之中，岂无贤者之冤？

两争不放，谓之鹬蚌相持⑧；无辜牵连，谓之池鱼受害⑨。

【注释】

①狴犴（bì àn）：传说中的一种野兽，善于守门，长得勇猛肥大，因此古代的夏禹牢门上常画有它的图形。

②听讼：听理诉讼；审案。棘木之下：《礼记·王制》载："正以狱成告于大司寇，大司寇听之棘木之下。"后来都称棘林为法庭。

③乡亭：古代基层行政单位。古代称乡亭拘押罪犯的地方为岸，称朝廷官府拘押罪犯的地方为监狱。作奸犯科：为非作歹，做坏事，违法乱纪。

④原情定罪：考察犯人的行为，量刑定罪。

⑤羑（yǒu）里：古城名，故址在今河南省汤阴县北，商纣王曾将周文王囚禁于此。

⑥桎梏（zhì gù）：脚镣手铐，古时用来锁住犯人手脚的刑具。

⑦缧绁（léi xiè）：也作"累绁"，拘捕犯人时用的绳子，引申为囚禁。

⑧鹬（yù）蚌相持：古时寓言，蚌张开壳在海滩上晒太阳，鹬去啄它，嘴被蚌壳夹住，两方都不相让。结果渔翁来了，轻而易举地把它们两个都捉住了。后用"鹬蚌相持，渔人得利"来比喻双方相持不下从而使第三者从中得利；或比喻挑拨别人的矛盾，自己则从中取利。

⑨池鱼受害：源于"城门失火，殃及池鱼"。传说春秋时，宋国城门失火，用护城河水救火，水被汲干了，河中的鱼因此而死了。后来用来比喻无辜受连累。

【译文】

狴犴犹如看门守户的猛犬，因此古代的牢门上常画有它的图形；棘木外面长着针刺但里面却是直的，所以古代的司法官大多在棘木下审理案件。

地方上的监牢有"岸"，朝廷的监牢有"狱"，谁还敢为非作歹，违法乱纪？死了的人不可能再活过来，受过刑罚的肢体也不可能再接续，所以执法者应当按照实际情况量刑定罪。

"囹圄"是周代的监狱，"羑里"是商代的牢房。

脚镣、手铐之类的东西，是用来拘捕犯人的刑具；在囚禁的犯人之中，怎么可能没有被冤枉的好人？

双方互相争执而不相让，就是"鹬蚌相持"；无故受到牵连，则是"池鱼受害"。

【原文】

请公入瓮，周兴自作其孽①；下车泣罪，夏禹深痛其民②。

好讼曰健讼，挂告曰株连③。

为人息讼，谓之释纷；被人栽冤，谓之嫁祸④。

徒配曰城旦⑤，遣戍是问军⑥。

三尺⑦乃朝廷之法，三木⑧是罪人之刑。

【注释】

①请公入瓮：也作"请君入瓮"。喻指以其人之法，还治其人之身。也借指设计好圈套引人上当。来俊臣和周兴都是武则天时期有名的酷吏，喜欢用各种酷刑逼人招供。周兴谋反，武则天命令来俊臣审问，来俊臣请周兴吃酒，假意问他："犯人不肯认罪，怎么办？"周兴说："将囚犯丢

入正在火上烤的大瓮中，还有什么事办不到？"于是来俊臣说："有人告你谋反，请君入瓮。"周兴慌忙叩头认罪。

②下车泣罪：也作"神禹泣罪"，喻广施仁政，自责其失。刘向《说苑·君道》："禹出见罪人，下车问而泣之。"意为夏禹外出时看见犯人，下车询问而哭泣说："尧舜时，人们都以尧舜的心为心，而现在，百姓都以自己的心为心，这都是我治理不好造成的！叫我怎么能不悲伤呢？"

③健讼：好打官司。挂告：因受牵连而获罪。株连：指一人有罪而牵连他人。

④解讼：解除诉讼。释纷：消除纠纷。嫁祸：移祸于人。

⑤徒配：徒流发配。城旦：修筑城墙，秦汉时的一种刑罚。

⑥遣戍：发送犯人去守边境，使其效力赎罪。问军：问罪从军。

⑦三尺：也称"三尺法"。古时候把法律刻写在三尺长的竹简上，所以称法律为"三尺"。

⑧三木：古时的刑具，枷、镣、扭（chǒu），这三种刑具分别铐在犯人的颈、手、足上。

【译文】

"请公入瓮",是指唐代的酷吏周兴自作自受;"下车泣罪",是大禹对百姓犯法的怜悯。

好打官司称为"健讼",没有罪而受到牵连则称作"株连"。

帮助别人解除诉讼,称为"释纷";被人栽赃冤枉,称作"嫁祸"。

判徒刑流放去做苦役称"城旦",充军到边境守边称作"问军"。

"三尺"是指朝廷的法律,"三木"是铐在犯人颈、手、足上的三种刑具。

【原文】

古之五刑,墨、劓、剕、宫、大辟①;今之律例,笞、杖、死罪、徒、流②。

上古时削木为吏,今日之淳风安在③?唐太宗纵囚归狱,古人之诚信可嘉④。

花落讼庭间,草生囹圄静,歌何易治民之闲⑤;吏从冰上立,人在镜中行,颂卢奂折狱之清⑥。

可见治乱之药石,刑罚为重;兴平之粱肉,德教为先⑦。

【注释】

①五刑:古代中国的五种刑罚。墨:黥面。劓(yì):割鼻。剕(fèi):断足。宫:男子去势,女子幽闭。大辟:死刑。

②律例:刑法的正条及其成例。律就是法律的原文,例就是补充律文不足而设的条例或例案。后来古代五刑不断变化,从隋朝到清朝已经变为笞、杖、死罪、徒、流,即抽打、杖打、斩首或绞死、劳役、流放。

③削木为吏:古时候削木头作为狱吏。相传古时民风淳朴,把木吏放在犯人家中,到了开庭审理时,犯人不需要人来捉拿,自己就抱着木吏到公庭接受审判。

④唐太宗纵囚归狱:唐太宗贞观六年(652年)十二月,唐太宗把

死刑犯释放回家，规定他们来年秋天再归狱接受死刑。结果第二年秋天犯人们果然都按时归狱。后来太宗赦免了全部犯人。纵囚：释放犯人。

⑤何易：何易于。唐时益昌县令，廉洁爱民，治理有方，百姓的诉讼很少。百姓曾作歌曰："花落讼庭闲，草生图圄静。"

⑥卢奂：唐时南海太守清正廉明，百姓赞之曰："报案吏从冰上立，诉冤人在镜中行。"折狱：断案。

⑦治乱之药石、兴平之粱肉：后汉陈实在他的《政论》中写道："盖为国之法有似理身，平则养，疾则攻焉。夫刑罚者治乱之药石也，德教者兴平之粱肉也。夫以德教除残，是以粱肉理疾也；以刑罪理平，是以药石供养也。"药石：药剂和砭石，泛指药物。粱肉，指美味的食品。

【译文】

古时候的五种刑罚分别是墨、劓、剕、宫、大辟；现在的刑罚则是答、杖、死罪、徒、流。

上古的时候削木为吏，犯人能够抱着木吏自己到庭受审，今天这种古朴的淳风在哪里呢？唐太宗将死囚释放回家，到了规定时间这些犯人自动回到监狱，古人的诚信实在值得赞许。

"花落讼庭闲，草生图圄静"，这是百姓对唐代益昌县令何易治民有方的歌颂；"吏从冰上立，人在镜中行"，是百姓对唐代南海太守卢奂断案清正廉明的赞赏。

由此可见，治理乱世的良药，是要以刑罚为重；振兴太平的食粮，则要以道德教化为先。

释道鬼神

【题解】

宗教信仰可以看作是全人类所具有的普遍文化特征，具有神秘神话色彩，是人类精神的最高体现。中国古代的宗教信仰主要有儒、释、道，在民间主要是佛教和道教信仰。在中国古代社会中，宗教始终处于被皇权控制和利用的地位。本篇罗列了佛典和道典中比较著名的典故，其作用并非是劝导人们信仰宗教，而是为了配合儒家礼法教育，劝诫儿童懂得敬天礼人，勿入歧途。本篇中有一些迷信的内容，在阅读时应注意辨别。

【原文】

如来释迦，即是牟尼，原系成佛之祖①；老聃李耳，即是道君，乃是道教之宗②。

鹫岭、祇园，皆属佛国③；交梨、火枣，尽是仙丹④。

沙门称释，始于晋道安⑤；中国有佛，始于汉明帝。

【注释】

①如来释迦：即释迦牟尼（公元前565—前486年）。佛教创始人。姓乔达摩，名悉达多，释迦族人，为古印度北部迦毗罗卫国净饭王之子。释迦牟尼意为"释迦族的圣人"，是佛教徒尊称他的圣号。

②老聃李耳：老子，道教的始祖。春秋时的思想家，著有《老子》。

③鹫（jiù）岭：也称鹫山、灵山，即灵鹫山，是佛说法之地，在中

印度。据说佛常住在那里。祇(zhī)园：即祇树给孤独园，意为只陀王子的树，给孤独长老的院子。是释迦牟尼去舍卫国说法时与僧徒停居之处。佛国：佛的出生地，指天竺，即古印度。

④交梨、火枣：道教认为是神仙吃的两种水果。

⑤沙门：梵语音译"沙门那"的简称，也译作"桑门"，就是僧侣、僧徒。意思是勤修善法，止息恶习。释：中国佛教对释迦牟尼的简称，后来又泛指佛教。东晋道安受戒，用释作姓，开中国汉族僧尼称释之先河，后来就相袭用。

【译文】

如来佛就是释迦牟尼，本是佛教的始祖；老聃原名李耳，就是道家主神，后来被尊为道教的始祖。

"鹫岭"和"祇园"，都是佛祖说法的佛国；"交梨"、"火枣"，都是道家服用的仙丹。

僧侣开始以"释"为姓，源于东晋僧人道安；中国有佛教，开始于东汉明帝。

【原文】

籛铿即是彭祖，八百高年①；许逊原宰旌阳，一家超举②。

波罗犹云彼岸，紫府即是仙宫③。

曰上方、曰梵刹，总是佛场④；曰真宇、曰蕊珠，皆称仙境⑤。

伊蒲馔可以斋僧，青精饭亦堪供佛⑥。

香积厨，僧家所备⑦；仙麟脯，仙子所餐⑧。

佛图澄显神通，咒莲生钵⑨；葛仙翁作戏术，吐饭成蜂⑩。

【注释】

①籛（jiān）铿（kēng）：即彭祖。姓籛，名铿。颛顼玄孙，生于夏代，商代被封于彭城，传说活了八百岁。

②许逊：东晋人，字敬之，汝南人（今属河南）。曾跟吴猛学道，后举孝廉。曾是旌阳县令，后弃官东归，周游江湖。传说全家四十二口人在南昌西山同时升天。

③波罗：也作"波罗伽"或"波罗蜜多"，梵语音译，就是波罗蜜，意思是到彼岸，也就是成佛以后的境地。紫府：道家称呼先人的住所。

④上方：指仙和佛所居的天界。梵刹：梵的意思是清净，刹在此是指竿，也就是挂经幡的柱子。僧人居住的地方，应当竖幡以告众人。后来泛指佛寺为梵刹。

⑤真宇：真人居住的庭宇。蕊珠：神仙居住的地方。道家传说天上有蕊珠宫，为神仙居住的地方。

⑥伊蒲馔：在家修行的男性佛教徒吃的饭，是用伊兰、菖蒲做的。青精饭：用南烛叶煎汁浸米、煮饭，颜色为青色。道家认为经常服用可以养颜延寿。

⑦香积厨：佛家指僧寺的食厨。

⑧仙麟脯：指仙家食用的用麒麟制成的干肉。

⑨佛图澄：天竺僧人，相传西晋末年来中国。《晋书·佛图澄传》中记载佛图澄曾用钵装水，烧香念动咒语，使钵中生出莲花。

⑩葛仙翁：葛玄，三国吴方士，字孝先，号仙翁，晋葛洪之从祖父。相传他能够念动咒语将从口中喷出的饭变成蜜蜂，再张口，蜜蜂又飞入

口中变成饭。

【译文】

传说中的篯铿就是封于彭城的彭祖，寿高达八百岁；东晋许逊本来是旌阳县令，得道之后全家飞升。

梵语"波罗"就是汉语的"到彼岸"，"紫府"就是道家所说的仙人居住的地方。

说"上方"、说"梵刹"，都是佛教活动的场所；说"真宇"、说"蕊珠"，都是指仙人居住的地方。

在家修行的男性佛教徒的食物可以施舍给僧人；用南烛叶煎汁浸米做成的饭也可以供养神佛。

"香积厨"是僧家所必备的斋厨，"仙麟脯"是神仙所吃的食物。

天竺僧人佛图澄大显神通，焚香念咒能使钵中生出莲花；三国道士葛仙翁作法术，张口吐饭能变成蜜蜂。

【原文】

达摩一苇渡江[1]，栾巴噀酒灭火[2]。

吴猛画江成路[3]，麻姑掷米成珠[4]。

飞锡挂锡，谓僧人之行止[5]；导引胎息，谓道士之修持[6]。

和尚拜礼曰和南[7]，道士拜礼曰稽首[8]。

曰圆寂、曰荼毗，皆言和尚之死[9]；曰羽化、曰尸解，悉言道士之亡[10]。

【注释】

①达摩：菩提达摩，中国佛教禅宗创始人。传为天竺香至王第三子。有传说达摩过金陵的时候与梁武帝话不投机，想回江北，但没有船只，于是便用一根芦苇渡过江。

②栾巴：后汉魏郡内黄人（今河南内黄西北），还有说法为蜀郡（今成都）人，字书元。传说他通晓道术，汉桓帝赐酒给他，栾巴竟然不饮

而向西南喷去，有人告他对皇帝不敬。皇帝召其问之，他说："成都有火灾，故喷酒灭火。"派人查证，成都果然报告发生火灾。噀（xùn）：喷。

③吴猛：晋代道士，相传曾用扇子在江上画出一条路，自己走过去，然后路就消失了。

④麻姑：中国古代神话中的女仙，传说她掷米于地，皆成珍珠。

⑤飞锡挂锡：佛家语。锡是僧人的锡杖，上面有环，是僧侣随身带的物品。僧人远游持锡杖，称"飞锡"；投宿时不以杖着地，必挂起，故称"挂锡"。行止：行动的踪迹。

⑥导引：也作"道引"。古代中国一种强身除病的养生方法。胎息：练气功时一种功力较深的呼吸方法，也是古代中国养生方法之一，就像胎儿在母亲的腹中一样，能够不用嘴和鼻子呼吸。修持：持之以恒的修正行为与心性。

⑦和南：梵语音译，也作"婆南"。为僧人合掌问礼，即"稽首""敬礼"。

⑧稽首：道士向行人举一手行礼。

⑨圆寂：佛家语，称僧尼之死为"圆寂"。荼毗（tú pí）：梵语音译，佛家用语，意思是焚烧的意思。佛教僧尼死后，要将尸体火化。

⑩羽化：道教徒称得道飞升。尸解：道教认为得道后可遗弃肉体而仙去。

【译文】

天竺僧人达摩可以脚踩一根芦苇渡江，后汉人栾巴能用嘴喷酒灭掉远在千里之外的火灾。

晋代道士吴猛可以用羽扇划开江水变成道路，神话中的麻姑能把米扔在地上变成珍珠。

"飞锡""挂锡"，是说僧人的出游和停留；"导引""胎息"，是说道士的修身养性的方法。

和尚双手合十行礼叫作"和南"，道士举一手向人行礼叫作"稽首"。

说"圆寂"、说"荼毗",都是指和尚的死;说"羽化"、说"尸解",都是指道士的死。

【原文】

女道曰巫,男道曰觋,自古攸分①;男僧曰僧,女僧曰尼,从来有别。

羽客黄冠,皆称道士②;上人比丘,并美僧人③。

檀越、檀那,僧家称施主④;烧丹、炼汞,道士学神仙⑤。

和尚自谦,谓之空桑子⑥;道士诵经,谓之步虚声⑦。

【注释】

①巫、觋(xí):古代称女巫为巫,男巫为觋,都是装神弄鬼的人。攸分:有区别。

②羽客:道士能飞升成仙,因此用"羽客""羽人"来称呼道士。还有说法认为源于南唐道士谭峭(qiào)。谭峭被唐王赐号"金门羽客"。黄冠:道士戴的束发之冠。用金属或木头制成,颜色多为黄色,所以称"黄冠"。也是道士的别称。唐代李淳风的父亲做道士时,号"黄冠子"。

③上人:佛教中指智慧德行很高可为僧众之师的高僧。南朝以后则多作为僧人的尊称。比丘:佛家称在家修行的男僧是和尚。按照佛教典章,少年出家,初受戒,称作沙弥;到二十岁,再受具足戒,才能成为比丘。

④檀越檀那:梵语音译,都是施主的意思。施主:佛教对向寺院施舍财物的世俗信徒的尊称。

⑤烧丹炼汞:道教道术之一。原指将朱砂等药物放于炉火中烧炼,以制"长生不老"的丹药。后来又有内外丹之分。把人体当作炉鼎,用静功和心法修炼精、气、神的称内丹。

⑥空桑子:《列子》云,有莘氏女采药,在空桑中得到一个婴儿,由庖人养大,取名伊。后来,有莘氏女嫁商汤,伊作陪嫁之臣随往。后来被

汤用为相，所以称伊尹。僧人用此表示自谦，取其没有父母之意。

⑦步虚声：道士诵经的声音，仿效空中传来的神仙声音。步：仿效。

【译文】

女道士叫作"巫"，男道士叫作"觋"，从古时候就是这样划分的；男僧人称作"僧"，女僧人称作"尼"，也是从来就有这样的区别。

"羽客""黄冠"，都是道士的誉称；"上人""比丘"，是对和尚的美称。

"檀越""檀那"，是佛家称呼施主；外炼金丹，内修精气，都是道士学仙的道术。

和尚谦称，说自己是"空桑子"；道士念经，称为"步虚声"。

【原文】

菩者普也，萨者济也，尊称神祇，故有菩萨之号①；水行惟龙，陆行惟象，负荷佛法，故有龙象之称②。

儒家谓之世，释家谓之劫，道家谓之尘，言俗缘之未脱③；儒云精一，释云三昧，道云贞一，知奥义之无穷④。

达摩死后，手携只履西归⑤；王乔朝君，舄化双凫下降⑥。

【注释】

①菩萨：原为释迦牟尼修行还未成佛时候的称号，后来泛指所崇拜的神像为菩萨。

②龙象：佛教用语。龙象是大力之象，用来比做诸罗汉中修行勇猛且有最大力者。后用来指高僧。

③世、劫、尘：《楞严经》记载，三十年为一世，五百年为一劫，千年为一尘。俗缘：世俗的人事关系，不能得道成仙。

④精一：精心一意。三昧：梵语音译，佛教语，排除一切杂念，使心神平静。贞一：专一，守一，是道家所谓的保持本性，自然无为。

⑤达摩死后，手携只履西归：菩提达摩在少林圆寂后，被葬在熊耳山定林寺。相传北魏使者宋云出使西域回来，在葱岭看见达摩提着一只鞋子走过来，说是到西天去。

⑥王乔：汉朝人，曾担任县令，相传可以把两只鞋子变成野鸭子。舄（xì）：古代一种有复底的鞋。凫：野鸭。

【译文】

"菩"就是普遍的意思，"萨"则是救助的意思，因此天地神灵有"菩萨"的美誉；在水中行走龙的力量最大，在陆地上行走象的力气最大，因此精通佛法的高僧有"龙象"的称号。

儒家所称的"世"，佛家称之为"劫"，道家称之为"尘"，这都是说还没有摆脱世俗的人事牵连；儒家说的"精一"，佛家说"三昧"，道家说"贞一"，这都是说深奥的道理无穷无尽。

达摩死后，有人看见他手提一只鞋从东方归向西天；后汉王乔朝见皇帝，不用车马，站在由鞋变成的两只野鸭身上从天空中降落。

【原文】

辟谷绝粒，神仙能服气炼形①；不灭不生，释氏惟明心见性②。

梁高僧谈经入妙，可使岩石点头，天花坠地③；张虚靖炼丹既成，能令龙虎并伏，鸡犬俱升④。

藏世界于一粟，佛法何其大⑤；贮乾坤于一壶，道法何其玄⑥。

妄诞之言，载鬼一车⑦；高明之家，鬼瞰其室⑧。

【注释】

①辟谷绝粒：也称"断谷""绝谷"，就是不吃五谷，中国古代的一种修养方法。服气：又称"食气""行气"。指呼吸吐纳锻炼。炼形：气功术语。与炼神相对而言，是指通过气功功法炼养形体。

②不灭不生：也作"不生不灭"。佛家指超脱生死的境界。明心见性：发现自己的真心，见到自己本来的真性。乃禅宗悟道之境界。

③顽石点头：形容对人耐心教育，道理讲得透彻，使人不得不心服。相传南朝梁高僧道生法师在苏州讲佛法，在讲到《涅槃经》提到万物都有佛性的时候，石头都点头。天花坠地：相传梁武帝时，云光法师在天龙寺讲经，感动了上天，宝花纷纷从天上降下。

④张虚靖：东汉张天师张道陵的七世孙。《列仙传》载，张虚靖遍游名山，学长生不老之术。龙降虎伏，白日升天，连家里的鸡犬吃了剩下的药也得以升天了。龙虎并伏：道家用龙虎比喻心火肾水，抑制嗔怒情欲，使心火下降，肾水滋润。

⑤藏世界于一粟：释普济《五灯会元》："一粒粟中藏世界。"意为以小见大。

⑥贮乾坤于一壶：后汉方士费长房曾经看见一老翁卖药，挂着一个壶，晚上就在壶中休息。费长房觉得很奇怪，于是拜见老翁，第二天与老翁一同入壶，见里面楼台壮丽，惊奇道"此别一乾坤也"。于是随老翁入山学道。

⑦载鬼一车：把无当作有，言语离奇。

⑧高明：富贵、势位高的人。瞰（kàn）：窥伺。

【译文】

"辟谷绝粒"，是指神仙不吃五谷，能够用吐纳之法修炼身体；"不灭不生"，是指释迦牟尼能内心悟道，超脱生死的境界。

梁朝高僧道生法师讲经到绝妙处能够使顽石点头，云光法师说法能够使天上的宝花纷纷降落；张虚靖炼丹成仙后能降龙伏虎，平素养的鸡犬都跟着他升天了。

能把整个世界藏在一粒米中，佛家的法力是何等强大；能够把整个乾坤贮藏在一把壶里，道家的法术又是多么玄妙。

无稽之谈，就好像说装了一车鬼魂；富贵人家，鬼都要偷窥他的家室。

【原文】

"无鬼论"作于晋之阮瞻[1]，《搜神记》撰于晋之干宝[2]。

颜子渊、卜子商，死为地下修文郎[3]；韩擒虎、寇莱公，死为阴司阎罗王[4]。

至若土谷之神曰社稷，干旱之鬼曰旱魃[5]。

魑魅魍魉，山川之祟[6]；神荼郁垒，啖鬼之神[7]。

仕途偃蹇，鬼神为之揶揄[8]；心地光明，吉神自为之呵护[9]。

【注释】

①"无鬼论"：晋人阮瞻持无鬼论。

②《搜神记》：志怪小说集，东晋干宝撰。干宝：字令升，河南新蔡人。

③颜子渊、卜子夏：颜子渊，即颜回，字子渊，春秋末期鲁国人。卜子夏，即卜商，字子夏，春秋末期晋国人，另一说法是卫国人。二人都是孔子的学生。修文郎：阴曹掌著作之官。传说晋苏韶死后现形，对他的兄弟说："颜渊、卜商，今见在为修文郎，修文郎凡有八人，鬼之圣者。"

④韩擒虎：隋代大将，字子通，文武双全。寇莱公：北宋政治家寇准，字平仲，被封莱国公，所以称寇莱公。

⑤社稷：土神和谷神的总称。旱魃（bá）：传说中造成旱灾的鬼怪。

⑥魑魅魍魉（chī mèi wǎng liǎng）：指各种各样的鬼怪，现在多用来比喻各种各样的坏人。祟：鬼怪祸害人。

⑦神荼郁垒：两个神仙的名字，相传能够制伏恶鬼，于是后人都把它当作门神，画像极丑且凶恶。啖（dàn）：吃。

⑧偃蹇：仕途不顺利。晋代罗友曾对桓温抱怨说，在来的路上连鬼都揶揄，他只是为别人做官送行，没有别人送他去做官。桓温于是推荐罗友做襄阳太守。揶揄（yé yú）：戏弄，辱。

⑨心地：佛教语。佛教认为三界唯心，心像滋生万物的大地，能随缘生出一切，所以称"心地"。

【译文】

"无鬼论"开始于晋朝阮瞻，《搜神记》是东晋干宝所撰。

孔子的徒弟颜子渊、卜子商，死了以后在阴间做了修文郎；隋朝大将韩擒虎、北宋丞相寇莱公，死后在地府做阎罗王。

至于土神和谷神人们称之为"社稷"，导致干旱的鬼叫做"旱魃"。

"魑魅""魍魉"，都是山川中危害人类的精怪；"神荼""郁垒"，都是吃鬼的门神。

官路困顿不通，连鬼神都要对其拍手戏弄他；心地光明磊落，吉神自然呵护庇佑他。

鸟　兽

【题解】

本篇名为鸟兽，但并没有简单地列举飞禽走兽的名称和习性，而是将重点放在与鸟兽相关的词语、成语典故上，如"狐假虎威""养虎贻患"等，或是以鸟兽喻人，如"犹豫多疑，喻人之不决；狼狈相倚，比人之颠连"等，目的是使儿童认识到人不同于鸟兽，自应有比鸟兽更为高级的善恶观、是非观。

【原文】

麟为毛虫之长①，虎乃兽中之王。

麟凤龟龙，谓之四灵②；犬豕与鸡，谓之三物③。

騄耳骅骝④，良马之号；太牢大武⑤，乃牛之称。

羊曰柔毛，又曰长髯主簿⑥；豕名刚鬣，又曰乌喙将军⑦。

鹅名舒雁⑧，鸭号家凫。

【注释】

①麟：麒麟，传说中的动物，雄为麒，雌为麟。毛虫：长毛的动物。

②四灵：古人认为有灵性的四种神兽。

③豕（shǐ）：猪。三物：古人结盟、立誓时，把动物的血滴入酒中，饮酒盟誓，君王用猪血，大臣用狗血，百姓用鸡血。

④騄耳骅骝（lù ěr huá liú）：古代良马的名字，周穆王的八俊之一。騄耳也作"绿耳"，应当是绿色的马。骅骝也作"枣骝"，应当是赤色的马。

⑤太牢：牛的别称。大武：指牛，祭祀时对牛的称呼。

⑥柔毛：指羊。《礼记·曲礼下》："凡祭宗庙之礼……羊曰柔毛。"孔颖达疏："若羊肥则毛细而柔弱，故云柔毛，言肥泽也。"主簿：古代官名，是各级主官属下掌管文书的佐吏。

⑦刚鬣、乌喙将军：猪的另一称呼。猪贪食，所以称猪为乌喙将军。鬣（liè）：脖子上长而密的毛。喙（huì）：鸟兽的嘴。

⑧舒雁：鹅的另一种称呼。因为鹅的形状像雁，但又徐行不飞，所以称舒雁。家凫：鸭子。

【译文】

麒麟是有毛类动物之首领，老虎是万兽之王。

麒麟、凤凰、乌龟和龙，合称为"四灵"；狗、猪和鸡，合称为"三物"。

"骐骥""骅骝",都是古时名马的名称;"太牢""大武"都是牛的名称。

羊毛很柔软,所以把羊称作"柔毛",羊须又很长,所以又称作"长髯主簿";猪鬣很硬,所以称作"刚鬣",猪嘴又乌黑,所以又称作"乌喙将军"。

鹅行路像雁故称为"舒雁",鸭形状像凫故称为"家凫"。

【原文】

鸡有五德,故称之为德禽①;雁性随阳,因名之曰阳鸟②。
家狸、乌圆,乃猫之誉③;韩卢楚犷,皆犬之名④。
麒麟驺虞,皆好仁之兽⑤;螟螣蟊贼,皆害苗之虫⑥。
无肠公子,螃蟹之名⑦;绿衣使者,鹦鹉之号⑧。
狐假虎威,谓借势而为恶⑨;养虎贻患,谓留祸之在身⑩。

【注释】

①德禽:鸡。古时候说鸡有五德,所以称德禽。《韩诗外传》记载,鸡头上戴冠者是文也,步子迈得大者为武,敢斗者则勇,看见食物相互招呼为仁,守夜没有差失是信。

②阳鸟:雁的别名。

③狸:野猫。乌圆:猫的别称。

④韩卢、楚犷:古代良犬的名字。《广雅》:"犬之良者,犹宋国之鹊、韩国之卢、楚国之犷、晋国之獒。"

⑤驺(zōu)虞:义兽名,传说只吃死动物,也不吃生草,所以称它性仁。

⑥螟(míng)螣(téng)蟊(máo)贼:吃庄稼的四种害虫。

⑦无肠公子:螃蟹的别名。

⑧绿衣使者:相传唐玄宗曾将报告杀人凶手的鹦鹉封为绿衣使者。

⑨狐假虎威：狐狸假借老虎的威势吓唬其他野兽。比喻仰仗或倚仗别人的权势来欺压、恐吓人。老虎捉到一只狐狸，要吃它。狐狸说："上天要我做百兽的王，你不可以吃掉我。如果你不信，我走在前面，你跟在我后面，看百兽见了我有没有不逃跑的？"老虎信以为真，就跟着狐狸走，结果百兽看见老虎在狐狸后面，都逃跑了。老虎不知自己中计了，还以为百兽是害怕狐狸而逃跑的。

⑩养虎贻患：也作"养虎遗患"。比喻纵容敌人，留下后患，自己反受其害。《史记·项羽本纪》载，楚汉两方相约以鸿沟为界停战，停战后，项羽引兵东去，而张良、陈平建议刘邦乘机攻打项羽，说汉朝已拥有天下大半，楚兵正处在饥饿疲惫的时候，这个时候是消灭他们的最好时机。如果让他们回去，"此所谓养虎自遗患也"。

【译文】

鸡有五种美德，故称为"德禽"；大雁生性喜欢阳光温暖，所以又称为"阳鸟"。

"家狸""乌圆"都是猫的美名；"韩卢""楚犷"都是良犬的名称。

"麒麟""驺虞"，都是喜好仁义的神兽；"螟""螣""蟊""贼"，都是残害庄稼的害虫。

"无肠公子"，是螃蟹的别名；"绿衣使者"，是鹦鹉的外号。

"狐假虎威"，比喻凭借别人的威势做坏事；"养虎贻患"，比喻纵容敌人自留后患。

【原文】

犹豫①多疑，喻人之不决；狼狈②相倚，比人之颠连。

胜负未分，不知鹿死谁手③；基业易主，正如燕入他家④。

雁到南方，先至为主，后至为宾⑤；雉名陈宝，得雄则王，得雌则霸⑥。

刻鹄类鹜⑦，为学初成；画虎类犬⑧，弄巧成拙。

【注释】

①犹豫：迟疑，不果断，对事难以做决定。犹，一种动物，性多疑。《集韵》载："犹，一曰似麂，居山中，闻人声豫登木，无人乃下，世谓不决曰犹豫。"

②狼狈：相传狼和狈是同类野兽，狼前二足长，狈后二足长，必须互相依靠才能行动，如果狼离开狈，或狈离开狼，那么就进退不便。后来用狼狈比喻互相勾结干坏事。颠连：勾结。

③鹿死谁手：不知道谁取得最后的胜利。《晋书》载："人岂不自知，卿言亦已太过，朕若逢高皇，当北面而事之，与韩、彭竞鞭而争先耳；脱遇光武，当并驱于中原，未知鹿死谁手！"鹿就是猎取的对象，原来比喻政权，后来也比喻争逐的对象。

④燕入他家：刘禹锡《乌衣巷》："旧时王谢堂前燕，飞入寻常百姓家。"东晋王导、谢安等豪门贵族曾经住在乌衣巷，但是诗人写这首诗时，王、谢大族已经没落，而燕子却不管它的故宅换主，仍旧寻巢。

⑤燕到南方：相传中秋节以前先飞到南方的大雁是主人，而中秋节以后到达的小雁则是客人。

⑥雉：野鸡。陈宝：神的名字。干宝《搜神记》记载，秦穆公时，陈仓

人捉住一怪兽，有二童子在路边，童子说："它的名字叫媪，常在地下食死人的脑子。想要杀它，用柏树击打它的头。"怪兽说："那两个童子叫陈宝，得到雄的可以称王，得到雌的可以称霸诸侯。"陈仓人舍弃媪而逐两童子。两童子马上变成野鸡飞走了。

⑦刻鹄类鹜（wù）：画天鹅不成，有些像鸭子。后来用它比喻模拟相类似的人或事物，不能逼真还可得其近似，因此说初学有成。鹄：天鹅。鹜：野鸭。

⑧画虎类犬：画老虎不成，却像狗。比喻模仿不到家，反而不伦不类，反贻笑柄。

【译文】

"犹豫多疑"，比喻人遇事迟疑不决；"狼狈相倚"，比喻人相互依靠，失去对方则困顿不堪。

胜负未分之时，就说不知"鹿死谁手"；基业江山换了主人，就好比"燕入他家"。

大雁飞往南方时，先到的是主人，后到的是宾客；雉鸡又名陈宝，抓住雄雉可以为王，抓住雌雉可以称霸。

"刻鹄类鹜"，是说人学习初见成效；"画虎类犬"，比喻弄巧成拙反而留下笑柄。

【原文】

美恶不称，谓之狗尾续貂①；贪图不足，谓之蛇欲吞象②。

祸去祸又至，曰前门拒虎，后门进狼③；除凶不畏凶，曰不入虎穴，焉得虎子④。

鄙众趋利，曰群蚁附膻⑤；谦己爱儿，曰老牛舐犊⑥。

无中生有，曰画蛇添足⑦；进退两难，曰羝羊触藩⑧。

杯中蛇影⑨，自起猜疑；塞翁失马⑩，难分祸福。

【注释】

①狗尾续貂：貂尾不够用了拿狗尾巴来顶替。本意讽刺滥封官爵，后来用"狗尾续貂"比喻拿不好的续在好的东西后面，前后不相称（多指文学作品）。

②蛇欲吞象：比喻贪得无厌。《山海经》："巴蛇食象，三岁而出其骨。"

③前门拒虎，后门进狼：比喻消除一个祸患又招来另一个祸患。后汉和帝时，外戚窦氏专权，和帝与宦官共谋诛杀窦氏，但是又过分亲信太监，导致宦官专权。

④不入虎穴，焉得虎子：比喻不经历艰苦的实践，就不能取得巨大的成就。也比喻不冒危险不能成事。

⑤群蚁附膻：比喻追逐名利，竞相驱往。卢坦《与李渤书》："今之人奔尺寸之禄，趋丝毫之利，如群蚁之附腥膻，众蛾之赴爝（jué）火，取不为丑，贪不避死。"膻（shān）：指羊臊气。

⑥老牛舐犊：比喻爱子情深。舐：以舌舔物。

⑦画蛇添足：比喻多此一举，反而无益，弄巧成拙。楚国有个专管祭祀的官员，赐酒给手下人喝，因为人多酒少不够分，于是想出谁先画好蛇就可以喝酒的办法。有一个人第一个把蛇画好了，但是见其他人还没有画完，就在已画好的蛇上又添加了两只脚，让人啼笑皆非。

⑧羝羊触藩：公羊抵撞篱笆，把角缠在篱笆上，进退不得。比喻陷于进退两难的境地。羝（dī）：公羊。藩：篱笆。

⑨杯中蛇影：比喻因疑神疑鬼而引起恐惧。晋朝人乐广十分好客，见一朋友好久不来家里，十分奇怪，就去拜会他。朋友说上次在你家喝酒，杯中有蛇，喝完后回来就生病了。乐广很疑惑，回家便查原因，原来是挂在墙上的角弓影子倒射在酒杯里造成的。朋友听到这个消息后，病很快就好了。

⑩塞翁失马：意思是虽然一时遭受损失，但也可能转变成好事。《淮

南子·人间训》:"近塞上之人,有善术者,马无故亡而入胡,人皆吊之,其父曰'此何遽不为福乎?'居数月,其马将胡骏马而归。"

【译文】

好坏不匀称,称作"狗尾续貂";贪得无厌,称作"蛇欲吞象"。

"前门拒虎,后门进狼",比喻刚消除了一个祸患,却又遇上了另一个灾难;"不入虎穴,焉得虎子",是说为了铲除凶恶就不能不冒险。

鄙视世俗之人趋向权力追逐利益,就如同"群蚁附膻";谦称自己喜爱儿女,就如同"老牛舐犊"。

无中生有,称作"画蛇添足";进退两难,称为"羝羊触藩"。

"杯中蛇影",比喻人心中疑虑恐惧胡乱猜疑;"塞翁失马",说明祸福很难分辨。

【原文】

龙驹凤雏,晋闵鸿夸吴中陆士龙之异[1];伏龙凤雏,司马徽称孔明庞士元之奇[2]。

吕后断戚夫人手足,号曰人彘[3];胡人腌契丹王尸骸,谓之帝羓[4]。

人之狠恶,同于梼杌[5];人之凶暴,类于穷奇[6]。

【注释】

[1]龙驹凤雏:龙子凤子,多比喻聪颖英俊的儿童。晋朝陆云,字士龙,与兄陆机齐名,时人称他们为"二陆"。陆云年幼时,吴尚书广陵闵鸿称赞他说:"此儿若非龙驹,当是凤雏。"

[2]伏龙凤雏:司马徽称诸葛亮为伏龙,称庞统为凤雏。

[3]人彘(zhì):汉高祖刘邦宠爱戚夫人,想废掉惠帝,立她的儿子赵王如意为太子,未果。待汉高祖死后,吕后挟恨,断戚夫人手足,去眼,熏灼耳朵,吃哑药,置于厕所中,称为"人彘"。

[4]帝羓:契丹王耶律德光南侵途中病死,契丹人剖开他的肚子,挖

出内脏，用盐腌起来运回，称为"帝豝"。豝（bā）：干肉。

⑤梼杌（táo wù）：《神异经·西荒经》上记载的西方的凶兽名字，形状如老虎，人面虎足，猪牙，扰乱山中。

⑥穷奇：传说中的恶兽名。《山海经·西山经》上记载的野兽，形状像牛，音如獒狗，吃人。

【译文】

"龙驹""凤雏"，这是晋代闵鸿夸赞吴郡陆云不同凡响；"伏龙""凤雏"，是司马徽称赞诸葛亮和庞统才华高超。

吕后斩断戚夫人手足，称她为"人彘"；胡人将契丹王尸骸腌起来，称为"帝豝"。

狠毒凶狠的人，就和那传说中的凶兽"梼杌"一样；凶恶残暴的人，就和那传说中的凶兽"穷奇"一样。

【原文】

王猛见桓温，扪虱而谈当世之务①；宁戚遇齐桓，扣角而取卿相之荣②。

楚王轼怒蛙，以昆虫之敢死③；丙吉问牛喘，恐阴阳之失时④。

以十人而制千虎，比言事之难胜⑤；走韩卢而搏蹇兔，喻言敌之易摧⑥。

兄弟如鹡鸰之相亲⑦，夫妇如鸾凤之配偶⑧。

【注释】

①王猛：十六国时前秦的大臣，后为苻坚的丞相。桓温：东晋大将军，明帝婿。《晋书·王猛传》："（猛）隐于华阴山，怀佐世之志，希龙颜之主，敛翼待时，后风云而后动。桓温入关，猛被褐而诣之，一面谈当世之事，扪虱而言，旁若无人。"扪（mén）虱：捉虱子，形容放任毫无拘束。

②宁戚：春秋卫惠公（公元前686—前669年在位）时人，姬姓，甯

氏，名戚，是现代宁姓始祖，春秋莱棠邑（今青岛平度）人，卫国（今河南境内）人，早年怀经世济民之才而不得志。齐桓公二十八年（公元前685年）拜为大夫。后长期任齐国大司田，为齐桓公主要辅佐者之一。管仲路上见到了放牛娃宁戚，见他很有才华，就写信给齐桓公推荐他。宁戚骑着牛唱歌，齐桓公见有人骂他，就把宁戚抓了起来，见他有学问，就任他为大夫。扣角：敲打牛角。

③楚王轼怒蛙：楚王讨伐吴国时，出门看见鼓起发怒的青蛙，为鼓励士卒不怕死，他手扶车前横木向发怒的青蛙致敬。轼（shì）：古代车厢前面用作扶手的横木。

④丙吉问牛喘：汉代宰相丙吉出巡时，遇到有人斗殴而死，但不过问，后来遇到牛在喘息，便走上前去询问。手下人不解，说他该问的不问，丙吉说："现在天气还没有大热，牛却喘息，怕是阴阳失调，这就是我职务内的事，应当过问；打死人这件事情自然有京兆尹来过问，是不需要宰相来管的。"失时：失调。

⑤十人而制千虎：比喻有些事情因为力量不够而很难取胜。宋代常安民给中书侍郎吕公著的信中写道："猛虎负隅，莫之敢撄（yīng），而卒为人所胜者，人众虎寡也。故以十人而制一虎，则人胜；以一人制十虎，则虎胜。奈何以十人而制千虎乎？"

⑥驰韩卢而搏蹇兔：《战国策·秦策三》范雎说秦昭王："以秦卒之勇，车骑之多，以当诸侯，譬若驰韩卢而逐蹇兔也，霸王之业可致。"比喻战胜敌人轻而易举。韩卢：战国时韩国的名犬，色黑，所以叫卢。蹇（jiǎn）兔，跛足的兔子。

⑦鹡鸰（jí líng）：鸟类的一属。也作"脊令"。《诗·小雅·常棣》："脊令在原，兄弟急难。"比喻兄弟相亲。

⑧鸾凤：鸾鸟和凤凰。比喻夫妇。

【译文】

王猛拜见桓温，边捉虱子边谈天下大事；宁戚遇见齐桓公，便敲着牛角唱歌，最终被得到拜为上卿的殊荣。

楚王手扶车前横木向发怒的青蛙致敬，是因为它不畏惧死亡；丙吉见到牛喘息而询问，唯恐时节阴阳失序。

用十个人去制伏一千头老虎，比喻事情难以成功；用勇猛的狗去追捕跛了脚的兔子，比喻摧毁敌人极其容易。

兄弟相亲应像鹡鸰鸟一样，夫妻般配应像鸾鸟和凤凰一样。

【原文】

有势莫能为，曰虽鞭之长，不及马腹①；制小不用大，曰割鸡之小，焉用牛刀②。

鸟食母者曰枭③，兽食父者曰獍④。

苛政猛于虎⑤，壮士气如虹⑥。

腰缠十万贯，骑鹤上扬州，谓仙人而兼富贵⑦；盲人骑瞎马，夜半临深池，是险语之逼人闻⑧。

黔驴之技，技止此耳⑨；鼫鼠之技，技亦穷乎⑩。

【注释】

①鞭之长，不及马腹：比喻力不能及。

②割鸡之小，焉用牛刀：比喻做小事不必用大力气。《论语·阳货》中记载，子游出任武城的行政长官，用礼乐教化百姓。孔子到武城听到一片弦歌之声，于是便开玩笑地说："杀鸡焉用宰牛刀？"

③枭：俗名猫头鹰，一种凶猛的鸟，旧传枭寄巢生子，大则食其母。后来用此比喻恶人。

④獍（jìng）：恶兽名。也叫"破镜"，传说一种像虎豹的兽，生下来就吃父。因此用来比喻不孝和忘恩负义的人。

⑤苛政猛于虎：繁重的赋税和徭役比老虎还要凶暴可怕。《礼记·檀弓下》载，孔子过泰山侧，见一妇人在哭泣，就让子路问之，妇人回答说，他的公公、丈夫、儿子先后被老虎所害。孔子问她为什么不离开这

个地方，妇人说："无苛政。"孔子于是对他的徒弟说："小子识之，苛政猛于虎也。"

⑥壮士气如虹：壮士的豪气犹如天上的长虹，可以穿日而过。

⑦骑鹤上扬州：《殷芸小说》中写到，有几个人一起谈志向，一个说想做扬州刺史，一个说想要腰缠万贯，一个说要骑鹤升仙。最后一人说要"腰缠十万贯，骑鹤上扬州"，把前面三人的愿望都包括了。后来用"骑鹤上扬州"比喻欲集做官、发财、成仙于一身，或形容贪婪的妄想。

⑧盲人骑瞎马，夜半临深池：形容乱闯瞎撞，非常危险或面临极危险的情况而不自知。晋朝桓玄、殷仲堪、顾恺之等人一起比赛说"危语"。殷仲堪的一位参军插语道："盲人骑瞎马，夜半临深池。"殷仲堪听了说："这话逼人太甚。"因为殷仲堪的一只眼睛瞎了。

⑨黔驴之技：比喻有限的一点技能已用完。唐代柳宗元《三戒·黔之驴》，贵州一带没有驴子，有人带去一头放在山下，老虎看见这个庞然大物，不知是什么神怪。驴子叫了一声，老虎吓得发慌。后来渐渐听惯了驴的叫声，走近去碰它，驴子大怒，用蹄子乱踢，但是没有多大的伤害力。老虎大喜，心里想，原来驴子技艺不过如此，于是扑上去就把它吃了。

⑩鼯（wú）鼠之技：比喻技艺不精，虽然多却没有益处。传说鼯鼠有五种技艺，但都不精通，能飞却不能上屋，能爬却爬不上树梢，能游却不能渡过山涧，能打洞可是藏不住身子，能跑但也超不过人。

【译文】

有力量却用不上，就说"虽鞭之长，不及马腹"；处理小事情不必花大力气，就说"割鸡之小，焉用牛刀"。

会吃掉自己的母亲的鸟称作"枭"，会吃掉自己的父亲的兽称作"獍"。

繁重的赋税比老虎还要凶暴可怕，壮士的豪气犹如天上穿日而过的长虹。

"腰缠十万贯，骑鹤上扬州"，是说又要成仙又想拥有富贵；"盲人骑瞎马，夜半临深池"，这是令人听见毛骨悚然的险语。

黔驴的本领看起来很大，其实就只有用蹄子踢而已；鼫鼠的能力虽多，其实最易穷尽。

【原文】

强兼并者曰鲸吞①，为小贼者曰狗盗②。

养恶人如养虎，当饱其肉，不饱则噬；养恶人如养鹰，饥之则附，饱之则飏③。

随珠弹雀④，谓得少而失多；投鼠忌器⑤，恐因甲而害乙。

事多曰猬集⑥，利小曰蝇头⑦。

心惑似狐疑⑧，人喜如雀跃⑨。

【注释】

①鲸吞：像鲸一样的吞食，多用来比喻以强兼弱，吞并土地。

②狗盗：小偷。因为像狗一样钻到人家里所以叫狗盗。

③养恶人如养虎、养恶人如养鹰：《三国志·魏书·陈登传》吕布因陈登向曹操求为徐州牧，不得。吕怒，拔剑曰："吾所求无一获，而卿父子并显重，为卿所卖耳！"要杀陈登。登徐喻之曰："登见曹公言待将军譬如养虎，当饱其肉，不饱则将噬人。"公曰："不如卿言也。吾待温侯譬如养鹰，饥则为附，饱则飏去。"布乃掷剑曰："曹公知我也！"飏（yáng）：同"扬"。飞扬。

④隋珠弹雀：比喻做事不知道轻重，因此得不偿失。隋珠：隋侯救

了一条大蛇，蛇就送来珍珠相报答。

⑤投鼠忌器：比喻欲除祸害，但有所顾忌。《汉书·贾谊传》记载："里谚曰：'欲投鼠而忌器。'此善喻也。鼠近于器，尚惮不投，恐伤其器，况于贵臣之近主乎！"

⑥猬集：比喻事情繁多，像刺猬身上的硬刺那样聚集在一起。

⑦蝇头：比喻细小的事情，多用来指小数目的财力。

⑧狐疑：犹豫不决。

⑨雀跃：像雀一样蹦跃，形容特别高兴。

【译文】

恃强兼吞弱的行为称为"鲸吞"，偷偷摸摸地去窃取他人的财物叫作"狗盗"。

重用恶人就像豢养老虎，应当让他把肉吃饱，没吃饱他就会乱咬人；重用坏人就像驯养雄鹰，饿了才会依附于你，喂饱了就会飞走。

"隋珠弹雀"，譬喻得到的少失去的多；"投鼠忌器"，比喻担心为了甲而伤害了乙。

事情很多叫作"猬集"，财利微薄叫作"蝇头"。

遇到事情心里产生犹豫怀疑称作"狐疑"，人非常高兴叫作"雀跃"。

【原文】

爱屋及乌①，谓因此而惜彼；轻鸡爱鹜②，谓舍此而图他。

唆恶为非，曰教猱升木③；受恩不报，曰得鱼忘筌④。

倚势害人，真似城狐社鼠⑤；空存无用，何殊陶犬瓦鸡⑥。

势弱难敌，谓之螳臂当辕⑦；人生易死，乃曰蜉蝣在世⑧。

小难制大，如越鸡难伏鹄卵⑨；贱反轻贵，似学鸒鸠反笑大鹏⑩。

【注释】

①爱屋及乌：爱房子，也爱那房顶上的乌鸦。比喻爱这个人，连与

这个人有关的东西都爱。

②轻鸡爱鹜：轻视鸡而爱野鸭子。比喻贵远贱近，舍此求彼。

③教猱升木：教猴子爬树。多比喻教唆坏人做坏事。猱（náo）：猴子，身体轻捷，善于攀援。

④得鱼忘筌：鱼捕到了，却忘掉了渔具。比喻获得了成功就忘记了赖以成功的手段和条件。筌（quán）：也作"荃"，捕鱼用的竹器。

⑤城狐社鼠：城墙下的狐狸，土地庙里的老鼠。比喻倚仗他人势力而为非作歹的坏人。东晋大臣王敦想除掉晋元帝的亲信刘隗，而征求谢鲲的意见。谢鲲认为不可以，理由是刘隗虽然是危害，但却是城狐社鼠，要消灭狐鼠，则势必毁及城墙和社土，即危及王室。

⑥陶犬瓦鸡：陶土做的狗，泥土做的鸡。后来比喻毫无用处的东西。

⑦螳臂当辕：螳臂就是螳螂的前腿，比喻不自量力就必定会失败。辕：车前架牲畜的直木或曲木，后来代称车。

⑧蜉蝣在世：比喻人生十分短暂。蜉蝣（fú yóu）：一种小飞虫，生存期极短，早上生，晚上就死了。

⑨越鸡难伏鹄卵：《庄子》中说，越鸡很难伏在天鹅卵上，鲁鸡却能，这是因为才能大小不同，小才不能担大任。后来也用来比喻小的不能控制大的。

⑩鷽鸠反笑大鹏：比喻目光短浅的人是不能理解别人的远大志向的。《庄子》里说，北冥有鱼，其名为鲲。鲲之大，不知其几千里。化而为鸟，名曰鹏，可以飞上九万里。蝉和鷽鸠却笑话它说："我们在树间飞行就够了，何必飞那么高。"鷽（xué）鸠：雀类小鸟，俗名斑鸠。

【译文】

"爱屋及乌"，比喻爱其人而推及和他有关的一切；"轻鸡爱鹜"，比喻舍此求彼，舍弃这里而图谋那里。

教唆他人去做坏事，好比"教猱升木"；受了人家的恩惠而不知报答，好比"得鱼忘筌"。

靠着别人的势力为非作歹的人，好像"城狐社鼠"；空有其表而没有任何用处，和"陶犬瓦鸡"没有任何区别。

势单力薄，能力不足，难以抵御敌人，如同"螳臂当辕"；人的生命短暂而脆弱，如同"蜉蝣在世"。

才能小的人难以办成大事，就像越鸡难以孵化天鹅蛋一样；低贱的反而看不起那高贵的，好比鸴鸠嘲笑大鹏一样。

【原文】

小人不知君子之心，曰燕雀焉知鸿鹄志①；君子不受小人之侮，曰虎豹岂受犬羊欺。

跖犬吠尧②，吠非其主；鸠居鹊巢③，安享其成。

缘木求鱼④，极言难得；按图索骥⑤，甚言失真。

恶人借势，曰如虎负嵎⑥；穷人无归，曰如鱼失水⑦。

九尾狐，讥陈彭年素性诌而又奸⑧；独眼龙，夸李克用一目眇而有勇⑨。

【注释】

①燕雀焉知鸿鹄志：比喻目光短浅的人是不能理解别人的远大志向。《史记·陈涉世家》记载，陈涉年轻的时候曾经与人一起耕田，怅恨已久，说："苟富贵，勿相忘。"与他一起耕田的人笑道："若为佣耕，何富贵也？"陈涉叹息道："嗟乎，燕雀安知鸿鹄之志哉？"

②跖（zhí）犬吠尧：原指人臣各为其主。后用以比喻嫉妒贤才。《战国策·齐策》："跖之狗吠尧，非贵跖而贱尧也，狗固吠非其主也。"战国时期，齐国大臣田单不计较骂他的貂勃，备酒宴向貂勃请教错在哪里，貂勃回答说："跖犬吠尧并不是尧不圣明，而是各为其主。"

③鸠居鹊巢：比喻强占别人的居处或位置。《诗经·召南·鹊巢》："维鹊有巢，维鸠居之。"意思是鸠不自己做巢，却占据鹊所筑的巢。

④缘木求鱼：爬到树上去捕鱼。比喻方向或方法完全不对，白费气

力去做不可能办到的事情。《孟子·梁惠王上》记载，孟子对梁惠王说，不行仁义而想"莅中国而抚四夷"，就好比是"缘木而求鱼"。

⑤按图索骥：比喻食古不化，不知变通，拘泥成法办事。现在多比喻按照一定的线索去寻找某事物。传说伯乐有《相马经》，伯乐的儿子按照《相马经》去寻找马，结果找到一只蟾蜍（chán chú）。

⑥如虎负嵎：本意为依靠有利地形。多比喻坏人倚仗权势而作恶。负：凭借。嵎（yú）：也写作"隅"，山势险阻弯曲的地方。

⑦如鱼失水：鱼失去了水就不能存活，多用来比喻失去了依靠。

⑧九尾狐：《山海经》记载，异兽，形状如狐狸，有九条尾巴，声音像婴儿，能吃人。古人认为是祥瑞，后人则把九尾狐当作妖媚的象征，比喻阴险奸佞的人。陈彭年（961—1017年）：字永年，江西省南城县人。北宋大臣，文学家、音韵学家。当时人说他奸诈谄媚，给他起了个外号叫"九尾狐"。其实，陈彭年勤于职守，鞠躬尽瘁，克己清廉，不贪不虐。史称他"贵至通显，奉养无异贫约"。

⑨李克用：唐末沙陀族人，其父朱邪赤心帮助唐镇压庞勋起义，赐名李国昌。他随父亲冲锋陷阵，被称为"飞虎子"。因为一只眼睛失明，所以绰号"独眼龙"。眇（miǎo）：瞎。

【译文】

小人不明白君子的所想，就说"燕雀焉知鸿鹄志"；君子不受小人的欺侮，就说"虎豹岂受犬羊欺"。

"跖犬吠尧"，并不是尧不仁，而是犬只认其主；"鸠居鹊巢"，形容侵占他人努力的成果而安享其成。

"缘木求鱼"，是竭力比喻很难达到目的；"按图索骥"，是竭力强调与事物的本来面目相去甚远。

凶恶的人又有势力可以依靠，就说"如虎负嵎"；穷苦的人没有地方可以投奔依靠，就说"如鱼失水"。

陈彭年敏捷强记，谄媚奸险，世人讥诮其为"九尾狐"；李克用骁勇善战，因为瞎了一只眼，世人称他为"独眼龙"。

【原文】

指鹿为马，秦赵高之欺主①；叱石成羊，黄初平之得仙②。

卞庄勇能擒两虎③，高骈一矢贯双雕④。

司马懿畏蜀如虎⑤，诸葛亮辅汉如龙⑥。

鹪鹩巢林，不过一枝⑦；鼹鼠饮河，不过满腹⑧。

【注释】

①指鹿为马：比喻颠倒黑白，有意歪曲事实，混淆是非。《史记·秦始皇本纪》记载，秦二世时，丞相赵高野心勃勃，想要篡夺皇位，于是故意把鹿说成马献给二世，来试验群臣是不是顺从自己。对于说是鹿的人，则暗中加以惩治。

②叱石成羊：魏晋时的传说。相传黄初平十五岁时牧羊山中，被一道士引到金华山的石室，后来哥哥初起找到初平，但不见羊。哥哥很是疑惑，初平却笑着叫了一声："叱！叱！羊起！"白色的石头都变成了羊。

③卞庄：春秋时鲁国汴邑大夫，因为勇力而闻名。《史记》载，卞庄去杀虎，有人向他献计，二只虎争食一头牛，必一死一伤。卞庄按照这个计划果然抓到了两只老虎。

④高骈：唐末幽州（今北京西南）人，字千里。年轻时看见两雕并飞，曰："我且贵，当中之。"发一矢中二雕。后来做秦州刺史、淮南节度使，果然富贵。

⑤司马懿畏蜀如虎：三国时，诸葛亮进攻魏国，司马懿不肯出战，坚守阵地。诸葛亮派人送给他妇人用的头巾，司马懿仍然待在老巢不肯出战，贾栩等问道："公畏蜀如虎，不怕天下人笑话吗？"

⑥诸葛亮辅汉如龙：《纲鉴总论》中写道："鞠躬尽瘁，死而后已，亮之所以如龙也。"

⑦鹪鹩（jiāo liáo）：一种小鸟，巢筑得极为精致。巢：筑巢。

⑧鼹（yǎn）鼠：一种田鼠。善于钻洞，危害农作物。

【译文】

"指鹿为马"，是说秦朝的赵高欺凌君主；"叱石成羊"，是说黄初平学到了仙术。

卞庄勇猛有力，能手擒两只老虎；高骈善射，曾一箭射中两只大雕。

司马懿惧怕蜀国就像惧怕猛虎一样，诸葛亮辅佐汉室如同巨龙在天。

鹪鹩在森林中筑巢，只要一根树枝就足够了；鼹鼠去河边饮水，只要喝饱肚子就足够了。

【原文】

人弃甚易，曰孤雏腐鼠①；文名共仰，曰起凤腾蛟②。

为公乎，为私乎，惠帝问虾蟆③；欲左左，欲右右，汤德及禽兽④。

鱼游于釜中，虽生不久⑤；燕巢于幕上，栖身不安⑥。

妄自称奇，谓之辽东豕⑦；其见甚小，譬如井底蛙⑧。

父恶子贤，谓是犁牛之子⑨；父谦子拙，谓是豚犬之儿⑩。

【注释】

①孤雏腐鼠：比喻微贱且不足道的人或物。孤雏：孤独的幼鸟。

②起凤腾蛟：比喻文章内容十分丰富，文采又非常华丽，就像凤凰起舞，蛟龙腾空。

③惠帝问虾蟆：《晋书·惠帝纪》记载，晋惠帝曾经在林园中听到虾蟆在叫，就问左右的人说："这是为官呢，还是为私？"左右的人戏弄他说："在官地则为官，在私地则为私。"虾蟆：同"蛤蟆"。

④汤德及禽兽：形容仁德之君行政很是宽大。《史记·殷本纪》记载，有一天，成汤外出，看见野外有人在四面张网，并祈祷说："从天上地下和四方来的，都进入我的罗网吧。"汤说："哎，一网打尽了啊！"于是叫张网的人撤去三面的网，并让他祈祷："想往左的，就往左；想往右的，就往右；不听从命令的就进入我的罗网。"诸侯听到这件事情，都

说:"汤的恩德已经达到了顶点了,竟然都推广到禽兽身上了。"

⑤鱼游于釜中:比喻身在绝境,命已经危在旦夕了。《后汉书·张纲传》记载,东汉张婴在徐淮之间作乱十多年,朝廷不能征讨。安帝时张纲为广陵太守,单车去见张婴,以恩信谕之。婴闻之哭着说:"荒裔愚人不能自通朝廷,不堪侵枉,遂复相聚偷生,若鱼游釜中,喘息须臾间耳。今闻明府之言,乃婴等更生之辰也。"第二天便率领他的部下及妻儿归降。

⑥燕巢于幕上:比喻处境很危险。幕:帐幕。

⑦辽东豕:比喻少见多怪,自命不凡。东汉朱浮和彭宠结怨。彭举兵攻浮。浮写信给他说:"伯通自伐,以为功高天下。往时辽东有豕,生子白头,异而献之,行至河东,见群豕皆白,怀惭而还。若以子之功论于朝廷,则为辽东豕也。"

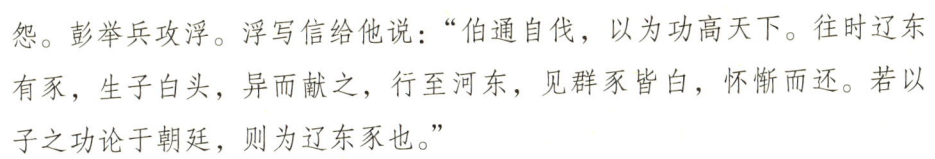

⑧井底蛙:井底下的青蛙只能看到井口那么大的天空。比喻见识短浅的人。

⑨犁牛:杂色的耕牛。古祭祀用牛须毛色纯正,不能用耕牛。此喻指人之微贱。

⑩豚犬之儿:比喻平庸无能。

297

【译文】

微不足道易被抛弃的人,如同"孤雏腐鼠";一个人在文学上的造诣为世人所景仰,就好比"起凤腾蛟"。

惠帝只知道询问蛤蟆鸣叫是为公还是为私,而汤的恩德已经推广到了禽兽身上。

鱼在锅里游水,虽然还活着,但是也活不长久了;燕子的巢筑在军营中的帐幕上,虽然能够栖身,但是却难以安稳。

少见多怪妄自称奇,譬如"辽东豕"一样;一个人的见识短浅、眼界狭小,如同"井底蛙"一样。

父亲品德低下,儿子却很贤明,称作"犁牛之子";父亲谦称儿子笨拙,说是"豚犬之儿"。

【原文】

出人群而独异,如鹤立鸡群①;非配偶以相从,如雉求牡匹②。

天上石麟,夸小儿之迈众③;人中骐骥,比君子之超凡④。

怡堂燕雀⑤,不知后灾;瓮里醯鸡⑥,安有广见?

马牛襟裾⑦,骂人不识礼仪;沐猴而冠⑧,笑人见不恢宏。

羊质虎皮⑨,讥其有文无实;守株待兔⑩,言其守拙无能。

【注释】

①鹤立鸡群:比喻人的才能或仪表特别出众。

②雉求牡匹:比喻淫乱无礼。飞禽的公母叫雌雄,走兽的公母叫牡牝(牡牝)。雉鸡应该求其雄,这里说求其牡,表明其淫乱。

③天上石麟:对儿童前程远大的赞语。南唐徐陵年少时,僧人宝志摸着他的头说:"这是天上的石麟啊。"迈众:超越众人。

④人中骐骥:比喻特别出类拔萃的人才。南朝徐勉有奇才,同宗人称之为"人中骐骥"。

⑤怡堂燕雀:讽刺那些居安却不思危、祸到却不知道躲避的糊涂人。

战国时孔斌曾向魏王进谏说:"燕雀在大堂上以为很安全,却不知道房子就快烧起来了。"

⑥瓮里醯鸡:比喻见识不广。醯(xī)鸡,指醋瓮中的小霉虫。《庄子》载,孔子向老子请教说:"我的思想就像你瓮里的醯鸡,你不打开,我就不知道天下有多大。"

⑦马牛襟裾:马牛虽然穿着人衣,但依旧是牲畜的行为,比喻不识礼仪的人。韩愈曾作诗勉励儿子说:"人不通古今,马牛而襟裾。身行陷不义,况望多名誉。"襟裾(jū):指衣服。

⑧沐猴而冠:猕猴戴着人的帽子很有人的模样,却办不成人事。讽刺某些人有名无实,成不了大事。沐猴:猕猴。《史记·项羽本纪》中记载,秦末,刘邦、项羽、楚怀王三人曾约定,谁先攻入咸阳谁就做关中王。刘邦先攻进咸阳,项羽很不高兴,于是进城杀百姓和已经投降的国王子婴,并放火烧了阿房宫,掠夺大量金银财宝准备回江东。于是有人在背后讥讽楚国人就是戴着帽子的猴子,虚有其表。

⑨羊质虎皮:笨拙无能的羊披上虎皮,但是它怯懦的本质却并没有改变。后来用来比喻徒有虚名,但并无实际能力的人。

⑩守株待兔:讽喻墨守经验而不知变通或者妄想不劳而获坐享其成的人。《韩非子·五蠹(dù)》记载,宋国有一个农夫碰巧捡到一只撞到树桩而死的兔子,从此以后他便放下农活守在树桩边,等待撞到树桩而死的兔子。

【译文】

才华或仪表高出别人一个头,一眼望去特别显眼,好比"鹤站立鸡群";不是同一类的夫妻却相依相从,好比"雉求牡匹"。

"天上石麟",是夸赞他人之子品格出众;"人中骐骥",是比喻君子的才能超凡。

"怡堂燕雀",不知道灾殃即将来临;"瓮里醯鸡",哪能有多大的见识呢?

"马牛襟裾",是骂人不懂得礼仪;"沐猴而冠",是讥笑他人眼光短浅没有大器量。

"羊质虎皮",是外表装作强硬而内心却十分虚怯;"守株待兔",是形容人笨拙无能。

【原文】

恶人如虎生翼①,势必择人而食;志士如鹰在笼,自是凌霄有志。

鲋鱼困涸辙②,难待西江水,比人之甚窘;蛟龙得云雨③,终非池中物,比人大有为。

执牛耳④,谓人主盟;附骥尾⑤,望人引带。

鸿雁哀鸣⑥,比小民之失所;狡兔三窟⑦,诮贪人之巧营。

风马牛势不相及⑧,常山蛇首尾相应⑨。

【注释】

①恶人如虎生翼:如果帮助坏人作恶就是助长了坏人的气势,坏人就像长了翅膀的老虎更加张狂。

②鲋鱼困涸辙:小鱼被困在干车沟里,用来比喻处境十分困难的人。鲋鱼:鲫鱼。指小鱼。《庄周·外物》记载,庄周在路上看见干车沟里有一条小鱼,小鱼请求庄周给它水来救活它。庄周答应,并说他将要南游,到时引西江之水来迎小鱼,小鱼很是生气地说,我只是要半升水就可以活,你这样说,不如让我早早干死。

③蛟龙得云雨:比喻有才华的人终究会有施展抱负的一天。《资治通鉴·汉献帝建安五十年》记载,刘备拜访孙权,求督荆州。周瑜上疏孙权说,刘备有枭雄的姿态,并且有关羽、张飞熊虎之将,不可能长久地屈从于别人手下,现在割土地给他,就是资助他,三个人都在疆场上,"恐蛟龙得云雨,终非池中物也!"

④执牛耳:古代诸侯国之间盟誓时,要割牛耳取血,割下的牛耳朵放在珠盘,由主盟的人捧着,所以称主盟者为执牛耳。

⑤附骥尾：苍蝇附在马的尾巴上，可以行千里。后来比喻依附贤者或先人来成名。一般作为谦词。

⑥鸿雁哀鸣：比喻流离失所的灾民。

⑦狡兔三窟：狡猾的兔子有三个洞穴。比喻藏身的地方或方法很多，后来用来比喻从多方面谋求安身立命以避灾祸。多用于贬义。《战国策·齐策四》记载，战国时，冯谖曾对孟尝君说："狡兔有三窟，才能免于一死。"于是他为孟尝君办了三件大事，巩固了孟尝君的地位。

⑧风马牛：比喻事物之间毫不相干，没有任何联系。风：将某物放置于风中。将牛和马放置于风中，牛顺风跑，马逆风跑，不会跑到一起。《左传·僖公四年》记载，春秋时，齐国出兵进攻楚国，楚国派使者对齐军说："你们居住在北方，我们楚国在南方，相距很远，唯是风马牛不相及也。"形容齐楚两地相距甚远，即使马、牛走失，也不会走失至对方的境内。

⑨常山蛇：古代传说中能互相救应的蛇。比喻一种首尾呼应，各部分紧密配合的作战方法。

【译文】

帮助坏人作恶，坏人就像长了翅膀的老虎，势必要吃人；有远大志向的人就像笼中的鹰，他们的志向是振翅飞上云霄。

"鲋鱼困涸辙，难待西江水"，比喻人处境窘迫急待援助；"蛟龙得云雨，终非池中物"，比喻有才华的人只要得到机会，就能大显身手。

"执牛耳"，是说人居于领导地位；"附骥尾"，是谦称盼望他人提携荐引。

"鸿雁哀鸣"，是悲伤灾民流离失所无处安身；"狡兔三窟"，是讥讽贪心的人巧于钻营。

"风马牛"，比喻事物之间毫不相干；"常山蛇"，形容攻战时首尾能够互相回应。

【原文】

百足之虫，死而不僵，以其扶之者众①；千岁之龟，死而留甲，因其卜之者灵②。

大丈夫宁为鸡口，毋为牛后③；士君子岂甘雌伏，定要雄飞④。

毋局促如辕下驹⑤，毋委靡如牛马走⑥。

猩猩能言，不离走兽⑦；鹦鹉能言，不离飞鸟⑧。

人惟有礼，庶可免相鼠之刺⑨；若徒能言，夫何异禽兽之心？

【注释】

①百足之虫，死而不僵：用来比喻势力雄厚的集团或家族，虽然衰败了，但是影响依然存在。现在多用于贬义。百足：马炫的别名，大的名马陆。长约一寸，躯干共二十节，切断后头尾可自行离开。另一说法是蜈蚣。

②千岁之龟，死而留甲：古时候，人们都认为龟是有灵性的动物，而且寿命很长，因此龟死后人们留下它的龟甲，好用来占卜。

③宁为鸡口，毋为牛后：鸡嘴虽然小，但可以自己啄食；牛屁股虽然大，但是只能任人鞭打。用来比喻宁肯在局面小的地方自主，也不愿意在局面大的地方受人支配。

④岂甘雌伏，定要雄飞：汉代赵温担任京兆郡丞，叹息说："大丈夫应当雄飞，怎么能雌伏。"于是弃官而去，后来被拜为司徒。雌伏：屈居人下。雄飞：奋发图强。

⑤辕下驹：在车辕下的小马，以此比喻人因为有所顾忌而显得拘束不安。驹：两岁的马。

⑥牛马走：像牛马一样供人驱使的人，即仆人。也常用作自谦之词。

⑦猩猩能言：猩猩的声音像婴儿，所以传说它可以说人语。

⑧鹦鹉：鸟名，羽毛色泽鲜艳美丽，嘴大且短，经过训练可以仿效人说话。

⑨人惟有礼：《诗经·相鼠》："相鼠有体，人而无礼。人而无礼，

胡不遄（chuán，快速）死？"就是说老鼠都有皮、有齿、有体，人只有讲礼仪，才能避免不如老鼠。

【译文】

"百足之虫，死而不僵"，是因为扶持它力量众多的缘故；"千岁之龟，死而留甲"，是因为用它来占卜非常灵验。

大丈夫宁为鸡嘴，也不做牛屁股；士人君子怎么甘心像巢中的雌鸟一样屈居人下，一定要像雄鸟一样振翅高飞。

不要局促畏缩如同车辕下的小马驹，不要萎靡不振如同牛马一样被人驱使。

猩猩能说话，还是走兽之类；鹦鹉能说话，仍然只是飞禽。

人唯有懂得礼仪，才能免遭讥刺为不如老鼠；如果仅是会讲话，那他的心与禽兽又有什么区别呢？

花　木

【题解】

本篇与《鸟兽》一样，都是讲述与大自然相关的事物。花木即花卉苗木，花木的生长过程与习性常常会使人感到积极向上的力量，人们常常用它们来喻事拟人。本篇介绍了各种花木的名称及相关典故，其目的一是劝谕儿童向上向善，一是告诫儿童不要误入歧途。总之，是希望儿童能从花木本身汲取好的品行，增强自身的修养。

【原文】

植物非一，故有万卉①之名；谷种甚多，故有百谷之号。

如茨如梁，谓禾稼之蕃②；惟夭惟乔，谓草木之茂③。

莲乃花中君子，海棠花内神仙。

国色天香④，乃牡丹之富贵；冰肌玉骨，乃梅萼之清奇⑤。

【注释】

①卉：草的总称。

②如茨如梁：即庄稼长得像屋顶桥梁一样高。形容长势茂盛。茨：盖屋的茅草。梁：桥梁。蕃：茂盛。

③夭：茂盛。乔：高。

④国色天香：原形容颜色和香气不同于一般花卉的牡丹花。后也形容出色的佳人。

⑤冰肌玉骨：用于赞美女子的皮肤光洁如玉，形体高洁脱俗。梅萼：梅花。萼（è）：本义是花朵盛开。特指花瓣下部的一圈叶状绿色小片。

【译文】

植物并非只有一种，所以有"万卉"的称呼；谷类也有很多种，所以有"百谷"的称号。

"如茨如梁"，是形容庄稼长势茂盛；"惟夭惟乔"，是形容草木生长茂盛。

莲花被誉为"花中君子"，海棠花被称为"花中神仙"。

"国色天香"，是说牡丹富贵艳丽；"冰肌玉骨"，是形容梅花清秀俊奇。

【原文】

兰为王者之香，菊同隐逸之士。

竹称君子，松号大夫。

萱草可忘忧，屈轶①能指佞。

筼筜②，竹之别号；木樨，桂之别名。

明日黄花③，过时之物；岁寒松柏，有节之称。

樗栎④乃无用之散材，梗楠⑤胜大用之良木。

【注释】

①屈轶：黄帝时有一种屈轶草，奸佞的人来，草就指向他。

②筼筜（yún dāng）：生长在水边的大竹子。

③明日黄花：比喻过时或无意义的事物。宋苏轼《九日次韵王巩》诗，有"相逢不用忙归去，明日黄花蝶也愁"句。

④樗（chū）栎（lì）：两种不材之木，喻无用之才，亦作自谦之词。

⑤梗（pián）楠：古书上说的两种珍贵的木材。

【译文】

兰花有"王者之香"，菊花如"隐逸之士"。

竹子有"君子"之称，松树有"丈夫"之号。

萱草可以使人忘却忧愁，屈轶能够指出奸佞之人。

"筼筜"是竹子的代称，"木樨"是桂花的别号。

"明日黄花"，比喻过时的事物；"岁寒松柏"，是赞美有气节的人。

樗树和栎树是无用的树木，梗木和楠木是能做栋梁的优质木材。

【原文】

玉版①，笋之异号；蹲鸱②，芋之别名。

瓜田李下③，事避嫌疑；秋菊春桃④，时来尚早。

南枝先，北枝后，庾岭之梅⑤；朔而生，望而落，尧阶蓂荚⑥。

苾荔背阴向阳，比僧人之有德⑦；木槿朝开暮落，比荣华之不长⑧。

芒刺在背⑨，言恐惧不安；薰莸异气⑩，犹贤否有别。

【注释】

①玉版：干笋。

②蹲鸱（chī）：芋的形状就像鸱鸟蹲坐。

③瓜田李下：指比较容易引起嫌疑，让人误会，而又有理难辩的场合。三国魏曹植《君子行》："君子防未然，不处嫌疑间，瓜田不纳履，李下不正冠。"

④秋菊春桃：表明时间早晚不同。古诗有"桃花二月放，菊花九月开。一般根在土，各自等时来"之句。

⑤庾（yǔ）岭之梅：大庾岭的梅花，南边花已经落下，北边的花才开。

⑥尧阶蓂（míng）荚：传说尧帝的阶下生的一种草，叫蓂荚，夏历每月初一生一荚，十五后日落一荚，月终而尽，很有规律。

⑦苾蒭（bì chú）：佛经中说的一种草，据说有五义，生不背日，冬夏常青，体形柔软，香气远腾，引蔓旁布，是佛的徒弟，所以用来赞扬僧人。

⑧木槿朝开暮落：传说木槿花早晨开，晚上落。

⑨芒刺在背：形容内心惶恐，坐立不安，如同有芒刺扎在背上。芒：草尖。刺：荆棘。

⑩薰莸（yóu）：薰是香草，莸是臭草，两者气味不同。贤否（pǐ）：好坏。

【译文】

"玉版"是干笋的别名，"蹲鸱"是芋头的别名。

"瓜田李下"，是说做事要避免嫌疑；"秋菊春桃"，是说时机还没有到。

南边枝条先开，北边枝条后开，说的是大庾岭的梅花；夏历初一开始生荚，十五后开始落荚，说的是生长于尧帝庭阶上的蓂荚。

苾蒭这种植物背阴向阳，好比僧人一心向佛有德行；木槿的花早晨开放晚上凋谢，就像荣华富贵不会长久。

"芒刺在背"，是说心里极度恐惧不安；"薰莸异气"，如同贤人、恶人自有差别。

【原文】

桃李不言，下自成蹊①；道旁苦李，为人所弃②。

老人娶少妇，曰枯杨生稊③；国家进多贤，曰拔茅连茹④。

蒲柳之姿，未秋先槁⑤；姜桂之性，愈老愈辛⑥。

王者之兵，势如破竹⑦；七雄之国，地若瓜分⑧。

苻坚望阵，疑草木皆是晋兵⑨；索靖知亡，叹铜驼会在荆棘⑩。

【注释】

①桃李不言，下自成蹊：谓桃李成熟，人不期而至，树下自然踏成蹊径。比喻为人品德高尚，诚实、正直，用不着自我宣言，就自然受到人们的尊重和景仰。

②道旁苦李：指路边的苦李，走过的人不摘取。比喻被人所弃、无用的事物或人。晋代王戎七岁的时候，与伙伴们一起玩耍，看到路边李树上果实很多。小孩们抢着去摘，只有王戎不动，他说："路旁结李子那么多，必是苦李子。"大家摘来一尝，果然是苦的。

③枯杨生稊：旧喻老人娶少妻或比喻老年得子。稊（tí）：杨柳生出的嫩芽。

④拔茅连茹：本义指拔起一根茅草，会带累许多根。比喻互相推荐，用一个人就连带引进许多人。茹：植物的地下部分。

⑤蒲柳之姿：比喻未老先衰，或体质衰弱。亦用来指韶华易逝、容颜易老。蒲柳：水杨树，不到秋天就枯了。槁（gǎo）：枯萎。

⑥姜桂之性：姜一般是老的辣，桂树越久，散发的味道也非常香，现用来比喻年纪越大性格越耿直。姜桂：生姜和肉桂，两种调味品，其味越老越辣。

⑦势如破竹：形容作战或工作极其顺利。

⑧七雄：战国七雄，秦、楚、燕、韩、赵、魏、齐。瓜分：像切瓜一样分割或分配。

⑨草木皆是晋兵：把山上的草木都当作敌兵。形容人在惊慌时疑神疑鬼。前秦苻坚率兵进攻东晋，结果大败而逃，溃退中北望八公山上草木皆类人形，以为都是敌人；听到"风声鹤唳（lì）"，都以为追兵来了。

⑩铜驼会在荆棘：西晋末年，索靖有先识的远量，其知天下将要大乱，指着洛阳宫门前的铜骆驼叹息说："将会看到你淹没在荆棘之中！"后以"铜驼荆棘"形容亡国后山河破碎的凄凉景象。

【译文】

桃李虽然不会说话，人们喜爱它们的花与果实，来往不绝，树下自然踩出小路；生在路旁的苦李子，则常常为人所抛弃。

年老的男人娶年轻的女子，叫作"枯杨生稊"；国家进用的贤才多，就像"拔茅连茹"。

蒲柳的资质很差，未到秋天便已枯槁；生姜和肉桂的特性，是越老味道越辛辣。

行王道之师，摧敌势如破竹；战国时期七雄争霸，天下的土地都被瓜分。

苻坚观察晋军的部队，把山上的草木都当作敌兵；索靖预测晋朝将亡，所以感叹洛阳宫殿前的铜骆驼日后恐怕要在荆棘丛中见到了。

【原文】

王佑知子必贵，手植三槐①；窦钧五子齐荣，人称五桂②。

钮麑触槐，不忍贼民之主③；越王尝蓼④，必欲复吴之仇。

修母画荻以教子⑤，谁不称贤？廉颇负荆以请罪，善能悔过。

弥子瑕常恃宠，将余以啖君⑥；秦商鞅欲行令，使徙木以立信⑦。

【注释】

①王佑：宋代人，知道子孙一定会显贵，就亲手在院中种植了代表三公的三棵槐树，后来他的儿子果然当了宰相。

②窦钧：五代人，五个儿子都及第做官。

③钽麑（chú ní）触槐：《左传》记载，晋灵公无道，派大力士钽麑去杀掉劝谏的赵宣子，钽麑说："杀了为民做主的人不忠，违背君王的命令不信，不如去死。"于是在槐树上撞死了。贼：杀害。

④蓼（liǎo）：多年生草本植物，叶味辛辣。

⑤画荻以教子：用荻在地上书画教育儿子读书。用以称赞母亲教子有方。宋代欧阳修的母亲教儿子读书，家贫无纸笔，就用芦苇在地上写字。荻（dí）：芦苇。

⑥弥子瑕：卫灵公的宠臣，曾将自己吃过的甜桃给卫灵公吃，卫灵公说："真是忠心啊，忘记了自己曾经吃过。"后失宠，卫灵公说："曾经将吃剩的桃子给我吃，没有比这更不敬的了。"

⑦徙木以立信：战国时，商鞅在秦国变法，在新法公布以前，恐民不信，于是立三丈之木于国都市南门，规定能把它搬置到北门去者赏予十金。大家都感到奇怪，谁也不上前去。商鞅又下令道："能徙者予五十金。"有一人去照着做了，果然拿到五十金的赏金。商鞅在取信于民以后，才将新法公布。

【译文】

王佑知道子孙将来一定显贵，预先在庭院中种下三棵槐树；窦钧有五个儿子皆显贵，世人称为"五桂"。

钽麑撞槐树而死，是因为不忍心杀害为民的好官；越王卧薪尝苦蓼，决心要向吴国报仇。

欧阳修的母亲以荻杆当笔教子读书写字，天下人谁不称赞她是个贤德的母亲？廉颇背负荆条向蔺相如请罪，他的优点是知错并善于改正。

弥子瑕依仗卫灵公的宠爱，把咬过的桃子给卫灵公吃；秦国的商鞅为推行变法，让人搬木头而给赏金，以此树立威信。

【原文】

王戎卖李钻核，不胜鄙吝①；成王剪桐封弟，因无戏言②。

齐景公以二桃杀三士③，杨再思谓莲花似六郎④。

倒啖蔗，渐入佳境；蒸哀梨，大失本真⑤。

煮豆燃萁，比兄残弟⑥；砍竹遮笋，弃旧怜新⑦。

元素致江陵之柑⑧，吴刚伐月中之桂⑨。

【注释】

①王戎卖李：西晋司徒王戎家有好李子，出卖时唯恐别人将种子留着栽种，因此先用钻子钻穿李核。

②剪桐封弟：周成王与弟叔虞一起玩，将桐树叶削成玉玺的形状，戏言说："我封你为诸侯。"周公说："君子无戏言。"于是周成王就封叔虞为唐侯。

③二桃杀三士：春秋时，公孙接、田开疆、古冶子三人以勇力侍奉齐景公，因恃宠而骄，宰相晏婴建议景公除去三人，于是设宴请景公赐二桃于三人，论功食桃。公孙接和田开疆各自讲述了自己的功劳，把桃子拿走。实际上古冶子的功劳更大，两人终于自愧弗如，让出桃子而自杀。古冶子认为自己独活是不仁、不义、无勇，也自杀身死。

④莲花似六郎：唐朝张宗昌小名六郎，很受武则天宠爱。杨再思担任内史，极力巴结张宗昌，有人赞美张宗昌说："六郎似莲花。"杨说："非也，是莲花似六郎。"

⑤蒸哀梨，大失本真：南京有哀姓人家的梨非常大，味道很美，入口即消；若蒸而食之，则失真味。

⑥煮豆燃萁：用豆萁作燃料煮豆子。比喻兄弟间自相残杀。萁：豆茎。这个成语出自三国时期曹植的一首《七步诗》。曹丕即位后，忌曹植之才，曹植从一个养尊处优的贵公子，变成了处处受限制和打击的对象。有一次，曹丕命曹植在七步之内作诗一首，如作不成就将行以大法（处死）。曹植才思敏捷，不等其话音落下，便应声吟出一首"煮豆燃萁"的

《七步诗》。曹丕听后，勾起手足之情，深感羞愧，最终没加害曹植。

⑦砍竹遮笋：砍掉竹子去遮盖竹笋。多指在爱情上或者对事物喜爱不专一。

⑧江陵之柑：董元素，唐朝人，会法术。一日夜间，唐宣宗曾要他弄来江南的柑橘。董元素放了一个盒子在御榻前，一会儿，有微风吹入，董元素打开盒子，里面装满了柑橘。皇帝尝了，觉得味道不错。

⑨月中之桂：相传月亮上的吴刚因遭天帝惩罚到月宫砍伐桂树，其树随砍随合，以这种永无休止的劳动作为对吴刚的惩罚。

【译文】

王戎卖李子之前先在李核上钻洞，这种做法实在鄙吝到了极点；周成王履行剪桐叶分封弟弟叔虞的诺言，只因天子不可有戏言。

齐景公借助晏子的计谋用两个桃子就使三位壮士自杀身亡，杨再思奉承说莲花就像张宗昌。

倒吃甘蔗，越吃越甜，因此说"渐入佳境"；把哀梨拿来一蒸，便失去本来的美味。

"煮豆燃萁"，比喻骨肉自相残杀；"砍竹遮笋"，比喻抛弃旧爱去结交新欢。

董元素有仙术，能把江陵的柑橘搬至长安的宫殿中；吴刚被天帝惩罚伐月中的桂树，却怎么砍也砍不倒。

【原文】

捐资济贫，当效尧夫之助麦①；以物申敬，聊效野人之献芹②。

冒雨剪韭，郭林宗款友情殷③；踏雪寻梅，孟浩然自娱兴雅④。

商太戊能修德，祥桑自死⑤；寇莱公有深仁，枯竹复生⑥。

王母蟠桃，三千年开花，三千年结子，故人借以祝寿诞；上古大椿，八千岁为春，八千岁为秋，故人托以比严君⑦。

去稂莠⑧，正以植嘉禾；沃枝叶，不如培根本。

世路之蓁芜⑨当剔，人心之茅塞⑩须开。

【注释】

①尧夫之助麦：宋范仲淹之子尧夫去东吴取租，路遇石曼卿三件丧事未办，就把麦子给了石，回来后和范仲淹提起此事，与范仲淹的想法不谋而合。尧夫：范纯仁（1027—1101年），字尧夫，谥忠宣。北宋大臣，人称"布衣宰相"。参知政事范仲淹次子。石曼卿：石延年（994—1041年），北宋官员、文学家、书法家。字曼卿，一字安仁，南京宋城（今河南省商丘市睢阳区）人。

②申敬：表示敬意。野人之献芹：相传古代有个人自觉老水芹美味，便在乡里的富豪面前称道。富豪听言尝了以后，既觉难吃又腹疼不已。大家都讥笑这个人，他自己也感到很惭愧。

③冒雨剪韭：汉代郭林宗自己种菜，友人范达夜间来了，郭冒雨割韭菜做饼招待朋友。

④踏雪寻梅：唐代诗人孟浩然曾冒雪骑驴寻梅，说："我的诗思正在风雪中的驴背上。"

⑤祥桑自死：商朝第十代王太戊即位后，有祥桑树生长，七天后就合抱不过来。传说祥桑树是对施政者的警告。太戊于是实行德政，三天后祥桑树就死了。

⑥枯竹复生：宋寇准封莱国公，后被贬为雷州司户参军，逾年而卒。归葬西京时，经过荆南公安，县人设祭哭于路，折竹插地挂纸钱，枯竹竟生出笋来。

⑦严君：指父亲。

⑧稂莠（láng yǒu）：都是害苗之草。比喻坏人。嘉禾：泛指生长茁壮的禾稻。

⑨世路：人间的道路。指人们一生处世行事的历程。蓁芜（zhēn wú）：指荆棘。

⑩茅塞（sè）：像茅草一样塞住了。

【译文】

捐献资财救济贫困，应当学范尧夫把一船的麦子送给石曼卿；以物品表达敬意，就应当仿效山野之民奉献芹菜。

亲自冒雨去菜园割韭菜，郭林宗款待友人的心情十分殷切；踏雪寻梅，孟浩然自我娱乐雅兴不凡。

商代太戊修行德政，祥桑便自己枯死；寇准仁德深厚，插下的枯竹又长出嫩芽。

西王母的蟠桃，每三千年开一次花，三千年结一次果，故而人们借用桃子来祝寿；上古的大椿树八千年才算一春，八千年才算一秋，所以人们借它来比喻自己的父亲。

除掉稂莠等害草，以使禾苗更茂盛；给植物的枝叶洒水，不如浇灌培育它的根。

人生路上的艰难险阻就像蓁芜一样，应当一一剔除；世人愚昧无知，如同茅草塞住心灵，必须使它通畅才行。

参考文献

［1］（明）程登吉著，金新、朱伯荣主编．中华经典诵读：幼学琼林［M］．北京：中华书局，2014

［2］（明）程登吉著，李正辉注译．国学经典丛书：幼学琼林［M］．郑州：中州古籍出版社，2010

［3］（明）程登吉著，王诒卿注解．幼学琼林精解（上、下册）［M］．北京：人民文学出版社，2009

［4］（明）程登吉著，冯国超 译注．幼学琼林［M］．北京：商务印书馆，2015.

［5］（明）程登吉著，刘青文主编．中华传统文化经典读本：幼学琼林［M］．北京：北京教育出版社，2014

［6］（明）程登吉著，余雅汝编注．幼学琼林［M］．杭州：浙江古籍出版社，2013

［7］（明）程登吉著，陈才俊主编．幼学琼林全集［M］．北京：海潮出版社，2012